영유아발달

김운삼 · 구서연 · 김재현 · 남궁선혜 · 시옥진 · 유도경 · 이치균

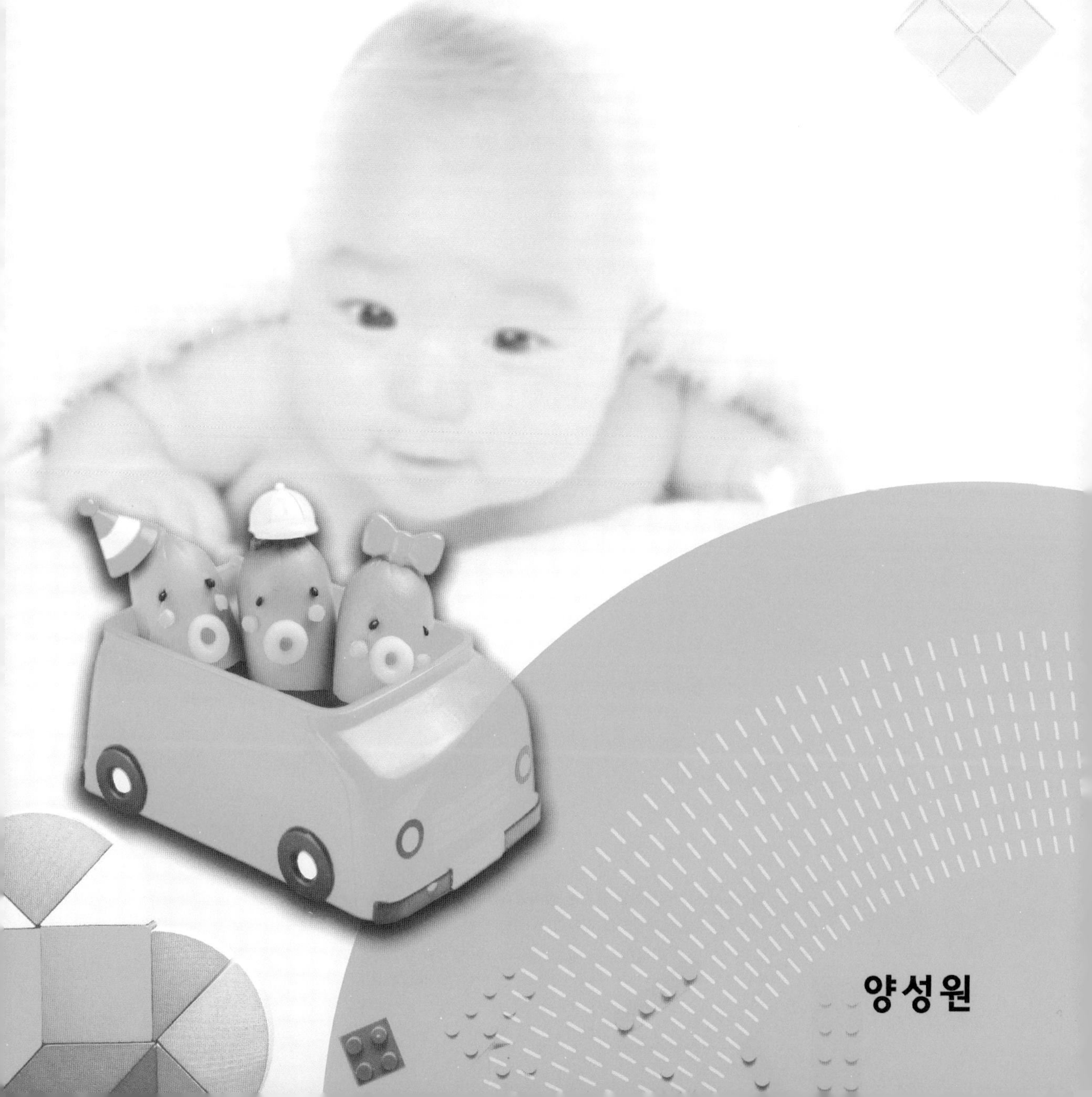

양성원

머리말

인간의 발달은 전 생애에서 성장과 쇠퇴의 다양한 변화과정을 거쳐 이루어진다. 특히 영유아기는 다각적인 차원에서 발달이 급속도로 이루어지는 시기로, 현대에서는 영유아기 교육의 중요성에 대해서 사회 전반에 걸쳐 인식하고 있는 것이 사실이다. 한 사람의 생애를 이해하기 위해서는 그 사람의 영유아기의 양육환경을 추적해보면 해답을 얻을 수 있다고 해도 무방할 만큼 이 시기의 중요성에 대한 관심이 집중되어 있다. 그러므로 유아교육을 담당하는 사람들에게는 그 대상인 영유아발달의 이해가 필수적이며 발달의 기초를 근거로 하여 교육이 이루어져야 한다.

영유아의 교육은 교사에 의해서만 이루어지는 것이 아니다. 영유아를 둘러싸고 있는 사회적 구성원과 교사, 주양육자를 포함하여 포괄적인 관점에서 보아야 한다. 이들에게도 영유아의 발달에 관한 정보를 제공해주는 것은 영유아의 올바른 성장·발달을 돕는데 중요한 역할을 한다. 그러므로 본 저서는 유아교육을 담당할 교사를 비롯하여 영유아의 발달에 영향을 미치는 모든 사람들에게 영유아기의 발달에 대한 이해를 돕는데 중요한 기초가 될 수 있을 것이다.

영유아기의 건강한 발달을 돕기 위해서는 수정에서부터 시작되어야 한다. 그러므로 본 서에서는 발달이론을 시작으로 수정 및 태내기 환경의 세부적인 과정에서부터 영유아기의 신체적, 사회·정서적, 언어적, 인지적 발달을 포함하여 전인적 발달 과정을 중심으로 기술하였다. 더불어 영유아발달을 돕기 위한 〈실제편〉을 함께 수록하여 유아교사를 비롯하여 유아교육을 담당하는 사람들에게 발달적 특성에 따른 실제적 활동을 제공해주므로 영유아교육을 실천하는데 도움이 되기를 바란다.

이 저서의 집필을 마치며 유아교육을 담당하는 예비교사들을 비롯하여 영유아발달의 이해를 얻고자 이 책을 접하는 모든 사람들에게 건강한 영유아를 양육하는데 도움이 되는 기초적 자료가 되기를 바란다.

끝으로 이 책이 나오기까지 함께 해주신 교수님들과 격려해주시고 기다려 주신 양성원 출판사 사장님을 비롯하여 편집부 직원들께 진심으로 감사의 마음을 전한다.

저자 일동

Contents

Part 01 영유아발달의 기초

Chapter 01 아동발달의 개념과 기본원리

Chapter 02 발달연구방법

Chapter 03 발달이론

Part 02 생의 시작

Part 03 영유아기발달

Chapter 11 정서발달

Chapter 12 사회성 발달

Chapter 13 가족과 대중매체 및 영유아발달

Chapter 14 보육과 영유아발달

Part 1

영유아발달의 기초

CHAPTER 1

아동발달의 개념과 기본원리

인간의 발달은 유전과 환경의 영향을 받는다. 개인은 신체적·심리적·행동적 발달에 개인차를 나타내며 각 개인 내에 있어 이들 주요 발달 간의 차이도 나타난다. 인간의 발달을 이해하기 위해서는 태내발달, 영아기, 유아기, 아동기, 청소년기 등 각 생애단계에 걸친 신체, 인지, 사회, 성격발달의 여러 측면을 고려하고 중년기·장년기·노년기 등에 걸친 전 생애 발달과정을 연구해야 할 것이다. 본 장에서는 발달의 원리와 접근방법을 고찰하고, 발달의 주요 영역과 각 단계별 발달과정을 살펴보고자 한다.

1. 발달의 정의

인간발달과정이라든가 발달연구라는 용어를 사용할 때 발달이라는 용어는 개괄적으로 연령의 증가에 따르는 신체적·심리적·행동적 변화를 의미한다. 하지만 발달이란 용어를 좀 더 자세히 살펴보면, 발달적 특성이 양적으로 증대되고 기능의 다양함과 구조가 더욱 복잡해지며, 질적인 증대를 가져오는 상승적 변화, 구조와 기능의 쇠퇴가 일어나는 하강적 변화까지도 모두 포함하게 된다.

그래서 최근의 발달심리학을 수태에서부터 사망에 이르기까지 전 발달과정을 연구대상으로 하는 점을 강조하여 전 생애 발달심리(life-span development)라고 지칭하기도 하며, 발달이란 전 생애에 걸쳐서 일어나는 신체적·심리적·행동적 변화들이 개인으로 하여금 새로운 여러 가지 자극들에 대응해 나갈 수 있도록 통합(integrate)되어 가는 과정이라고 정의할 수 있다.

2. 발달의 주요 영역

발달적 변화는 신체적 · 인지적, 그리고 심리사회적의 세가지 근본적인(fundamental) 영역에서 일어난다.

1) 신체적 발달

신체발달(physical development)은 사람의 신체 내에서 일어나는 변화들을 지칭한다. 즉 체중과 키의 변화, 뇌와 심장과 다른 신체기관의 구조와 과정, 그리고 운동신경에 영향을 미치는 골격, 근육, 신경학적인 특징까지 포함하는 것이다. 예를 들어, 사춘기(puberty)인 청년기에 일어나는 신체적 변화를 살펴보자. 사춘기에 청소년들은 성장과 발달에서 갑자기 신체의 크기나 힘에서 성인들을 쫓아가게 되는 급진적인 변화를 경험하게 된다. 이러한 변화와 함께 생식기관의 성장과 임신할 수 있는 생식능력을 갖추게 되는 등 2차성징이 나타난다.

2) 인지적 발달

인지발달은 감각, 지각, 기억, 사고, 추론, 언어 등을 포함하는 정신활동에서 일어나는 변화들을 포함한다. 다시 청년기를 예를 들어 보자. 청년은 점진적으로 몇몇 실제적인 지적 능력을 획득한다. 예를 들어, 아동 시기와 비교해 보면 청년들은 민주화, 정의, 도덕과 같은 추상적인 개념에 대해 더 많은 것을 사고할 수 있다. 더욱이 청년은 가상적인 상황을 다룰 수 있는 능력을 가지게 되고, 자신들의 경험을 조절하며 그들의 사고과정을 통제하고 조작할 수 있는 능력을 가지게 된다.

3) 심리사회적 발달

심리사회적 발달은 개인의 성격, 정서, 다른 사람과의 관계에서 일어나는 변화들을 포함한다. 모든 사회는 성인과 아동 간의 관계로 구분짓는다. 예를 들어, 청년은 사회적 역할과 다양한 상황에서 경험하는 과정에서 일부 사회에서는 청년이 성인이 되기 위해 성인식을 통해서 일정한 사회적 재정립 기간을 가지도록 한다. 신체적 · 인지적 · 심리사회적 요인은 발달의 각 측면에서 상호 관련되어 있다. 상기한 영역에 관한 발달연구가 다르다 할지라도, 한 개인의 통합적 · 본질적 측면에서 반드시 고려되어져야 한다.

4) 발달과정(process of development)

우리는 매 시기마다 발달과 마주친다. 영아가 태어나고, 두 살 때 맞던 겉옷이 겨울이 지나 봄이 되면 몸이 자라서 맞지 않고, 사춘기의 젊은이는 신체적으로 괄목한 성장을 하고 다양한 2차 성적 성징들을 획득한다. 일반적으로 그들은 가정을 떠나고 경력을 쌓고, 그들 자신의 가족을 형성하고, 또한 그들 자녀들이 가정을 떠나는 것을 보게 되고, 은퇴하게 된다. 성장(growth), 성숙(maturation), 그리고 학습(learning)이란 개념은 이러한 일련의 현상을 이해하는 데 중요하다.

초기 발달의 가장 주목할 만한 특징은 연령의 변화와 함께 일어나는 신체 크기의 변화이다. 이를 일반적으로 성장(growth)이라 한다. 성장은 유기체 내에서부터 신진대사과정을 통하여 일어난다. 유기체는 다양한 물질을 가지고 있고, 이들 물질을 화학적 요소로 나누며, 이들을 다시 새로운 재료로 재배합한다. 인간을 포함하여 일부 종에 있어서 성장은 성적 성숙 접근처럼 성장은 감퇴되어지나, 다른, 많은 식물과 고기 유형의 종들은 그들이 죽을 때까지 성장과정을 계속한다.

성숙(maturation)은 한 집합 내에서 생물학적 능력(potential)이 다소 자동적으로 전개되어지는 측면이고, 역전 불가능한 순서를 가지고 있다. 성장과 성숙 모두 생물학적 변화를 지니고 있으나, 성장은 각각의 세포와 조직에서 증가를 언급하며 성숙은 기관과 사지가 기능을 발휘하는 점에서 발달을 말한다. 즉, 성숙은 유전적으로 이미 프로그램화 되어진 행동유형들이 전개되는 것을 의미한다. 이러한 변화는 비교적 환경적 현상들과 독립적이다. 환경적 조건들이 정상적으로 남아있는 한, 출생후 영아의 운동발달(쥐기, 앉기, 기기, 서기, 걷기)은 일정한 순서를 따른다. 예를 들어, 10~14세 경의 사춘기 여성에게 난소, 그리고 남성에게 정자생산 등 생식기능을 부여하는 등 많은 신체적 변화를 가져온다.

학습(learning)은 가족, 또래, 학교, 직장, 또한 많은 측면에서 전 생애발달에 걸쳐 일어난다. 학습은 성숙과는 다르다. 성숙은 전형적으로 어떠한 특별한 경험이나 훈련 없이 일어난다. 그러나 학습은 신체적·정신적 활동을 위한 유기체의 준비성(readiness)에 기저를 두고 있는 성장과 성숙 모두에 의존한다. 학습은 유기체를 변화하는 환경조건에 적응하도록 하는 명백히 중요한 능력이다. 그래서 학습은 행동에서 가변성이라는 중요한 요소를 제공한다. 성장과 성숙의 생물학적 영향과 학습의 환경적 영향이 상반되어서는 안 된다. 우리는 우리와 관련되어 있는 세상과 상호작용하는 것처럼, 결국 우리들 자신의 행동결과에 의해 우리 자신이 만들어지고 수정되어진다(Piaget, 1963; Vygotsky, 1978). 즉, 우리는 행위(acting)를 통하여 우리 자신을 변화시킨다. 예를 들어 우리가 살아가고 있는 동안 우리의 생물학적 기관은 식사습관, 술, 약물복용, 담배습관, 질병, 방사선 노출 등에 의해 변화를 겪게 된다. 게다가 우리들 대부분이 학교에 가고, 학업을 마치고, 직업을 찾고, 결혼하고, 경력을 쌓고, 아이를 가지고, 할아버지 할머니가 되고 은퇴하는 것처럼 우리는 새로운 자아개념과 자아정체감에 도달하게 된다. 우리가 환경과 상호작용하므로 만들어지는 인생의 과정 안에 수많은 유형들을 지닌다. 그래서 발달은 태내기, 유아기, 아동기, 청년기, 성인기, 그리고 노인기에 이르기까지 전 생애에 걸쳐 일어나는 것이다.

5) 발달맥락(context of development)

인간의 발달을 이해하기 위해 우리는 발달이 일어나는 환경적인 맥락을 고려해야 한다. 발달의 생태학적 접근방법(ecological approach)에서 Urie Bronfenbrenner(1979)는 발달적 영향에 관한 연구는 반드시 환경과 사람의 상호작용, 사람의 신체적・사회적 장면, 이들 장면과의 관계에서 개인의 상호작용, 그리고 어떻게 이들 전 과정이 사회에 의해 영향을 받았는지 살펴보아야 한다고 주장한다. 왜냐하면 실제 생활환경에서 성장하는 인간에게 자연적으로 발생하는 발달과정을 연구함으로써 좀 더 확실히 인간발달을 이해할 수 있기 때문이다. Bronfenbrenner는 발달하는 개인과 이들 변화하는 맥락 간의 상호조절을 환경적 영향을 받는 다음과 같은 네가지 수준에서 살펴보았다.

먼저, 미시체계(micro system)는 가정환경이나 학교환경처럼 개인에게 직접적인 영향을 주는 체계이다. 어머니와 아동의 의사소통, 또래집단에서 인기도 등에 관한 연구가 그 예이다. 그 다음 수준의 중간체계(mesosystem)는 미시체계들을 연결시켜 준다. 예를 들어, 또래 간의 사회성과 학교성적과의 관련성 여부를 살펴보는 연구들이다. 그리고 외부체계(exosystem)는 개인이 직접적인 관련성은 없으나 개인에게 영향을 주는 환경요소를 포함한다. 부모의 직업은 그들의 사고와 행동에 영향을 미치고, 자녀의 양육방식에 영향을 미쳐 마침내 자녀의 성격발달에 영향을 미치게 된다. 마지막으로 거대체계(macrosystem)는 개인이 속한 사회나 하위문화의 이념 및 제도의 유형으로 개인에게 간접적 영향을 준다. 따라서 인간은 처음에는 일차적인 양육자를 이해하고 그 다음으로 가정, 학교환경을 이해하며 사회, 문화 등 더 큰 측면들을 이해하고 그 속에서 발달해 간다.

3. 발달의 원리

인간발달은 임신부터 출생, 성장, 노쇠의 과정을 거쳐 죽음에 이르기까지 전 생애를 통해서 계속적이고, 체계적으로 일어나는 일련의 변화를 말한다. 이러한 발달은 신체발달, 정서발달, 지적발달 그리고 사회성의 발달을 말한다. 발달은 양적인 면과 질적인 면에서 고찰할 수 있는데, 양적인 발달이란 특별한 외부 환경의 자극 없이도 연령이 증가함에 따라 나타나는 신체적인 증상을 말한다. 그리고 질적인 발달이란 지능, 정서 및 사회성 등이 외부환경의 자극이나 학습경험 등을 통해 성숙하는 것을 말한다. 이와 같은 성장과 발달의 양상에는 일정한 규칙성과 보편성이 있는 것을 보게 된다.

1) 유전자와 환경 간의 상호작용

발달은 유전인자와 환경 간의 끊임없는 상호작용에 의해 이루어진다. 인간의 성장과 발달에 어느 정도가 유전되고 어느 정도가 환경에 의하여 결정되는지에 대해서는 심리학자들 간에 이견이 있다. 예컨대, 지능은 선천적으로 타고난 인간의 기본능력이냐 또는 성장하는 과정에서 학습된 능력이냐에 대한 연구자들의 견해를 보면, 우스워드는 60%를, 뉴만과 프리맨은 65~80%를, 그리고 레히는 78%가 유전에 의하여 개인의 지적 능력이 결정된다고 주장했다. 이러한 연구들을 통해 인간의 성장발달은 유전적인 요인을 기본으로 하여 상당량의 환경적 요인이 작용하고 있음을 인지할 수 있다.

2) 일정한 순서와 방향성

발달은 일정한 순서와 방향성을 가지고 진행된다. 첫째, 발달은 머리로부터 하부로 진행된다. 둘째, 중심 부위로부터 말초 부위로 진행된다. 즉, 어린이는 걷기 전에 서고, 팔이 자라고 손가락이 자란다.

3) 분화와 통합의 과정

인간의 행동은 전체적이고 미분화된 신체운동으로부터 부분적이고 구체적인 행동으로 분화 발달한다. 이렇게 분화된 기능은 또 다시 통합되는 과정을 겪는다. 발달은 분화와 통합의 과정을 반복하면서 이루어진다. 예를 들면, 4개월 된 영아는 엄마가 인형을 주면 한 손으로 받을 수 없고 두 손도 모자라 입도 벌리면서 온몸으로 덥석 받는다. 그 이유는 아직 손의 역할, 입의 역할, 발의 역할 등이 분화되어 있지 않기 때문이다.

4) 연속의 과정

발달과정은 연속적이나 그 속도는 일정하지 않다. 인간의 발달속도는 어느 시기에는 빠르고 또 어느 시기에는 느릴 수 있으나, 멈추는 일 없이 계속적으로 진행된다.

5) 결정적 시기

인간의 발달에는 결정적 시기가 있기 때문에 그 시기에 이루어져야 할 발달과업을 이루지 못할 경우 성격형성에 결함을 나타낸다. 예컨대, 말을 배워야 할 시기에 배워야 하며, 아동기에 친구들과 놀아야 하는데, 그러지 못하여 사회성이 결여된 아동은 학교에 가서 친구를 사귀는 데 어려움이 있을 뿐만 아니라 대인관계에도 어려움을 겪는다.

6) 개인차

발달에는 개인차가 있다. 모든 개인은 발달에 있어서 그 속도, 정도, 질의 측면에서 동일하지 않다. 그것은 개인이 타고난 소질과 주어진 환경이 서로 다르기 때문이다. 어떤 사람은 어려서 성장속도가 빠르고 또 다른 사람은 사춘기에 급격히 발달한다. 개인차는 신체적인 면만 아니라 정서, 지능, 사회성 등 모든 영역에 해당된다.

4. 영유아발달의 특성

1) 신체발달

영아기는 제 1성장 급등기로 불릴 만큼 빠른 성장을 보이며, 신장과 체중 외에도 골격과 근육 등의 신체 내부적 발달도 급속도로 이루어진다. 이 시기의 발달은 두미발달의 원리, 근원발달의 원리를 따른다. 감각운동이 발달의 기초가 되는 시기로 시각, 청각, 촉각, 미각, 후각 등의 다양한 감각적 자극은 이후의 발달에 영향을 미친다.

그리고 유아기는 영아기에 비해 성장 속도는 다소 느리지만 신체가 균형을 이루고, 운동능력이 정교해지고 능숙해진다. 활동적으로 몸을 움직이고 대소변을 가릴 수 있게 된다. 또한 소근육의 발달로 물건을 잡을 때 손가락을 이용할 수 있게 되며, 5세가 되면 글씨를 쓸 수 있게 된다. 하지만 이때의 유아는 활동영역은 커진 반면, 안전의식이 충분히 발달되지 못한 상태이므로 성인의 세심한 주의가 요구된다.

2) 인지발달

피아제의 감각운동기에 해당하며, 반사행동에 의지하던 영아는 감각기관의 경험에 의해 획득된 적응반응을 거쳐 점차 자신의 욕구를 충족시키기 위해 의도적으로 행동하게 된다. 1~4개월의 영아는 다른 사람과 자신을 분리하여 생각하기 시작하고, 대상영속성의 개념이 생기기 시작하여 물체가 눈앞에서 보이지 않게 되어도 그것이 존재한다는 것을 인지하기 시작하고 주변의 사물을 호기심 있게 관찰한다. 또한 목적 지향적이고 단순하며 구체적인 사고를 한다.

유아기의 아동은 주의집중력과 지각변별력과 같은 지각능력이 발달하며, 경험을 세가지의 과정을 거쳐(부호화-저장-인출) 기억하게 된다. 기억의 종류로는 감각기억, 단기기억, 장기기억이 있다. 유아는 자기중심적 사고를 하고 무생물을 살아있다고 여기는 (물활론적) 사고와 행동이 관찰된다. 어떤 대상이나 사물의 외양(수, 양, 길이, 면적, 부피)이 변해도 그 속성이나 실체가 변하지 않는다는 보존개념은 5세경이 되어서야 어느 정도 습득이 가능하며, 상징적 기능으로의 모방과 상상놀이를 즐긴다.

3) 언어발달

영아기 언어발달에도 개인차가 적용되며, 의사소통이 가능하기 이전부터 표정과 몸짓의 비언어적 행동으로 의사소통을 시도한다. 뜻을 알 수 없는 울음에서 옹알이를 거쳐 12개월경에는 타인이 알아들을 수 있는 단어를 사용하기 시작한다. 18개월부터 언어능력이 폭발적으로 발달하여, 단어를 이용해 의사표현을 하거나 단어와 단어를 연결한 문장을 사용하기 시작한다.

18개월부터 폭발적으로 발달한 언어는 유아기에 들어서 타인과의 의사소통이 가능할 정도로 발달한다. 어휘가 나날이 증가하여 주어 + 서술어, 문장 + 문장의 구사가 가능해지지만, 단어의 의미를 과잉축소하거나 과잉확대를 하기도 한다. 또 "왜? 재밌지? 그치?" 등의 부가의문문을 많이 사용하고, "왜냐하면~, 그러니까~" 등의 생각을 정리하여 말하는 습관이 생긴다. 유아기의 언어발달은 상호관련성 원리에 근거하여 이후의 사회화나 대인관계에 영향을 미친다.

4) 정서발달

성격발달의 기초가 되는 분노, 공포, 불안, 기쁨, 애정반응 등을 보인다. 친숙한 사람에겐 미소를 보이고 낯선 사람에겐 고개를 돌려버리는 행동을 보이고, 주 양육자(엄마)와 떨어지게 되면 분리불안을 느낀다.

정서분화가 두드러지게 나타나 5세경엔 성인의 정서와 거의 동일하게 발달한다. 분노, 기쁨, 공포, 질투, 애정 등의 감정이 폭발적이고 단기적으로 일어나며, 때로는 감정을 부정적으로 표출하기도 한다. 또한 친구들과 연합놀이, 협동놀이, 상상놀이를 즐긴다.

5) 사회성 발달

6개월이 되면 주 양육자와의 애착이 잘 형성된 영아는 주 양육자를 안전기저로 이용하여 주변을 탐색하고, 12개월경에는 타인의 표정을 보고 감정을 인식하기 시작한다. 언어가 발달하는 18개월 이상의 영아는 자신의 감정을 언어로 표현할 수 있게 된다.

유아의 자아발달은 자율성, 성취감 및 자존심을 기초로 하여 자기 스스로 자신을 생각하는 이미지인 자아개념을 발달시켜 나간다. 긍정적인 자아개념을 성취하기 위해 부모의 지지적인 양육태도와 부모-자녀 간의 의사소통이 무엇보다 중요하다. 이 자아개념을 기초로 사회가 적절하다고 생각하는 신념, 가치, 행동 등을 획득해 간다. 칭찬과 상을 통한 행동의 강화, 동일시 과정, 관찰을 통해 유아는 사회화의 기초를 다진다.

CHAPTER 2

발달연구방법

우리는 과학적인 연구를 필요로 한다. 오늘날 어떤 분야를 막론하고 우리에게 알려진 사실은 상상에서 사실을 분리하고, 우리 주변에서 일어나는 사건들을 이해하려고 노력하면서 진리를 찾아내기 위해 자신의 생을 바친 이들의 노력 덕분이다. 이 같은 모든 노력이 바로 과학이다.

과학은 그 과정이 시작되기 이전에 존재했던 것과는 다른 어떤 것을 형성하기 위해 사실이나 지식을 하나로 연결하는 방법이다. 과학을 한다는 것은 세상에서 일어나고 있는 단편적인 사건들을 연결시키고 통합시키는 것을 의미한다.

이 장에서는 아동발달연구의 목적, 과학적 연구의 과정과 요소, 아동발달연구를 위한 자료수집의 방법, 연구설계, 아동발달연구의 접근법 등에 관해 논의해 보고자 한다.

1. 아동발달연구의 목적

아동발달연구에는 세 가지 목적이 있다. 아동의 발달을 기술하고, 설명하며, 연구결과를 아동복지에 적용하는 것이다.

1) 기술

각기 다른 연령의 아동들을 주의 깊게 관찰하고, 시간이 지나면서 아동이 어떻게 변화하는가를 정확하게 객관적으로 기술한다. 이를테면, 태아는 어떤 과정을 거쳐 발달하고, 영아기에는 감각운동능력이 어떻게 발달하며, 유아기의 인지발달은 어떠하고, 아동기의 사회정서발달은 어떻게 이루어지는가를 기술한다. 이러한 기술을 통해서 연령에 따른 평균적 발달수준과 개인차를 알 수 있게 된다.

2) 설명

연령에 따른 발달의 변화와 개인차를 설명한다. 즉, 아동의 성장과 발달의 중요한 기제가 무엇인지를 밝히기 위해, 왜 이러한 변화가 일어나는가를 규명하는 것이다. 예를 들면, 아동은 연령이 증가하면서 기억력이 증대되고, 어휘력이 풍부해지며, 사고력과 문제해결능력이 발달하는데 그 이유가 무엇인가를 설명한다. 연령에 따른 발달변화에 관한 연구결과는 발달의 순서와 속도에 관해 일반화를 가능하게 해 준다.

어떤 연령을 막론하고 어휘력이 풍부하고 문제해결능력이 뛰어난 지적으로 우수한 아동이 있는가 하면, 나이에 비해 뒤떨어진 아동도 있고, 보통 수준의 아동도 있기 마련이다. 이러한 개인차의 원인은 무엇일까? 개인차를 설명함에 있어서 유전적인 요인과 환경적인 요인의 영향력은 어느 정도인가? 이와 같은 개인차의 원인에 대한 의문은 아동심리학자가 기본적으로 제기하는 질문이다.

연령에 따른 발달의 변화와 개인차에 대한 설명은 매우 복잡하기 때문에, 사회심리학, 성격심리학, 인류학, 생리학, 유전학, 사회학, 인간생태학, 소아과학 등 여러 영역의 연구결과로부터 도출된다. 예를 들면, 신장이나 성장속도와 같은 신체적 특성, 지능, 정신장애, 정신질환 등은 적어도 부분적으로는 유전적으로 결정된다. 이러한 현상들을 제대로 이해하기 위해서는 유전학에 관한 지식이 있어야 한다. 그리고 청년기의 급성장과 성적 성숙은 내분비선을 포함하는 생리적 과정에 의해 크게 영향을 받는다. 이러한 현상들의 원인을 규명하기 위해서는 생리학과 내분비학의 도움이 필요하다. 아동 초기에 경험한 어떤 사건이 청년기나 성인기의 행동문제나 심리적 부적응에 어떤 영향을 미치는가를 규명하기 위해서는 정신의학의 도움이 필요하다. 확실히 연령에 따른 변화와 개인차에 대한 폭넓은 이해를 위해서는 다양한 분야의 학자들 간의 학제적 접근이 필요하다.

3) 적용

아동발달연구의 세 번째 목적은 아동발달의 연구결과를 아동복지의 증진과 삶의 질을 높이는 데 적용하는 것이다. 다시 말하면, 세 번째 목적은 아동의 적응력을 높여주고, 창의성을 길러주며, 효율적인 학습방법을 모색함으로써 아동들로 하여금 행복한 삶을 영위하도록 돕는 것이다. 이 세 번째 목적은 정상적 또는 비정상적 발달을 기술하고, 그 원인이 어디에 있는가를 밝혀내지 않고서는 달성하기가 어렵다.

상술한 아동발달연구의 세 가지 목적이 어떻게 작용하는지 예를 들어보자. 저소득층의 아동들은 일반적으로 초등학교에 입학할 무렵 인지기술이 많이 뒤떨어져 있다. 중산층 아동들과 비교했을 때, 저소득층 아동들은 언어검사와 지능검사에서 낮은 점수를 얻는다. 이러한 차이를 낳게 하는 요인이 무엇인지는 연구를 통해 밝혀낼 수 있다. 그리고 이 연구결과는 저소득층 아동들의 문제를 극복할 수 있는 프로그램(예를 들면, 헤드스타트 프로그램)을 개발하는 데 사용될 수 있다. 이와 같이 아동발달연구는 이론적인 면에서뿐만 아니라 실용적인 면에서도 매우 중요하다.

2. 영유아발달의 연구의 역사

발달에 관한 연구는 사람이 태어나 성장해 가는 아동기의 성장과정에 관한 내용이 핵심이다. 이는 아동기에 대한 인식이 전제되어야 하며, 이 시기의 특징을 밝힐 수 있는 연구방법을 필요로 한다. 그러나 발달과정에서 아동기를 구분한 것은 오래전의 일이 아니다. 17세기 이전까지는 아동기에 대한 개념이 존재하지 않았으며, 아동을 가족 소유물의 하나로 취급하였다.

옛날에는 아동을 수동적인 존재로 여겨 어른들은 아동들에게 고유한 가치를 부여하지 않았다. 한 마디로 아동들은 거의 권리를 갖고 있지 않은 존재였다. 한 고고학자에 의하면, 고대 카르타고인들은 어린이들을 종종 종교적 희생양으로 삼았으며, 튼튼한 건축물을 짓기 위한 미신으로 건물 벽에 아이를 넣기도 하였다. 우리나라에서도 신라시대에 성덕대왕의 업적을 기리기 위해 종을 만들었으나, 소리가 나지 않자 아기를 시주하여 다시 주조했다는 에밀레종에 대한 이야기가 전설로 전해내려 오고 있다. 이것이 전설이라 할지라도 옛 사람들의 의식을 엿볼 수 있다.

기원전 9세기경 그리스의 도시국가인 스파르타에서는 강인한 시민을 기르기 위해 남자 아기가 태어나면 검사관이 건강을 체크하여, 건강하지 않으면 들판에 버렸다고 한다. 또 엄격한 훈육을 통해 강건한 군인으로서 국가에 봉사할 수 있도록 기르기 위해 유아기부터 냉수목욕을 시키고, 만 7세가 되면 남자 아이들은 집을 떠나 공립기관에서 전사가 되기 위한 훈련을 받도록 하였다.

[그림 2-1] 중세의 가족화

4세기까지 로마의 부모들은 기형아나 사생아 등을 죽일 권리가 있었으며, 어린이들은 노예나 성적 착취물로 팔려 가기도 하였다. 12세기까지 영아 살해는 범죄로 인식되지 않았고, 매질은 자주 사용하는 훈육방법이었으며 아동이 빨리 자라서 경제적 노동을 할 수 있기를 바랐다. 중세 유럽에서는 아동 스스로 음식을 먹고 옷을 입고 목욕할 수 있을 때까지만 돌보았다. 만 6세경이 되면 아동은 성인과 같은 옷을 입고 성인과 함께 일하며, 성인과 동일하게 사회활동을 하도록 권장되었다. 아동을 성인과 특별히 구별하지 않았기 때문에, 물건을 훔친 10세 어린이가 교수형에 처해졌다는 보고도 있다(Kean, 1937).

중세의 가족화를 그린 그림을 보면, 성인이 입은 옷이나 어린이들의 옷이 같은 모양을 하고 있다. 즉, 어린이들에게 성인의 옷을 줄여서 입히고 있다. 중세에는 아동을 성인의 축소판으로 보는 인식이 존재했다는 것을 보여준다. 그러나 학자에 따라서는 중세에 이미 아동을 그들만의 욕구를 가진 존재로 보는 인식이 있었다고 한다(Shaffer, 2000).

17세기 아동은 가족의 경제를 위한 소유물이었지만, 훌륭한 근로자가 될 수 있도록 기능교육과 도덕 및 종교교육, 읽기 · 쓰기 · 셈하기 교육을 하였다. Rousseau(1712~1778)는 교육소설 『에밀』에서 연령별로 어린이의 본성을 고려하여 교육하는 과정을 제시하고 있다. 즉 아동기의 구분을 유아기(출생~2세), 아동기(2~12세), 아동후기(12~15세), 청년기의 네 단계로 구분하고, 각 단계가 갖는 독특한 특성에 따라 교육하도록 하였다(송명자, 1997).

아동기를 성인기 이전에 나타나는 뚜렷한 발달단계로 간주하는 사상은 18세기 후반에서 19세기의 핵가족제도와 산업혁명의 영향으로 확대되었다(Elkind, 2001). 이 시기에는 산업혁명으로 인해 여성 근로자가 늘어나고, 자녀보육 문제가 대두되면서 아동에 대한 인식이 더욱 싹트기 시작하였다. 이 시기에 과학적인 연구를 통해 아동기의 중요성을 강조한 사람들 중 Hall과 Gesell 등의 심리학자들이 있다. 19세기 후반에 Hall은 「아동마음의 내용(Content of Children's Minds)」이라는 논문을 발표함으로써 아동을 사랑과 따뜻함으로 양육해야 한다는 생각을 확산시켰고, Gesell은 연령별 발달과정을 과학적으로 연구하여 아동기의 발달특성을 체계화 하였다.

3. 과학적 연구의 과정

과학적 연구의 과정은 네 단계로 나눌 수 있다. 첫째 단계는 문제를 제기하는 것이고, 둘째 단계는 그 문제에 관해 조사할 필요가 있는 요인이나 요소를 찾아내는 것이며, 셋째 단계는 문제를 검증하는 것이고, 넷째 단계는 본래의 문제가 근거했던 전제를 수락하거나 기각하는 단계이다.

1) 문제의 제기

첫째 단계인 '문제의 제기'는 어떤 문제가 좀 더 깊이 연구될 필요가 있는가를 인식하는 단계이다. 이러한 최초의 문제제기는 대체로 실험실이나 회의석상에서는 이루어지지 아니한다. 그러한 장소에서 중요한 문제가 확인되거나 언급될 수는 있지만, 주로 과학적 연구의 발단은 일상적인 경험과 사건에서 촉발된다. 예를 들면, 아르키메데스는 따끈한 목욕통에 들어앉아서 부력의 기초 원리를 발견했으며, 뉴턴은 나무 밑에 앉아 있다 떨어지는 사과에 맞았기 때문에 그 유명한 중력의 법칙을 발견할 수 있었다. 아르키메데스와 뉴턴의 예가 다소 과장되었다 하더라도, 세상의 진리나 과학의 원리는 이처럼 일상주변에 널려 있는 것이다. 그러나 모든 사람이 다 동일한 경험에서 중요한 측면들을 찾아내거나 새로운 지식을 유도할 수 있는 종류의 문제를 제기할 수 있는 것은 아니다. 훈련되지 않은 사람들에게는 혼란과 무질서로 보이는 것일지라도, 훈련된 사람들은 거기서 중요하고 결정적인 사건들을 선별해 낸다. 추려지거나 선별되지 아니한 채 널려 있는 것에서 그 줄기를 보아내는 것이 바로 과학적 훈련이다.

2) 중요한 요인의 발견

과학적 연구과정의 둘째 단계는 중요한 요인들을 찾아내고, 이러한 요인들을 어떤 방법으로 조사할 것인가를 결정하는 단계이다. 이 단계에서 과학자는 중요한 요인들을 조작적으로 정의하고, 변수들 간에 있을지 모르는 관계를 진술하며, 실제로 연구를 수행하기 위한 방법을 결정한다.

3) 문제의 검증

셋째 단계는 문제를 검증하는 단계로서, 네 단계 중에서 실제로 연구가 수행되는 단계이다. 이 단계에서 문제를 해결하는 데 필요한 자료들을 수집한다. 수집된 자료가 최초의 단계에서 제기되었던 가설과 일치하는가를 판단하기 위해 통계적 검증이나 객관적 준거와 같은 수단을 적용한다.

4) 가설의 수락 또는 기각

마지막 단계는 본래의 문제가 기초로 한 전제를 수락할 것인가, 기각할 것인가를 결정하는 단계이다. 그러나 그 결과가 수락이든 기각이든, 과학적 연구의 과정이 여기서 끝나는 것은 아니다. 만약 가설이 수락되면 연구자는 또 다른 질문을 하게 되고, 각 질문은 방금 설명한 단계들을 통해서 다시 수행된다. 반대로 가설이 기각되면 다시 본래 문제의 전제로 되돌아가서 결과와 일치하도록 재구성한다. 다음 〈표 2-1〉은 과학적 연구의 네 단계와 예문들이다.

〈표 2-1〉 과학적 연구의 과정

네 단계	예
문제를 제기한다	서로 다른 가정에서 양육된 아동들은 지능면에서 서로 다른 수준으로 발달하는가?
중요한 요인은 무엇이며 어떻게 검증할 것인가를 결정한다	중요한 요인들로서 부모의 양육행동, 가정환경, 아동의 지적 능력을 들 수 있다. 서로 다른 가정에서 자란 아동집단 간에 지적 능력의 차이가 비교될 것이다.
문제를 검증한다	두 집단 간에 차이가 있는가를 판단하기 위한 검증을 할 것이고, 만약 두 집단 간에 차이가 발견된다면 이 차이가 부모의 양육방법에 따른 것인지 아니면 우연과 같은 그 밖의 다른 요인에 의한 것인가를 검증하다.
문제가 근거한 전제를 수락하거나 기각한다	전 단계의 결과에 따라 최초의 문제는 재검토될 것이며, 필요하다면 보다 더 구체적인 문제가 제기될 것이다.

4. 과학적 연구의 요소

과학적 연구에서 중요한 요소가 되는 것은 이론, 변수, 개념, 그리고 가설이다.

1) 이론

이론은 미래에 일어날 사건을 예측할 뿐만 아니라, 과거에 일어났던 사건을 설명할 수 있는 논리적인 진술이다. 이론은 이미 형성된 정보의 조직화를 도울 뿐만 아니라 미래를 탐색하는 길잡이 역할을 한다. 이런 점에서 이론은 책의 목차나 색인 비슷한 역할을 한다. 만약 책에 목차나 색인이 없다면 특별한 정보를 찾는 것이 얼마나 어렵겠는가를 상상해 보라. 이론은 사실을 이해하기 쉽게 하며, 문제가 제기될 수 있는 틀을 제공한다.

2) 변수

변수 또한 과학적 연구에서 중요한 요소가 된다. 둘 이상의 수치와 값을 지니는 모든 것이 다 변수(variable)이며, 단일 수치만이 부여될 때에는 상수(constant)라고 한다. 변수의 예로 생물학적 성(남성 혹은 여성), 사회경제적 지위(상, 중, 하) 등이 있다. 어떤 행동을 야기하는 원인이 되는 조건이 독립변수이고, 그 원인으로 말미암아 유발되는 반응이나 결과가 종속변수이다.

3) 개념

과학적 연구의 또 다른 중요한 요소는 개념이다. 개념은 상호연관이 있는 일련의 변수들을 묘사하는 것이다. 예를 들면, 애착이라는 개념은 부모와 자녀간의 눈맞추기, 신체적 접촉, 언어적 상호작용과 같이 여러 가지 다른 행동들로 구성된다. 이러한 일련의 행동들은 애정과 같은 다른 용어로 명명될 수도 있다. 그러나 일련의 변수들이 어떻게 명명되느냐에 따라 개념의 유용성이 결정된다. 개념을 정의하기 위한 용어가 너무 좁은 범위의 매우 제한된 일련의 행동들로 정의된다면, 그 개념은 변수 이상의 아무것도 아니며, 그 용도 또한 매우 제한적인 것이 될 것이다.

4) 가설

과학적 연구요소 중 최고의 단계는 가설이다. 가설은 변수와 개념들 간에 "~이면 ~이다(if ~ then)."라고 가정하는 '훈련된 추측(educated guess)'이다. 가설은 과학자들이 한 변수가 다른 변수에 미치는 영향력을 좀 더 잘 이해하기 위해서 제기하는 문제이다. 예를 들면, "TV 폭력물을 많이 시청하는 아동은 공격성 수준이 높을 것이다."가 그것이다. 이러한 가설은 연구문제를 보다 직접적으로 검증할 수 있게 해준다.

과학자는 수립된 가설이 사실로서 수락될 수 있는 것인지, 아니면 거짓으로서 기각될 것인지를 어떻게 알 수 있는가? 과학자는 통계적 검증과 같은 외적 준거를 적용함으로써 결과의 신뢰 정도를 알 수 있다. 즉, 연구결과가 가외변수가 아닌 독립변수에 의한 것이라고 얼마나 확신할 수 있는가이다. 예를 들면, TV 폭력물의 시청과 아동의 공격성과의 관계에서 폭력물 시청유무(독립변수) 외에 아동의 성격, 지능, 건강, 가정환경 등 가외변수도 아동의 공격성 수준에 영향을 미칠 수 있다. 따라서 연구자가 연구의 결과를 신뢰할 수 있기 위해서는 그러한 가외요인들이 고려되어야 하고, 또한 통제되어야 한다.

다음 [그림 2-2]는 과학적 연구의 과정과 요소에 관한 것이다.

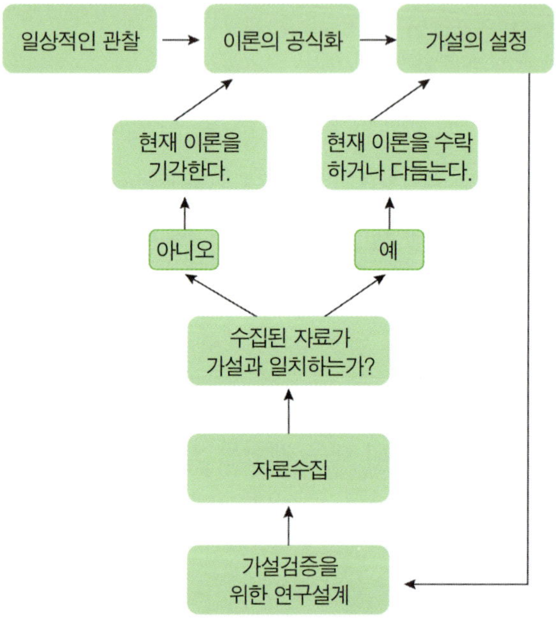

[그림 2-2] 과학적 연구의 과정과 요소

5. 발달연구의 방법

심리학의 다른 분야에서와 마찬가지로 발달연구에서도 관찰, 실험, 조사 등의 과학적 방법들을 사용한다. 다만, 발달연구의 주된 관심은 상당한 시간의 경과에 따른 인간 특성의 변화에 관심을 가지고 있기 때문에, 특유의 접근방식은 종단적 연구방법(longitudinal method)과 횡단적 연구방법(cross-sectional method)을 사용한다. 종단적 연구방법은 같은 집단을 일정기간 계속해서 관찰함으로써 어떤 특성의 변화과정을 연구하는 방법이다. 이러한 방법은 언어, 운동, 인지발달과 같은 영역에서 개인의 성장곡선을 그릴 수 있다. 또한 이 방법은 아동기의 행동이 앞으로 어떻게 사용되고 쇠퇴되는지를 알아볼 수 있는 도구로 사용되므로, 발달적 경향을 정확하게 이해하는 데 도움이 된다.

1) 아동발달연구법

아동발달을 연구하는 학자들의 목표는 아동의 발달적 변화를 기술하고, 변화의 이유나 원인을 설명하며, 그러한 지식을 통해 아동의 행동을 예언하고, 궁극적으로는 환경적인 통제를 통해 아동의 발달을 최적화하는 데 있다. 이를 위해 아동의 발달이나 행동에 대해 의문을 가진 연구자들은 대개 이론으로부터 유도된 예측 또는 가설로부터 연구를 시작하는데, 연구로부터 얻어진 결과나 결론이 정확하고 객관적이기 위해서는 과학적인 연구절차가 필요하게 된다. 아동발달의 연구는 연구주제, 연구대상 등에 따라 방법이 달라지겠지만 관찰법, 면접법, 질문지법, 검사법, 사례연구, 실험연구 등이 있다.

(1) 관찰법

관찰법은 자연상황에서 일어나는 아동행동을 관찰하여 기록하는 방법으로, 의사전달 능력이 미숙한 아동의 연구에 유용하다. 관찰법에는 가능한 한 자연적인 상태에서 관찰대상의 행동을 관찰해 기록하고 그 기록을 분석하는 자연관찰법과 관찰대상의 행동에 영향을 미칠 것으로 예측되는 조건을 통제함으로써 통제조건에서 나타나는 특정 행동을 관찰하는 통제관찰이 있다.

관찰법을 사용할 때 유의할 사항은 다음과 같다. 먼저 연구목적에 맞도록 관찰대상을 선정해야 한다. 정해진 관찰대상이 연구목적에 맞지 않을 때는 관찰결과는 연구목적과 거리가 먼 것이 되기 때문이다. 그러므로 연구목적이 세분화되고 명료화되어 목적에 맞는 관찰대상의 특성을 명확히 할 수 있어야 한다. 그런 후에 연구하려는 대상에 필요한 상황이나 조건을 적절하게 표집한다.

이것을 사태표집 또는 상황표집(situational sampling)이라 하는데, 연구대상에 대한 이해정도가 높을수록 상황표집이 적절하게 이루어질 수 있다. 마지막으로는 관찰할 시간이나 시간의 길이 또는 기간은 물론 관찰의 횟수와, 1회 관찰과 2회, 3회 관찰 사이의 간격도 미리 고려하는 시간표집(time sampling)이 결정되어야 한다(유안진, 2001).

관찰법은 비언어적 행동까지 관찰할 수 있다는 것이 가장 큰 장점이나, 관찰하고자 하는 행동이 일어나길 기다려야 하고, 자연상황에서의 관찰은 외적 변수를 통제할 수 없다는 단점이 있다.

(2) 면접법

피조사자의 면접을 통해 자료를 수집하는 이 방법은 개인에 대한 많은 정보를 알고 싶을 때 유용하게 사용된다. 상황에 따라 면접자의 질문이 달라질 수 있는 융통성이 있으며, 비언어적 행동까지 관찰하며, 응답의 타당성을 높일 수 있다.

문자해독력이 없는 대상에게도 가능하며, 추후질문(probe)을 통해 모호한 응답을 명료하게 할 수 있다.

그러나 면접법은 시간과 돈이 많이 들며, 응답자의 신분이 노출되어 사적인 정보는 거부될 수 있다. 면접법에서는 면접자와 피면접자 간의 응화형성(rapport)이 이루어져야 신뢰성이 있는 응답을 기대할 수 있다.

(3) 질문지법

질문지법은 밝혀내고자 하는 연구문제를 해결하기 위하여 연구문제를 세분화된 여러 질문으로 만들어 적절한 반응을 얻는 방법이다. 질문에 대한 대답을 분석하고 비교한 결과로써 연구문제를 해결하고자 한다.

질문지법의 장점은 한꺼번에 많은 연구대상들에게 질문지를 배포하여 빠른 시간에 반응을 얻을 수 있어 경제적이고, 익명성이 보장되므로 사적인 내용도 포함될 수 있다는 것이다.

그러나 문자해독능력이 없는 사람이나 취학 전 아동에게 사용할 수 없다는 단점이 있으며, 응답자 반응의 신뢰도가 문제될 수 있다. 질문지는 구조화된 질문과 비구조화된 질문이 있다. 응답의 범주가 분명하고 교육수준이 낮은 연구대상에게 사용될 수 있는 구조화된 질문은 우편을 통한 자료수집에 적합하다.

비구조화된 질문은 반응자의 자유롭고 창의적인 반응을 얻기 위한 것으로, 연구목적을 위해 반응자의 응답을 제한하지 않는 것이 보다 바람직하다고 판단될 때 이 방법을 사용한다.

(4) 검사법

검사법(test)은 지능검사, 성격검사, 적성검사 등 표준화된 각종 검사를 이용하여 개인이나 집단의 어떤 특성을 측정하여 규준(norm)과 비교함으로써 개인이나 집단의 특성을 알아내는 방법이다.

검사법은 피험자의 반응을 미리 예측하여 검사문항을 만들어 제시한다. 피험자들은 제기된 반응 중에서 자신과 일치하는 것을 선택함으로써 반응하도록 되어 있다. 검사문항을 개발할 때는 반응을 유도하거나 어떤 반응이 기대되는지 암시를 주어서는 안 된다.

검사법의 장점으로는 인간의 어떤 행동특성을 측정하기가 비교적 쉽고, 양적으로 많은 자료를 수집할 수 있다는 점이다. 그러나 인간에 관한 한 모든 검사는 자체가 지닌 불완전성 때문에 인간의 모든 행동특성을 검사법으로 측정하기도 불가능하고, 또 표준화된 검사라 하더라도 신뢰도와 타당도에 문제가 있을 수 있으므로 결과해석에 유의하여야 한다.

(5) 사례연구

사례연구(case study)는 특정 개인에 대해 심층적으로 연구할 때 사용되는 기법으로 임상병리학자들이 선호하는 방법이다. 개개인은 누구와도 다른 독특한 생을 살고 있으므로, 다른 연구법에서는 피상적으로만 다를 수 있는 개인의 건강, 가족관계, 양육배경 등의 정확한 정보를 얻어 그 사람의 행동과 심리상황을 이해할 수 있는 방법이다. 그러나 매우 제한된 수의 피험자의 경험에 의존하기 때문에, 연구결과를 일반화하기 어렵다는 점과 관찰의 객관성을 확보하기 어렵다는 단점이 있다.

(6) 실험법

상관연구가 단지 두 변수 간의 관계를 말해주는 것이라면, 실험연구에서는 두 변수 간의 원인과 결과를 정확하게 알 수 있다. 또한 실험연구에서는 독립변수를 조작하고 종속변수에 영향을 미칠 수 있는 가외변인을 모두 통제한다. 실험연구는 상관연구가 할 수 없는 두 변수 간의 인과관계를 파악하게 해 준다. 이때 독립변수는 원인이 되고, 종속변수는 결과가 된다.

예를 들면, 임신 중 에어로빅 운동을 하는 것이 출산 후 신생아의 수면패턴에 영향을 미치는가를 알아보기로 한다면, 에어로빅 운동을 하는 임신부와 에어로빅 운동을 하지 않는 임신부를 무작위로 할당해 두 집단으로 나눈다. 무작위 할당이란 실험집단과 통제집단에 연구대상을 무작위 할당함으로써, 종속변수에 영향을 미칠지도 모르는 가외변인을 모두 통제하는 것을 말한다. 이렇게 함으로써 종속변수에 영향을 미칠지 모르는 연령, 사회계층, 성격, 건강 등에서 두 집단이 서로 다를 가능성을 크게 줄여준다. 이 연구에서 에어로빅 운동을 하는지 안 하는지 유무가 독립변수가 되고, 신생아의 수면패턴이 종속변수가 된다. 만약 연구결과 임신중 에어로빅 운동을 한 어머니의 아기가 수면패턴이 더 순조로운 것으로 나타났다면, 이는 단지 독립변수(에어로빅 운동유무) 때문인 것이다.

원인과 결과의 파악이 가능하다는 점에서 실험연구가 상관연구보다는 좋지만, 다음과 같은 경우에는 상관연구가 보다 현실적이다.

- 연구가 새로운 것이라 어떤 변수를 조작해야 할지 모를 때
- 변수를 조작하는 것이 불가능할 때
- 변수를 조작하는 것이 비윤리적일 때

(7) 표준화검사법

표준화검사(Standardized Test)는 피험자로 하여금 일련의 질문에 답하게 하는 것인데, 다음과 같은 두 가지 특징이 있다. 첫째, 개인의 점수가 집단 내 다른 사람들의 점수와 비교하여 상대적으로 어떠한가를 알아본다. 점수는 주로 백분율로 나타낸다. 이를테면, 어떤 아동이 Stanford-Binet 지능검사에서 92%의 백분율 점수를 얻었다면, 이 아동은 전에 이 지능검사를 받아 본 다른 아동들과 비교했을 때 8% 상위그룹에 속한다는 것이다.

둘째, 표준화검사는 개인차에 관한 정보를 제공해 준다. 그러나 표준화검사에

의해 얻은 정보로 언제나 아동의 행동을 예측할 수 있는 것은 아니다. 표준화검사는 한 개인의 행동이 일관성 있고 안정된 것이라는 신념에 근거한 것이다. 그런데 표준화검사에 의해 자주 측정되는 인성검사나 지능검사는 어느 정도의 안정성이 있기는 하지만, 측정되는 상황에 따라 변할 수 있는 것이다. 표준화된 지능검사에서는 점수가 별로 좋지 않았더라도, 좀 더 편안한 분위기에서 검사를 받는다면 보다 높은 지능수준을 보일 수 있다는 점을 유의 할 필요가 있다. 이러한 사실은 표준화된 지능검사에서 정신지체로 잘못 판명되는 소수민족 아동들에게서 특히 그러하다. 그래서 비교문화 심리학자들은 대부분의 심리검사가 서구문화에는 적합할지 모르지만, 다른 문화권에는 적합하지 않을지 모른다고 경고한다.

(8) 비교문화연구

다른 문화나 다른 소수민족 아동들의 생활을 연구할 때는 그들에게 의미 있는 측정도구를 사용해야 한다. 공격성을 예로 들면, 공격성은 모든 문화권에서 나타나는 보편적인 현상이지만, 공격성이 표현되는 양상은 문화에 따라 매우 다르다. 예를 들면, 남아프리카의 Kung 문화에서는 공격적인 행동을 하지 못하게 저지하지만, 남미의 Yamomamo 인디언 문화에서는 공격적인 행동을 장려한다. 이곳 젊은이들은 다른 사람을 때리고 싸우고 죽이지 못하면 성인의 지위를 획득할 수 없다.

비교문화연구(Cross-cultural Research)에서는 에믹(emic) 접근법과 에택(etic) 접근법을 구별할 필요가 있다. 에믹 접근법의 목표는 다른 문화권에는 상관이 없고 특정 문화권의 사람들에게만 중요한 의미를 갖는 행동을 묘사하는 것이고, 에틱 접근법의 목표는 다른 문화권에도 일반화할 수 있는 행동을 묘사하는 것이다. 다시 말하면, 에믹 접근법은 특정 문화에 국한된 것이고, 에틱 접근법은 범문화적인 것이다.

만약 연구자가 에믹 접근법에 의해 질문지를 구성한다면 그들의 관심사는 연구대상이 되는 특정 문화에 국한되는 것이 될 것이고, 에틱 접근법에 의해 질문지를 구성한다면 모든 문화권에 익숙한 개념을 반영하게 될 것이다.

예를 들어, 가족연구의 경우 에믹 접근법과 에틱 접근법은 각각 어떻게 반영될 것인가? 에믹 접근법에서는 연구자들은 연구결과가 다른 소수민족에게 적합한 것인지 또는 일반화될 수 있는 것인지에 상관없이 중산층 백인 가족에만 초점을 맞출 것이다. 에틱 접근법에서는 중산층 백인 가족뿐만 아니라 하류계층 백인 가족, 흑인 가족, 아시아계 미국인 가족들도 연구할 것이다. 소수민족을 연구함으로써 연구자들은 백인 미국 가족에게서보다 소수민족에게서 확대 가족이 훨씬 더 중요한 지원망이 되고 있다는 사실을 발견하게 될 것이다. 따라서 에믹 접근법은 에틱 접근법과는 다른 양상의 가족구성원 간 상호작용을 보여줌으로써, 백인 중산층 가족만을 대상으로 한 연구결과는 모든 문화권에 언제나 일반화할 수 있는 것이 아니라는 사실을 알 수 있게 해 준다.

1992년 "발달연구에서의 인종차별주의"를 주제로 한 미국심리학회 심포지엄에서는 연구대상에 소수민족 아동들을 보다 많이 참여시켜야 한다고 결론지었다. 지금까지의 연구에서는 소수민족들을 대부분 제외시켰으며, 소수민족의 아동들은 규준이나 평균에서 단지 변이로만 인식되었다. 소수민족들은 연구에서 일종의 소음(noise)으로 인식되어, 수집된 자료에서 의도적으로 제외되었다. 이렇듯 소수민족들이 오랫동안 연구에서 제외됨으로써, 현실에서는 연구에서 나타난 결과에서 보다 많은 변이가 있게 되었다.

(9) 다중측정법

모든 연구법에는 제각기 장단점이 있다. 직접관찰은 아동에 관한 정보를 얻는 데 매우 유용한 방법이다. 그러나 도덕적 사고, 내적 감정, 성에 관한 정보를 어디서 얻는지 등은 직접 관찰할 수 없다. 이런 경우에는 면접법이나 질문지법, 사례연구 등이 보다 더 유용하다. 그러나 각 연구법에는 또한 한계가 있기 때문에 아동발달을 연구하는 데에는 갈수록 다중측정법(Multimeasure Approach)을 사용하는 경우가 증가하고 있다.

예를 들면, 아동들에게 그들의 공격적인 행동이나 비행에 관해 직접 물어보거나, 친구에게 물어볼 수도 있고, 집이나 동네에서 관찰할 수도 있으며, 그들의 부모나 교사와 면담할 수도 있다. 그래서 연구자들은 이러한 다양한 측정법, 다양한출처(정보원), 다양한 맥락을 통한 정보에 의해 아동발달을 좀 더 깊이 있게 연구하고 타당성 있는 측정이 되기를 희망한다.

2) 발달연구의 접근법

아동발달을 연구하는 학자들은 삶의 한 특정한 시기의 발달에만 관심이 있는 것이 아니라 사람들의 감정, 사고, 능력, 행동 등이 시간의 흐름에 따라 어떻게 변화하는지에 대하여 알아내고자 한다. 이러한 발달경향을 알아보기 위한 연구접근법은 횡단적 접근법, 종단적 접근법 그리고 이 두 가지를 절충한 순차적 접근법의 세 가지로 분류된다(Shaffer, 1999).

(1) 횡단적 접근법

횡단적 접근법(cross-sectional approach)은 서로 다른 연령의 여러 개인이나 집단으로부터 비교적 일시에 원하는 자료를 얻어 내는 접근방법이다. 이렇게 한꺼번에 수집한 자료에 의거하여 일정기간에 걸쳐 나타나는 발달의 변화를 곡선으로 그릴 수 있다. 예컨대, 5년의 연령차를 간격으로 하여 아동기에서 청년기에 이르기까지의 지능발달의 상승추세 변화를 곡선화한다고 하자. 이때 5세, 10세, 15세, 20세, 25세의 개인이나 집단을 대상으로 지능검사를 실시하여 그들의 연령별 지능을 측정한다. 측정결과로써 지능발달곡선을 그리는데, 이때 표집된 연령층의 개인이나 집단은 그 연령층의 우리나라 아동과 청년을 가장 잘 대표하도록 표집되어야 한다(유안진, 2001).

횡단적 접근법은 각 연령층의 아동과 청년을 대상으로 하였으나, 그 결과의 해석은 마치 5세 아동 개인이 10세, 15세, 20세, 25세로 성장해 가면서 나타내는 지능지수의 발달로 가정한다. 그러므로 비교적 짧은 시간에 발달현상을 측정할 수 있다는 장점이 있으나, 다음과 같은 단점을 갖고 있다(정옥분, 2004).

첫째, 개인이 어떻게 변화하는지에 대한 구체적인 정보가 없으며, 어떤 특성의 안정성에 대한 정보를 얻을 수 없다.

둘째, 성장과 발달에 있어서 증가나 감소가 분명하지 않다.

셋째, 연령의 차이는 연령 그 자체의 영향이기보다는 동시대 출생집단 효과 때문일 수 있다.

(2) 종단적 접근법

종단적 접근법(longitudinal approach)은 동일한 개인이나 집단을 연구대상으로 정하여 일정한 기간, 즉 비교적 장기간 그들에게 나타나는 행동특성의 변화, 즉 발달현상을 계속 추적해 가며 조사 연구하는 접근법이다. 그러므로 횡단적 접근법의 단점을 보완해 주는 접근법이 되며, 개인이나 집단의 발달현상을 제대로 이해하고 파악할 수 있는 자료를 얻는 접근법이 된다.

그러나 종단적 접근법은 다음과 같은 단점이 있다.

첫째, 어떤 개인이나 집단을 연구대상으로 선정하여 3년이나 5년 또는 10년, 경우에 따라서는 수십 년 동안 계속 따라다니며 연구해야 하기 때문에 시간이나 비용 면에서 많은 지원이 필요하다.

둘째, 오랜 기간에 걸쳐 연구되므로 연구대상의 탈락현상이 생긴다.

경우에 따라서는 연구자 자신이 도중에 먼저 사망할 수도 있고, 또 연구대상인 개인이나 집단이 타지로 이주하여 살게 되기도 한다.

셋째, 반복되는 검사로 인한 연습효과가 생길 수 있다. 예컨대, 지능의 증가가 진정한 인지능력의 향상이 아니라 반복검사로 인한 수행상의 향상일 수 있다.

(3) 순차적 접근법

횡단적 접근법과 종단적 접근법의 문제점을 극복하기 위하여, 연구자들은 두 가지의 방법을 혼합한 순차적 접근법(sequential approach)을 계획한다.

여기서 연령 효과는 단순히 연령이 증가함으로써 나타나는 효과이고, 동시대 출생집단 효과는 같은 시대에 태어나서 같은 역사적 환경에서 성장함으로써 나타나는 효과이며, 측정시기의 효과는 자료가 수집될 당시 상황의 효과이다. 이 접근법은 몇 개의 동시대 출생집단을 몇 차례에 걸쳐 측정하는 연구방법이다. 어떤 면에서 순차적 접근법은 몇 개의 종단적 접근법을 합쳐 놓은 것과 같은 것이라 할 수 있다.

예를 들어, 연령이 증가함에 따라 지적 기능에 변화가 있는지 알아보기로 하자. [그림 2-3]에서 보는 바와 같이, 세 개의 대각선의 평균들은 동시대 출생집단의 효과뿐만 아니라 측정시기의 효과도 감안한 연령차이를 나타낸다.

제 1횡렬의 세 연령집단의 지능을 평균하면 1970년 동시대 출생집단 효과가 나오고, 제 2횡렬의 세 연령집단의 지능을 평균하면 1975년 동시대 출생집단 효과가 나오며, 제 3횡렬의 세 연령집단의 지능을 평균하면 1980년 동시대 출생집단 효과가 나온다. 세 집단 간의 평균지능은 지적 기능에 있어서의 동시대 출생집단의 효과를 반영하는 것이다.

그리고 1975년, 1980년, 1985년, 1990년, 1995년의 지능을 비교함으로써 측정시기 효과를 알 수 있다. 이렇듯 적절한 통계처리를 함으로써 우리는 동시대 출생집단 효과와 측정시기 효과를 배제하게 되어 진정한 연령변화를 알 수 있게 된다.

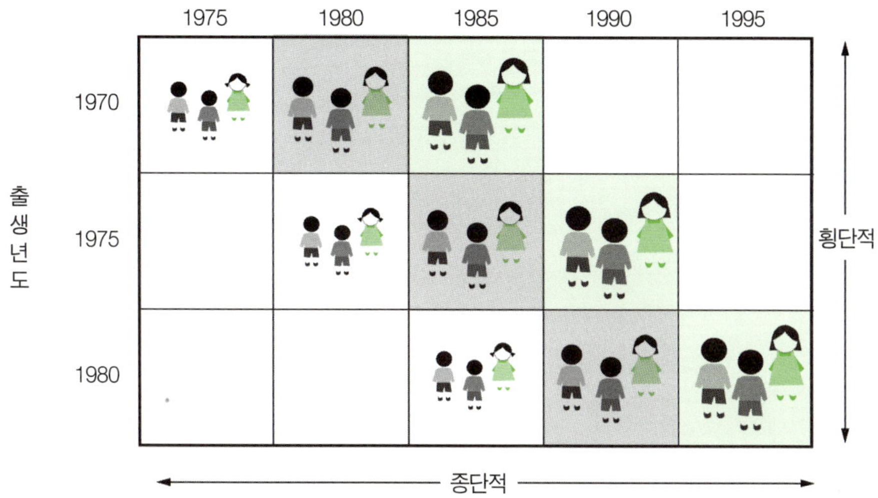

[그림 2-3] 순차적 접근법

CHAPTER 3

발달이론

1. Gesell의 성숙이론

1) 주요 개념

아놀드 게젤(Arnold Gesell, 1880~1961)은 1880년 미국에서 태어나 체계적이며 지속적인 관찰법을 활용하여 아동발달을 연구하였다. Gesell은 미시시피강 상류에 위치한 위스콘신 주에서 태어나고 자랐다. 그는 목가적이고 아름다운 자연환경에서 아동기를 보냈다.

Gesell은 꾸준한 관찰을 통해 아동발달을 연구하였다. 그는 기저생리과정에 대한 지식을 증진시키기 위해서 이미 박사학위를 받았고, 심리학자로서 충실히 활동하고 있었던 30세에 의과대학에 들어가 공부하였으며, 예일대학 부설 '아동발달연구소'를 설립하고 의과대학과 연계하여 운영하였다. 심리학과 의학을 통합한 정신발달의 실증적 연구에 전념하여 영유아의 운동기술에 대해 광범하고 심도 있는 연구를 수행하였으며, 또한 정년퇴직 후에도 '게젤 아동연구기관'이라는 연구소를 설립하여 자문으로 활동하였다. Gesell은 심리학과 의학을 함께 전공하여 심리학과 의학을 통합한 정신발달의 실증적인 연구에 전념하여, 아동발달과정을 보다 과학적이고 객관적으로 검토하였다.

Gesell은 아동의 성장 또는 발달은 두 가지의 주요한 힘에 의해 영향을 받는다고 주장했다. 첫째로, 아동은 그를 둘러싼 환경의 산물이라는 점이다. 그러나 더 근본적으로는, 아동의 발달이 내부로부터의 명령, 즉 유전자의 활동에 의해 결정된다고 믿었다. 그는 이 과정을 성숙(maturation)이라고 불렀다.

성숙에 의한 발달의 가장 특징적인 양상은 발달이 항상 고정된 순서로 전개된다는 것이다. 이를 바탕으로 Gesell은 특히 아동을 성숙 스케줄보다 앞서 가르치려고 노력하는 것에 반대했다. 즉 아동의 신경계가 충분히 성숙되어 준비가 완료된 후에야 앉고 걷고 말하게 될 것이다. 어떤 적정 순간에 이르면, 아동들은 자신들의 내적 충동에 의해서 과제를 쉽게 숙달하기 시작할 것이다. 그때까지는 교육이 별 가치가 없을 것이며, 오히려 돌보는 이와 아동 사이에 긴장만 조성할 것이다.

2) Gesell의 발달의 원리

Gesell의 관찰은 몇 가지의 원리들을 제시하고 있다. 그 중 네 가지를 살펴보면 발달방향의 원리, 상호적 교류의 원리(reciporcal interweaving), 기능적 비대칭의 원리(functional asymmetry), 자기조절의 원리(self-regulation)가 있다.

(1) 발달방향의 원리

발달은 일정한 방식에 따라 진행된다. 신생아는 다리보다 머리가 더 빨리 성숙하며, 팔의 협응이 다리의 협응에 선행한다. 이러한 특징을 두미발달경향(cephalocaudal)이라고 한다.

또한 신생아는 말초보다 신체의 중심이 먼저 발달하는데, 어깨 동작은 손목과 손가락의 동작보다 먼저 발달한다. 이를 근원발달경향(proximodistal)이라고 한다.

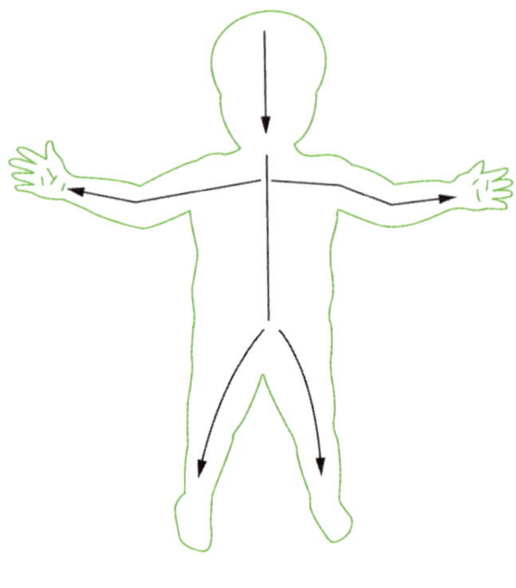

[그림 3-1] 두미발달 근원발달

머리에서 발 방향으로와 중심에서 말초로의 경향은 발달에는 방향이 있으며, 이 방향은 미리 계획된 유전적인 기제의 기능이라는 것이 Gesell의 주장과 일치한다.

(2) 상호적 교류의 원리

인간은 좌우동형으로 되어 있다. 즉, 두 반구로 된 뇌, 두 눈, 두 손, 두 다리 등으로 되어있다. 우리의 활동 역시도 이원적인 측면이 있는데, 팔다리를 굽히거나 아니면 뻗거나 하게 된다. "상호교류"란 양측이 점차적으로 효과적으로 체제화되어가는 과정을 말한다. 예를 들어 손사용의 발달에서 보면, 아기는 처음에는 한 손을 사용하다가 다음에는 두 손을 함께, 그런 후에는 다시 다른 한 손을, 그리고 다시 두 손을 함께 쓰게 되며, 결국 어느 한 손을 더 우세하게 사용할 때까지 이 과정을 계속한다. 이렇게 선호가 이리저리 바뀌는 속성을 섞어 비유하여 상호교류라는 용어를 쓴다. Gesell은 상호교류 원리가 광범위한 행동에 적용된다고 보았으며, 여기에는 시각적인 행동, 기기와 걷기 같은 행동패턴이 포함된다고 했다.

(3) 기능적 비대칭의 원리

상호교류 과정을 통해서 우리는 이중성의 균형을 잡는다. 그러나 우리는 거의 완전한 균형이나 대칭을 달성하지 못한다. 사실 어느 정도의 비대칭은 매우 기능적이다. 우리는 우세한 한 손, 한 눈 등으로 외부세계에 대처할 때 가장 효과적이다.

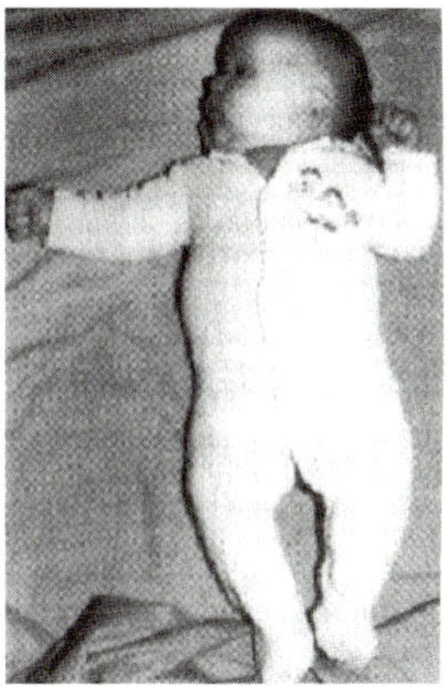
경직성 목반사

유아의 비대칭적 경향성은 Gesell이 인간에게서 발견한 경직성 목반사(tonic neck reflex)에서 볼 수 있다. Gesell은 아기들이 머리를 한쪽 방향으로 돌리고 눕기를 좋아한다는 것과, 그들이 그렇게 할 때 자동적으로 경직성 목반사 자세 - 머리가 돌려진 방향으로 한 팔을 내밀고(마치 손을 보는 듯이), 다른 한 팔은 머리 뒤에 구부리는 자세 - 를 취하는 데 주목했다. 이 경직성 목반사 자세는 마치 펜싱하는 기본자세처럼 보인다. 이 경직성 목반사는 생후 첫 3개월간 우세하다가, 새로운 신경계의 발달과 함께 사라지게 된다.

(4) 개별적 성숙의 원리

Gesell의 이론에 의하면, 성숙은 내적 요인에 의해서 통제되는 과정이며, 학습과 같은 외적 요인에 의해 영향을 받지 않는다고 한다. 개별적 성숙의 원리는 개인의 발달패턴과 방향을 확립하는 내적 기제로서 '성장모형'이 갖는 중요성을 강조한다. Gesell은 아동의 성장속도는 아동의 기질이나 성격상의 차이와 관계가 있을 것이라는 시사를 하면서, 느리게 자라는 아동, 빠르게 자라는 아동, 불규칙하게 자라는 아동 등 세 가지 유형을 제시하였다.

(5) 자기규제의 원리

Gesell은 내재적인 발달기제가 매우 강력하기 때문에 유기체는 상당한 정도까지 스스로의 발달을 조절한다고 믿었다. 그는 일련의 연구를 통해 아기들이 어떻게 자신의 수유주기나 수면주기, 그리고 깨어 있는 상태의 주기 등을 조절하는가를 보여 주었다. Gesell은 생리적인 리듬을 영아의 요구대로 맞추었더니, 영아 스스로 점차 수유시간과 수면시간을 줄여나간다는 것을 파악하였다. 이러한 유기체의 자기규제는 영아가 자신의 능력 이상으로 새로운 것을 시도하지 않도록 영아의 행동을 조절한다. 자기규제의 원리는 유아가 너무 빨리, 많이 배우도록 강요받을 때 내부에서 스스로 저항하는 힘이다. 즉 자신의 수준에 맞도록 성장을 스스로 조절하고 이끌어가는 능력이다.

3) Gesell의 아동양육 철학

Gesell은 아기들은 선천적인 계획을 가지고 세상에 첫발을 내디디게 되는데, 이들은 자신의 욕구와 무엇에 대해서는 준비가 되어 있고, 무엇에 대해서는 준비가 안되어 있는지에 관하여 탁월하게 현명하다고 생각하였다. 이에 따르면 부모들은 자녀들에게 선입관에 의한 어떤 패턴도 강요해서는 안 되며, 아동 자신으로부터 단서를 얻어야만 한다.

2. Montessori의 민감기 이론

1) 주요 개념

Maria Montessori(1870~1952)는 26세에 이탈리아 역사상 최초의 여자 의사가 되었다. Montessori가 맨 처음에 전문적인 관심을 보였던 분야는 정신지체 분야였다. 그녀는 시설에 수용된 지체아들이 놀이나 학습에 굶주려 있는 정도를 보고 깊은 인상을 받았으며, 그는 이들에게 크기가 다른 구멍에 넣을 수 있는 물건, 실을 꿸 수 있는 구슬, 단추나 레이스를 달 수 있는 옷감조각 등 구체적이면서도 유용한 과제들을 주었다. 그녀는 같은 방법으로 읽기와 쓰기를 포함한 더욱 어려운 과제들을 가르치려고 시도했다.

지체아들은 사물을 만지고 느낌으로써 가장 잘 배울 수 있는 것처럼 보였기 때문에, 그녀는 그들이 글자를 따라 손가락을 움직이면서 계속 갖고 놀기를 좋아하는 나무로 된 글자를 주었다. 이런 방법으로 그녀는 많은 지체아들도 같은 연령의 정상아들만큼이나 잘 읽고 쓸 수 있도록 가르쳤다.

1907년, Montessori는 로마시의 한 구역인 San Lorenzo의 빈민가에 살고 있는 아동들을 교육하는 책임을 맡았으며, 거기에서 그녀는 50명 이상의 극도로 가난한 아동들, 즉 실업자, 거지, 창녀, 전과자들의 자녀들을 위해서 학교를 설립했다. 'Casa dei Bambini', 즉 '어린이집'이라고 불리는 이 학교에서 Montessori는 자신의 생각과 방법을 계속 발전시켰으며, 이것이 매우 성공적이어서 1913년경에는 가장 유명한 여성 중의 한 사람이 되었다.

2) 민감기

Montessori 이론에서의 중심요소는 민감기(sensitive period) 개념인데, 이는 결정적 시기와 유사하다. 즉, 민감기는 유전적으로 계획된 기간으로서, 아동들은 특별히 이 기간 동안 어떤 과제를 숙달하고자 노력하고 또 숙달할 수 있게 된다. 예를 들면, 언어획득과 손의 사용을 시작하게 되는 민감기가 있어서 이 기간 동안 아동은 이러한 능력들을 숙달시키는 데 전력을 다한다. 그리고 만일 아동이 자연스럽게 그들에게 그렇게 하도록 계획한 바대로 그 시기에 이러한 경험들을 즐기지 못한다면, 그들로 하여금 그러한 경험을 하도록 이끌어 준 특별한 민감성은 사라지고, 그 결과 발달에 방해적인 효과를 남긴다.

(1) 질서에 대한 민감기

주로 생후 처음 3년간에 나타나는 첫 번째 민감기 동안에, 아동들은 질서(order)에 대한 강한 욕구를 갖는다. 아기들은 움직일 수 있게 되자마자 물건들을 제자리에 놓기를 좋아한다. 만일 펜이나 책이 제자리에 있지 않으면, 그들은 단호히 그것들을 원래 자리로 갖다 놓는다. 그리고 스스로 움직일 수 없을 정도로 어릴 때조차도 제자리에 있지 않은 무엇인가를 보면 동요한다. 그 한 예로, Montessori는 방문객이 우산을 탁자 위에 놓았을 때 우는 6개월된 여아에 대한 이야기를 했다. 그 여아는 탁자 위를 보고는 한동안 울다가, 어머니가 그 이유를 알아채고서 우산 놓는 자리인 선반 위에 우산을 놓았을 때에야 비로소 조용해졌다.

매우 일반적인 이 반응이 우리에게는 어리석은 것으로 보인다. 왜냐하면 질서에 대한 성인들의 욕구는 다른 차원에 속하는 것이기 때문이다. 성인들에게 있어서 질서는 어떤 외부적인 즐거움을 제공해 주는 것이지만, 어린 아동들에게 있어서의 질서는 본능적인 것이다. 그것은 동물들이 걸어 다니는 땅이나, 물고기가 헤엄치는 물과 같은 것이다. 생후 1년 동안에 유아들은 그들이 후에 지배해야만 하는 환경으로부터 정향원리들(principles of orientation)을 도출해낸다.

(2) 세부에 대한 민감기

1세에서 2세 사이의 유아들은 작고 세밀한 것에 그들의 주위를 고정시킨다. 예를 들어 그들은 우리가 주목하지 못하는 작은 곤충들을 탐지한다. 또는 이들에게 그림을 보여주면, 우리가 중요하게 생각하는 주된 대상은 무시하고 대신 배경에 있는 작은 대상에 초점을 맞추는 것처럼 보인다. 세부(detail)에 대한 이러한 관심은 아동의 정신발달에 있어 어떤 변화를 나타내는 것이다. 그들이 처음에는 반짝거리는 물체나 밝은 빛 또는 색깔 등에 이끌렸던 반면에, 이제는 가능한 한 완전하게 그들의 경험을 채우려고 노력한다. 아주 세밀한 것에 대한 어린 아동들의 관심은 성인들을 어리둥절하게 만드는 것이다. 이런 것은 아동들의 "정신적 특성이 성인들의 그것과는 아주 다르며, 단순히 그 정도에 있어서만 다른 것이 아니고 그 종류에 있어서도 다르다."는 사실에 대한 또 다른 증거가 된다.

(3) 양손 사용에 대한 민감기

세 번째의 민감기는 손의 사용과 관계된다. 18개월에서 3세 사이의 아동들은 끊임없이 물건을 움켜잡으려 한다. 그들은 특히 뚜껑을 여닫거나 그릇에 물건들을 집어넣고, 쏟아내고, 또 다시 가득 채우는 일 등을 즐긴다. 그 다음 2년 동안에는 그들의 동작과 촉감을 세련화시킨다. 예를 들면, 4세 아동은 눈을 감은 채 물체를 만져서 그것을 확인하는 것, 즉 성인보다는 아동들에게 훨씬 더 흥미 있는 이러한 게임을 즐긴다.

(4) 걷기에 대한 민감기

가장 쉽게 볼 수 있는 민감기는 걷기에 대한 민감기이다. Montessori는 걷는 법을 배우는 것은 일종의 제 2의 탄생이라고 말한다. 즉, 무력한 존재에서 능동적인 존재로 바뀌게 된다. 아기들은 억제할 수 없는 충동에 의해 걷는 것을 시도하게 되며, 걷는 방법을 배울 때 대단한 자부심을 갖는다.

우리는 다른 행동과 마찬가지로, 걷기의 의미가 성인에게 있어서와 아동에게 있어서 서로 다르다는 것을 종종 인식하지 못하고 있다. 우리가 걸을 때는 마음속에 어떤 목적지를 가지고 있다. 즉, 우리는 어딘가로 가고자 한다. 반면에 아장아장 걷는 아기들에게는 걷는 그 자체가 목적이다. 예를 들면, 아기들은 반복해서 계단을 오르락내리락 거리기도 한다. 그들은 어디로 가기 위해 걷는 것이 아니다. 자신의 기능을 완전하게 하기 위해서, 그리고 결과적으로 그들 내부의 창조적인 무엇인가에 대한 그들의 목적을 달성하기 위해서 걷는다.

(5) 언어에 대한 민감기

다섯 번째의 민감기는 아마도 모든 민감기 중에서 가장 두드러진 것으로, 언어의 획득과 관계된다. 놀랄 만한 것은 아동들이 이와 같이 복잡한 과정을 학습하는 속도이다. 언어를 배우기 위해서는 단지 단어나 그것의 의미뿐만 아니라, 말의 다양한 부분들을 어떻게 배열해야 하는가를 가르쳐주는 규칙체계인 문법도 배워야만 한다. 예를 들어, 우리가 "컵이 탁자 위에 있다."라고 말할 때, 우리가 여기에 부여한 의미는 단어들을 나열한 순서에서 나오는 것이다. 만일 "위에 컵 책상 있다." 라고 말했다면 그 의미를 파악하기가 어려울 것이다.

문법에 내재하는 규칙들이 너무 알기 어렵고 추상적이어서, 언어학자들도 아직 형식적인 방법으로 그것들을 이해하려고 노력하는 중이다. 그러나 아동들은 규칙들에 대해서 많은 생각을 하지 않고도 그 규칙들에 숙달된다. 만일 두 가지 언어에 동시에 노출된다 하더라도 아동들은 두 가지 모두 숙달하게 될 것이다.

언어를 파악하는 아동들의 능력이 이처럼 크기 때문에, Montessori는 아동이 특별한 종류의 언어적 수용력이나 '기제'를 부여받았음에 틀림없다고 결론지었다. 이러한 기제는 나이든 아동이나 성인들의 정신생활에 있는 어떠한 것과도 매우 상이한 것이다. 우리는 외국어를 배울 때, 매우 신경을 써서 시제·전치사·수식어 등에 관한 규칙을 암기하려고 의식적으로 노력하면서 대단히 힘들여 배우는 데 비하여, 어린 아동들은 언어를 무의식적으로 흡수한다.

Montessori의 묘사에 의하면, 아동의 언어획득은 일종의 각인과 매우 유사한 듯이 보인다. 생후 수개월에서 2세 반 또는 3세 사이의 어떤 결정적 시기에, 아동은 환경으로부터 소리 · 단어 · 문법 등을 흡수하기 위한 내적인 준비가 되어 있다. 아동은 이러한 인상들을 그의 마음으로가 아니라, 그의 생 자체로서 흡수한다. 소리는 믿을 수 없을 정도로 강한 인상과 정서를 일으킨다. 즉 소리는 아동의 몸 안에 있는 보이지 않은 섬유들을 작동시키며, 그 소리를 재생시키고자 할 때 이 섬유들은 진동하기 시작한다. 우리 성인들은 그러한 경험이 어떠한 것인지 상상할 수도 없는데, 이 경험이 가능한 경우는 우리가 교향악에 깊은 감명을 받았을 때 느꼈던 감정을 회상하고, 다음에 그보다 몇 배 더 강한 유사한 감정을 상상하려 할 때이다. 언어에 대한 이러한 특별한 민감성은 생후 3년 정도만 유지되고 그 후로는 사라진다.

Montessori는 언어획득이 선천적인 것이며 성숙적 요인에 의해 지배되기 때문에, 아동들은 그들이 성장하는 곳이 어디건 간에 동일한 단계를 거쳐 언어를 발달시킨다고 주장했다. 예를 들면, 모든 아동들은 옹알이 단계에서부터 단어를 말하기 시작하는 단계로 진행해 나가며, 그 다음에는 두 단어 문장을 함께 사용하는 단계에 들어서고 그 뒤에는 점점 더 복잡한 문장구조를 알게 되는 시기가 뒤따르게 된다.

또한 Montessori는 이런 단계들이 점진적이고 연속적인 방식으로 나타나지는 않는다고 강조한다. 아동은 아무런 진전도 없는 것처럼 보이는 기간을 몇 차례 겪고 난 다음에 새로운 성취를 급격히 증가시킨다. 예를 들면, 아동이 갑자기 많은 새 단어들을 입 밖으로 쏟아 내거나, 또는 접미사나 접두사 등과 같은 언어의 일부분을 구성하는 일단의 규칙들을 갑자기 숙달하게 된다.

약 3세에서 5, 6세 사이의 아동들은 더 이상 무의식적으로 단어나 문법들을 흡수하지는 않지만, 아직도 언어에 대한 일반적 민감기에 있는 것이다. 이 기간 동안 더욱 의식적으로 새로운 문법적 형태를 배우며, 그렇게 하는 데서 커다란 기쁨을 느낀다.

아동은 5~6세가 되어 정규적인 학교에 갈 준비가 되는 시기가 되기 전에 이미 말하는 것을 다 배운다. 이런 모든 일들은 가르치는 사람도 없이 일어난다. 그것은 자발적인 획득인 것이다. 그런데 우리는 아동이 이 모든 것을 스스로 해낸 후에야 이들을 학교에 보내 굉장한 대우를 해주는 듯이 알파벳을 가르쳐 준다. 또한 우리는 아동의 뛰어난 성취에 비하면 사소한 것인 그들의 결점에 초점을 맞추는 주제

넘은 짓을 한다. 우리는 성인들이 아동 스스로의 학습능력에 대해 과소평가한다는 점을 알아야 한다.

〈표 3-1〉 초기의 민감기

0세	1세	2세	3세	4세	5세	6세
	(걷기)					
		(세부에 대한 관심)				
(질서에 대한 욕구)						
(무의식적 언어파악)			(의식적 언어파악)			
		(손 사용 : 손 움직임과 촉감의 세련)				

3) 가정에서의 조기교육론

여러 민감기에서 아동들은 어떤 경험들을 독립적으로 숙달하고자 하는 내부의 충동에 의해 이끌린다. 교육의 목적은 이러한 과정을 도와주는 것이다. 아동들은 2세나 3세 정도 되어야 비로소 유아원이나 Montessori 학교에 들어갈 수 있기 때문에, 부모와 양육자들이 사실 최초의 교육자인 것이다.

아동심리에 대한 공식적인 지식을 가져야만 도움이 될 수 있는 것은 아니다. 우리가 필요로 하는 것은 어떤 태도이다. 우리는 무엇보다도 독립적으로 숙달하려는 아동의 노력을 존중해야 하기 때문에, 그들의 학습을 지시하는 것이 우리들의 일이 아님을 인식할 필요가 있다. 우리는 아동의 내적 구성력에 대한 믿음을 가져야만 한다. 동시에 우리는 단순히 아동들을 무시하거나 업신여겨서는 안 된다. 우리가 할 수 있는 것은 그들에게 가장 생생한 것들을 학습할 기회를 제공하는 것이다. 우리는 아동의 자발적인 흥미를 지켜보고, 그들에게 그러한 흥미를 추구할 기회를 줄 수 있어야 한다.

예를 들어, Montessori는 6개월된 여아를 유모차에 싣고 정원을 거니는 보모에 대해 이야기했다. 매일매일 아기는 오래된 회색 벽에 박혀 있는 하얀 대리석을 보고 즐거워했다. 이 아기는 돌이 똑같은 장소에 있음을 발견하고 즐거워하는 것이 분명했다. 즉, 이 아기는 세상에서의 질서에 대한 자신의 민감성을 발달시키고 있었다. 어쨌든 아기의 흥미를 알아차린 보모는 그때마다 멈춰 서서 아기가 그 광경을 바라보도록 해주곤 했다. 그 보모는 자기가 걷는 속도대로 아기를 밀고 다닌 것이 아니라, 아기의 자발적인 흥미가 자기를 이끌어가도록 했다. 그 보모는 일상적인 의미에서 아기를 가르친 것이 아니라, 이상적인 교사로서 행동하고 있었던 것이다. 그녀는 무엇이든지 자발적으로 연결지을 수 있는 기회를 아기에게 주고 있는 것이다.

또 다른 예를 들어보면, 부모들은 걷기에 대한 민감기에 있는 자녀를 도와줄 수 있다. 어떤 부모들은 아이가 이런 새로운 기술을 익힐 때 아이 뒤를 따라다니는 것을 즐거워한다. 그들은 아이가 놀랄 만큼 긴 거리를 걸어갈 때에도 그 뒤를 따라가면서 아이가 새로운 장면을 탐색하기 위해 걸음을 멈추면 그들도 함께 멈춰 선다. 또한 아이가 계단 오르기와 같은 걷기의 새로운 측면도 익힐 수 있는 시간을 준다. 이와 같이 부모는 아이 자신의 리듬을 따르며, 자녀가 이러한 새 기술을 숙달하면서 자랑스러워하는 것을 바라보고 즐거워한다.

그러나 어떤 부모들은, 아동이 자기 스스로 그리고 자기 고유의 방식으로 걷는 것을 익히기 위한 충분한 기회를 주지 못하고 있다. 그들은 아이에게 걷는 법을 가르치려고 애쓰지만, 그러한 훈련은 아마도 아이들에게 자기 자신의 노력이 부적합하다는 느낌을 줄 것이다. 또는 부모들은 걷는다는 것이 아이들에게 의미하는 바를 깨닫지 못하고 있다. 즉, 그들은 아이들도 자기들처럼 어딘가 가려 하는 것이라고 추측한다. 그래서 보다 빨리 아이들을 목적지에 데려다 주기 위해서 아이들을 안아서 데려가든지 유모차에 태워 밀고 간다. 또는 부모들은 아이들이 걸어서 어디로 가게 될까봐 두려워서 아이들 주위에 안전울타리 같은 것을 쳐 놓는다.

물론 모든 정상아동들은 결국에는 걷는 것을 배우게 된다. 그러나 부모의 반응은 아이들 자신의 내적인 리듬과 독립성에 대한 그들의 느낌에 영향을 준다. 즉, 어떤 경우에는 아이가 중요한 기술을 자기 힘으로 숙달하게 되었을 때 자유감과 자신감을 얻게 되나, 또 다른 경우에서는 자신의 숙달하고자 하는 노력이 부정적 반응을 초래함을 발견하게 되어, 그 결과 자신의 내적인 촉발에 관하여는 우물쭈물하면서 억제하게 될 수도 있다. 아동들이 처음 걷기를 배운 방식과 이후의 운동능력, 신체적 매력은 서로 관련된다는 것은 가능한 이야기이다.

3. 정신분석이론

정신분석이론은 인간성장 발달과정에서 무의식적인 기제를 강조하는 이론으로, 내적인 욕구와 이러한 욕구의 충족과정이 인성발달과 어떤 관계를 갖는지를 이해하고자 하였다. 프로이드의 심리성적 이론과 에릭슨의 심리사회적 이론을 중심으로 주요 개념과 발달기제에 대하여 살펴보고자 한다.

1) Freud의 심리성적 이론

(1) 주요 개념

① **의식**(consciousness)

의식은 어떤 순간에 우리가 알거나 느낄 수 있는 모든 경험과 감각을 말한다. 프로이드는 정신생활의 극히 일부분(사고, 느낌, 지각, 기억)만이 의식의 범위 안에 포함된다고 말했다. 우리가 어떠한 순간에 경험하는 의식내용은 그것이 어떤 것이라 하더라도, 외부적 요인에 의해 주로 규제되는 선택적 여과과정의 결과인 것이다. 더욱이 이 경험도 다만 잠시 동안만 의식될 뿐 시간이 경과하거나 또는 우리가 주의를 다른 곳으로 바꾸면, 그 순간에 전의식이나 무의식으로 들어가 잠재하게 된다. 그러므로 의식은 성격의 제한된 적은 부분만을 나타낸 것이다.

② **전의식**(pre-consciousness)

전의식은 흔히 이용 가능한 기억이라고 불리운다. 즉, 전의식은 어느 순간에는 의식되지 않으나 조금만 노력하면 곧 의식될 수 있는 경험(기억)을 말한다. 전의식은 무의식과 의식의 영역을 연결해주는데, 예컨대 어떤 치료기법에 의해서 무의식 내용이 전의식으로 나타나고, 또 그 다음에 의식이 될 수 있다고 프로이드는 생각했다. 전의식은 의식과 무의식 사이에 있는 문지기이다.

③ **무의식**(un-consciousness)

프로이드에 의하면, 무의식은 인간정신의 가장 크고 깊은 심층에 잠재해 있으면서 의식적 사고와 행동을 전적으로 통제하는 힘(power)이라고 믿었다. 무의식은 전의식의 사고 형태와는 달리 전혀 의식되지 않지만, 사람들의 행동을 결정하는 주된 원인이 된다. 인간의 모든 생활경험은 잠시동안만 의식의 세계에 있을 뿐 우리가 주위를 다른 곳으로 바꾸거나 시간이 들어가서 잠재하게 되는데, 이것을 무의식(無意識)이라고 했다. 다시 말하면 의식 밖으로 억압되는 어떤 체험이나 생각(예컨대, 성욕은 문화나 사회규범 때문에 억압된다)은 소멸되는 것이 아니라, 무의식 속으로 들어가 잠재하여 그 개인의 행동에 강력한 영향력을 행사한다고 한다. 즉, 상자 뚜껑을 열면 괴상한 인형이나 다른 물건들이 튀어나오는 것처럼, 억압된 생각이나 체험 혹은 그 밖의 잠재된 경험들이 생물학적 충동이나 어떤 일과 연상되어 나타나면, 그것들은 현실에서 불안을 일으키고 다시 한 번 밑으로 밀려나 끝없는 무의식적 갈등이 된다고 프로이드는 주장했다.

이러한 무의식적 갈등을 분석하여 환자를 치료하는 정신분석학적 방법은 초기에는 최면술(hyponosis)을 가지고 시도되었으나, 프로이드는 이 방법에 모순을 발견하고 자유연상(free association)방법을 통하여 억압된 무의식을 의식화하는 데 성공하였다. 이같이 그는 이러한 무의식은 추상적인 것이 아니라, 증명될 수 있고 제시될 수 있는 현실이라고 주장했다.

그는 또 우리의 의식범위 밖에 있는 충동과 욕구가 인간행동의 아주 중요한 부분을 만들고, 결정하게 하는 원동력이 된다고 굳게 믿었다. 이러한 힘은 무의식적일 뿐만 아니라, 개체 내부에 잠재되어 있어 이것이 의식상에 떠오르는 것을 막는 강한 저항이 된다. 무의식적 내용은 변장되고 상징화된 형태로 나타나는 바 프로이드는 이러한 사실을 그의 환자치료를 위한 연구에 사용했다.

프로이드는 40여년 간에 걸쳐 자유연상의 방법으로 무의식을 탐구했고, 최초로 포괄적인 성격이론을 발전시켰다. 그는 무의식의 형태에 대한 윤곽과 그것의 에너지의 원천을 간파했으며, 그것의 성장하는 법측적인 과정을 도식화했다. 이 놀라운 공적(功蹟)으로 해서 그의 이론은 현대에서 가장 많은 논란을 일으켰으며, 또 가장 영향력 있는 사람 중의 하나가 되었다.

(2) 성격의 구조

세 성격구조의 작용원리(Crain, 1980)를 살펴보면 다음과 같다.

첫째, 이드(id)는 현실지각과 의식(意識)으로부터 완전히 동떨어져 있다. 이드는 전적으로 우리 마음의 깊숙한 무의식(無意識)영역에 속해 있다. 그러므로 무의식이 의식화되기 위해서는 막대한 노력이 있어야 가능하다.

① **이드(Id)**

이드는 성격의 가장 원시적인 체계이다. 이드는 프로이드가 처음에 무의식이라고 불렀던 성격의 한 부분이다. 프로이드는 이드를, 방출하고자 압력을 가하는 "끓어오르는 흥분들로 가득한 구덩이"로 비유하였다. 이드는 유전되는 것으로 출생 시에 이미 존재하며, 그 속에서 자아(自我)와 초자아(超自我)가 분화되어 나오는 모체이다. 이드의 본질은 노골적이고 공격적이며, 동물적이고 조직되지 않는 것으로서, 법도 모르고 규칙도 따르지 않는 개인 속에 내재하는 정신적 원동체로서 개인의 전 생의 기초가 된다. 이드의 성격은 본능적이고 충동적이어서 어떠한 억압도 싫어한다. 이드는 원초적인 성격체로 모든 인간생활의 일차적인 원리(primary principle)이다. 생물학적인 충동(특히 성욕과 공격성)에 의해 나타나는 정신에너지의 즉각적인 방출은 일차적 원리의 예가 되는데, 만일 이것이 억제되면 성격 체제에 긴장이 나타난다. 예를 들면, 성교 중에는 긴장이 높아지다가 마지막 방출 때는 쾌(快)를 느낀다. 마찬가지로 우리들은 배고픔을 해소한다든지 방광의 긴장을 풀어버릴 때 기분 좋은 안도감을 느낀다. 일차적으로 이드는 모든 흥분을 제거하고 조용한 상태로, 즉 평화로운 수면상태로 되돌아가려고 애쓰는 본능이다. 이와 같이 이드는 긴장을 감소하려는 쾌락원칙(快樂原則, pleasure principle)을 따르기 때문에 그는 자신을 괴롭히는 모든 억압을 싫어하고 무시한다. 따라서 모든 행동은 자애적(自愛的)인 방법으로 표현되며, 언제나 비합리적이고 충동적으로 행동하고 다른 사람이나 자신에게 미칠 어떤 영향도 전혀 고려하지 않는다. 더욱이 이드는 불안이나 공포를 의식하지 않기 때문에 자신의 하고자 하는 행동을 표현하는 데 있어서도 조심성이 전혀 없다. 프로이드는 이 점이 개체나 사회에 위험을 줄지 모른다고 생각했다.

프로이드는 긴장으로부터 개인을 해방시키는 이드의 두 가지 기제(機制), 즉 반사작용(反射作用, reflection)과 일차과정(primary process)을 제시했다. 이드는 반사작용을 통해서 불안을 일으키는 자극에 대하여 자동적으로 반응하며, 이러한 자극이 유발하는 긴장을 재빨리 제거한다. 이러한 선천적 반응의 예는 재채기, 기침, 눈깜박이기 등이다. 반면에 일차과정은 심리적인 현상으로서, 개체가 언젠가 자기의 기본적인 욕구를 만족시켜준 적이 있는 어떤 대상물을 심상에 떠올리므로 긴장을 감소시킨다. 예를 들면, 배고픔은 사람이 맛 좋은 음식의 시각적 심상을 머리에 떠올림으로써 배고픈 충동을 조금이나마 만족시킨다거나, 혹은 각박한 도시생활에서

지친 사람이 언젠가 등산에서 맛보았던 아름다운 경치를 상상함으로 피로를 감소할 수 있다. 프로이드는 이드는 주관적 심상과 실제물체(음식이나 경치)를 구별할 수 없다고 말했다. 따라서 이드는 충동적이기 때문에 충동을 만족시킬 대상을 찾지 못하면 환각과 꿈을 꾸게 된다고 한다.

일차과정의 예는 신생아의 정신기능이나 정신병환자의 환상에서 찾아볼 수 있다. 일차과정에 따라서 행동할 때, 유아는 욕구를 충족시키는 실물과 상상과를 구별할 수 없다. 일차과정 그 자체로서는 긴장을 해소하지도 못한다. 왜냐하면 배고픔은 사람이 음식에 대한 심상을 먹을 수는 없다. 그러므로 프로이드는 유아가 당면하는 꼭 배워야 할 과업은 일차적 욕구의 만족을 지연시키는 법이라고 했다. 유아가 자신의 욕구와 충족과는 거리가 먼 외부 세계가 있다는 것을 처음으로 배움으로써 그의 만족을 지연하는 능력이 발달되는 것이다. 이러한 의식이 생길 때 성격의 둘째 체계인 자아의 구조가 형성되기 시작한다.

결론적으로 이드는 개체 속의 욕구를 위해 필요한 것을 요구하며, 이 욕구는 유아적이며 쾌락적이며 억압과 긴장해소를 위한 체계이다. 따라서 이드는 개인을 본능적으로 존재 유지하게 하는 생명력이며, 소망(갈망)에 대한 추진력의 근본이 된다.

둘째, 자아(ego)는 의식과 현실수준에 놓여 있는데, 자아는 주로 "전의식(前意識)"이라 불리우는 영역에 머물러 있다. 자아는 비교적 적은 노력으로도 의식화 될 수 있는 기능작용을 갖고 있다. 자아는 이드에서 파생되었기 때문에 부분적으로는 무의식적이다. 예컨대, 자아는 금지된 사고를 언제나 무의식적으로 억압한다.

② **자아(Ego)**

만일 인간이 쾌락의 원칙에 의해서만 행동한다면 아마 우리는 오래 살지 못할 것이다. 왜냐하면 환상에 기초해서 행동한다거나 자신의 충동만을 채우기 위한 삶은 불가능하기 때문이다. 그러므로 우리는 현실에 적응하는 법을 배워야 한다. 예컨대, 소년은 눈에 보이는 대로 충동적으로 음식을 가져올 수 없다는 것을 곧 배우게 될 것이다. 만일 자기보다 큰 소년에게서 음식을 빼앗는다면, 그 큰 소년은 그 소년을 때릴 것이다. 따라서 그는 행동하기 전에 현실을 고려해야 한다. 이와 같이 충동적인 행동을 연기시키고 현실을 고려하여 행동하는 기능이 자아(Ego)이다.

프로이드는 이드는 "길들여지지 않은 열정"을 뜻하는 반면, 자아는 "이성과 분별"

을 뜻한다고 말했다. 이와 같은 자아의 구조와 기능은 이드(Id)로부터 파생된다. 자아는 생후 6~8개월부터 발생하기 시작하여 2~3세에 형성된다. 자아는 이드(Id)의 충동들을 어떤 방법으로든지 충족시켜주어야 하지만 그것은 초자아가 침해를 받지 않는 범위 내에서 충족시켜 주어야 한다. 이같이 자아는 이드의 욕구(yes)와 초자아의 거절(no) 사이에서 현실에 맞도록 조정하여 개체를 적절히 유지시키는 기능을 한다. 이때 자아는 지각, 학습, 기억, 현실 검증 등을 포함하는 2차과정을 사용한다. 예컨대, 성적충동을 만족시키려는 본능의 욕구를 승화(sublimation)의 방어기제를 사용한다. 즉, 그림 그리기, 음악감상이나 스포츠 활동 등 사회적으로 승인된 방향으로 전환시켜 욕구를 충족한다. 이런 합리적 사고 방식을 이차적 사고과정이라고 부르는데, 여기에는 일반적으로 지각, 사고 등의 인지과정(認知過程)이 포함된다.

자아(自我)는 이드의 쾌락적 특성과는 달리 현실원칙(現實原則, reality principle)에 의해서 작용한다. 현실원칙의 목적은 욕구충족을 위해서 적당한 대상이나 환경조건이 이루어질 때까지 본능적 만족을 지연시켜 개체를 안전하게 보전시키는 데 있다. 자아는 "이드의 욕구"와 "초자아의 저지" 사이에서 현실을 감안하여 양쪽에 큰 손상이 없는 범위 내에서 적절하게 조정해 주는 조정자이다. 자아는 사실과 허상을 구별할 수 있으며 상당한 양의 긴장을 참을 수 있고, 새로운 사건을 경험함에 따라 인지적, 지각적인 면이 발달하여 현실을 판단할 수 있다. 다시 말하면, 자아의 목적은 자신이나 타인에게 해를 끼치지 않고 이드의 욕구를 충족시키는 적절한 과정을 발달시키는 데 있다. 그래서 자아는 성장과정, 특히 어린 시절에 형성된다. 클라이언트(client)의 치료 및 상담의 중요한 목적 중의 하나는 자아를 강화시켜 자신의 문제를 스스로 해결할 수 있도록 돕는 데 있다.

자아는 자신의 에너지가 없으므로 이드(Id)에게서 자신의 에너지를 빌려와야만 한다. 따라서 자아는 세 체계 중 어느 하나라도 만족시키지 못할까봐 두려워한 나머지 자주 불안해진다. 즉, 위험하고 억압된 욕망이 뚫고 나오려고 위협한다거나, 또는 기본적인 생물학적 욕구를 만족시키기에 무력하다고 느낄 때와 이드의 충동을 처리할 수 없다고 느낄 때, "신경증적 불안(neurotic anxiety)"을 경험한다. 둘째로, 자아가 초자아로부터의 처벌을 예견할 때는 "도덕적 불안(moral anxiety)"을 느낀다. 그리고 자아는 외부 세계에 있는 위험에 대해서 항상 "현실적 불안(realistic anxiety)에 사로잡혀 있다.

결론적으로, 자아는 이드에 의해 끌려다니고, 초자아로부터 제한받고 현실로부터 배척당하는 운명에 있는 자기에게 미치는 힘과 영향력 등 사이의 조화를 이루기 위하여 최선의 노력을 하게 된다. 따라서 우리들이 종종 "인생은 쉽지 않다."고 외치게 되는 것도 모두 이러한데서 연유한다(Freud, 1933). 결국 자아는 이드의 목적을 좌절시키는 것이 아니고 적절히 추진시키기 위해 존재한다. 그러므로 자아는 이드와 분리되어 존재할 수 없으며, 독립할 수도 없다. 자아의 주요 역할은 유기체의 본능적인 요소와 주위 환경의 상태와를 적절히 조정하여 개인의 생활을 유지시키는 기능을 한다.

셋째, 초자아는 언제나 이드(Id)가 요구하는 모든 점에 거부할 뿐만 아니라, 자아의 결정사항에 대해서도 비판적 태도를 취한다. 초자아 역시 부분적으로 무의식적이다. 비록 우리가 도덕기준을 자각하고 있지만 그것들은 무의식적으로 영향을 주고 있다. 예컨대, 우리는 이렇다 할 이유도 없이 우울하게 되는 경우가 있는데, 그것은 금지된 생각을 하는 것에 대해 초자아가 우리를 처벌하고 있기 때문이다.

③ **초자아(Super-ego)**

인간이 사회생활을 바람직하게 하기 위해서 그들은 그 사회의 질서체계인 가치, 도덕, 윤리체계를 습득해야 한다. 이것들을 사회화 과정을 통해서 이루어지며, 정신 분석학적 용어로 말하면 초자아라고 한다. 이 초자아(超自我)는 인간의 마음속에 있는 윤리적이고 도덕적이며 이상적(理想的)인 면을 말한다. 이러한 초자아는 유전되는 것이 아니고 성격구조 중 마지막으로 발달되는 체계로서, 부모의 양육태도, 즉 부모가 주는 보상과 처벌에 대한 반응으로 발달한다. 초자아란 어린 아이가 옳고 그름을, 선과 악을, 그리고 도덕과 비도덕을 분별할 수 있게 될 때 비로소 나타나게 된다. 초자아는 처음에는 단지 부모의 옳고 그름에 대한 기대만을 반영한다. 어린이는 항상 이러한 부모의 기대에 알맞게 행동함으로써 갈등과 처벌을 피한다. 그리고 어린이의 생활범위(학교, 교회, 동료집단)가 점차로 확대됨에 따라, 그들의 초자아는 그들 집단이 인정하는 적절한 행동규범을 보태어 그의 초자아를 형성한다.

프로이드는 초자아를 두 개의 하위체계, 즉 양심(conscience)과 자아이상(ego ideal)으로 나누었다. 양심은 어린이가 잘못을 저질렀을 때 부모로부터 야단을 맞거나 처벌을 통해 생기며, 이것은 자신에 대한 비판적 평가나 도덕적 억압, 죄의식 등이 포함된다. 한편, 자아이상은 어린이가 긍정적인 일을 했을 때 부모로부터 받는 보상이나 칭찬으로부터 발달한다. 자아이상은 개인으로 하여금 목표나 포부를 갖게 해주며, 이것을 달성한다면 자존심과 긍지를 느끼게 될 것이다. 초자아는 오이디푸스 콤플렉스(Oedipus Complex)가 해결되는 기간에 마무리되는데, 그것은 아버지와 동일시함으로써 형성된다. 그러므로 이 기간 동안 아버지는 도덕적 상징자로서 중요한 역할자가 된다.

결론적으로 초자아는 성격의 도덕적 체계이며, 현실의 쾌락보다 인내와 절약을 통해 미래의 이상과 완성을 추구하는 내 마음속에 있는 나이다. 그것은 행동의 옳고 그름을 결정하여 사회에서 공인된 도덕적 기준에 맞추어 행동하는 내 마음속에 있는 도덕적 재판관이다.

(3) 발달기제

Freud의 성격발달이론은 태어나서 다섯 살까지의 경험을 중요시한다. 이 기간 동안 유아는 여러 단계의 심리, 성적 발달단계를 거치게 되는데, 발달단계의 구분은 리비도가 집중적으로 모이는 성감대의 변화에 따라 나뉘어진다. Freud는 태어나서 다섯 살까지 입, 항문, 성기 등의 순서로 성감대가 바뀌어져 간다고 믿고, 구강기, 항문기, 남근기 등으로 발달단계를 구분하고 있으며, 이 시기를 성격 형성의 결정적 시기로 보고 있다.

① 구강기(Oral stage : 0~1세)

아기가 태어나서 처음으로 성적 쾌감을 느끼는 곳이 구강이다. 아이들은 물체를 입으로 가져가서 빨기 시작하며 치아가 생기면 물어뜯는다. 이러한 활동들을 통해 성적인 쾌감을 얻을 수 있는 것은 주로 어머니에 의해서이다. 만약 어머니의 적절한 보살핌을 받지 못하고, 또한 추구하는 쾌감을 얻지 못한다거나 과잉충족을 하게 되면 성장과정에서 성격적 결함이 나타나게 된다.

② 항문기(Anal stage : 2~3세)

구강기가 끝나면 주된 성감대가 항문으로 옮겨간다. 유아는 배변훈련을 통해서 항문 근육의 자극을 경험하게 되고, 이러한 경험을 통해 성적 쾌감을 얻게 된다. 이 시기를 적절히 보내지 못하면, 대소변을 더러운 것이라고 생각하는 반동형성이 생겨서 지나치게 깔끔하고 지나치게 규율을 준수하는 결벽성을 갖게 된다.

③ **남근기**(Phallic stage : 3~5세)

이 시기에는 주된 성감대가 항문에서 남근으로 옮겨진다. 이 시기의 아동은 남녀의 신체차이, 아기의 출생, 부모의 성역할 등에 대해서 상당한 관심을 가지게 된다. 이로 인해 남자아이들은 어머니에게 성적인 애정을 느끼고, 아버지에게는 애정을 박탈당할까 걱정하게 되는 오이디푸스 콤플렉스를 느끼게 된다. 또한 여자아이들도 처음에는 남자아이처럼 어머니를 좋아하게 되나 자기는 남근이 없음을 알게 되고 이를 부러워하는 남근 선망을 갖게 되고, 아버지를 더 좋아하게 되는 엘렉트라 콤플렉스를 갖게 된다. 이 시기는 매우 복잡하고 자극적인 감정이 교차되는 특징을 보이며, 성격형성에 매우 중요한 단계이다. 이 시기를 잘 극복하지 못했을 때에는 성불감증, 동성애 등과 같은 신경성 질환을 유발시킬 수 있다.

④ **잠복기**(Latend stage : 6~11세)

아동이 초등학교에 다니는 시기로, 성적인 욕구가 철저히 억압되어 심리적으로는 비교적 평온한 시기이다. 이 시기의 아동들은 문화적으로 가치있는 기술을 학습하고 사회 속에서 자기의 역할을 배우며, 운동능력을 키우고 논리적으로 사고하여 타인의 입장도 고려할 수 있게 된다. 이 시기를 잠복기라고 하는 것은 단지 성적으로 침체된 시기라는 의미인 것이다.

⑤ **생식기**(Genital stage : 12세 이후)

아동은 사춘기에 접어들면서 다시 성적 욕구가 생기게 된다. 이전 단계에서의 단순한 쾌감이 아니라, 이 시기에는 진정한 사랑의 대상을 찾아 만족을 얻고자 한다. 부모로부터 독립하려는 욕구가 생기며 진정한 사랑의 대상으로서의 이성을 찾게 된다. 이 시기는 성격발달단계 중 가장 긴 시기이며, 사춘기에서 노년기까지의 오랜 기간이 포함된다.

성격의 발달적 측면을 강조하고, 특히 기본적 성격구조의 형성에 있어서 유아기 및 아동기 초기의 결정적 역할을 강조한 최초의 심리학자는 프로이드(Freud)이다. 프로이드는 인간의 성격은 6세 이전에 거의 완전히 형성되고, 그 후 성장은 대부분이 기본적 구조가 마무리되는 과정이라고 생각했다. 그는 정신분석을 받는 환자들과의 경험을 토대로 해서 이와 같은 결론을 얻게 되었다(Hall & Lindzey, 1978).

이러한 정신분석학적 발달이론은 두 가지 조건을 전제로 하고 있다. 첫째로 성인의 성격은 유아기에 주어진 여러 가지 경험, 즉 부모의 수유 및 양육방식 그리고 사회에서 부과되는 제한과의 갈등이 해결되는 방식에 의하여 형성되며, 두 번째는 성 에너지(Libido)의 상당량은 출생 시에 이미 나타나며, 이것은 일련의 심리성욕 발달 단계(psycho-sexual development)를 거쳐 발달해 가는데 이 단계는 개인의 본능에 그 뿌리를 두고 있다는 것이다.

심리 성욕이란 의미는, 인간 발달의 중요한 요소는 성적 충동과 관련되어 있는 것인데 이것은 초기 발달시기에 여러 성적 부위를 거쳐가며 진행한다는 것을 말한다. 심리 성욕 발달은 생물학적으로 결정된 발달단계이며, 그 발달순서와 특징을 문화유산이 어떻든 간에 모든 사람에게 공통적으로 나타난다.

프로이드는 네 가지 보편적 심리 성욕 발달단계, 즉 구강기(口腔期), 항문기(肛門期), 남근기(男根期) 그리고 생식기(生殖期)가 있는데 이것이 성격형성에 결정적 영향을 준다고 믿었다.

이 네 단계를 거치는 동안, 성격발달은 네 가지 중요한 긴장의 원천에 반응하면서 발달이 이루어진다. 즉 생리적 성장 과정, 욕구 좌절, 갈등, 그리고 위협이다. 이러한 근원에서 긴장이 증가되면, 사람은 긴장해소의 새로운 방법을 학습하지 않을 수 없게 된다. 이러한 학습이 곧 성격의 발달이라고 프로이드는 말했다. 동일시(identification)와 전이(displacement)는 인간이 겪는 좌절, 갈등 및 불안감을 해결하는 학습의 방법이다(Hall&Lindxey, 1978).

2) Erikson의 정신분석이론

(1) 주요 개념

정신분석이론은 덴마크 출신의 미국의 교육심리학자인 에릭 에릭슨(Erik H. Erikson, 1902-1994)에 의해 제안된 심리발달이론이다. 에릭슨은 젊은 시절에 지그문트 프로이드(Sigmund Freud)의 딸인 정신분석학자 안나 프로이드(Anna Freud)에게서 프로이드의 정신분석학을 배웠기 때문에 그의 이론은 기본적으로 프로이드의 정신분석이론에 바탕을 두고 있다. 그러나 사람의 심리발달은 본능적이며 초기에 부모의 영향 아래 이루어진다고 강조했던 프로이드와는 달리, 에릭슨은 자율성을 강조하여 한 사람의 심리발달은 평생 동안 심리사회적 환경의 영향을 받아 형성된다고 주장했다. 에릭슨은 프로이드 밑에서 정신분석이론을 연구했으며, 프로이드의 이론을 발전시켰다. 그러나 에릭슨은 아동이 어떻게 자아정체감을 발달시키고 어떻게 사회화되는지에 관심을 가졌으며, 몇 가지 점에서 프로이드와 차이가 있다. 프로이드는 성격발달이 사춘기에 완성된다고 보았으나, 에릭슨은 이를 확대하여 노년기에 이르기까지의 전 생애를 포괄하는 성격발달을 고려했다. 또한 프로이드가 원자아(id)와 리비도의 영향을 중시한 반면, 에릭슨은 이것의 영향을 완전히 배제하지는 않았으나, 자아(ego)를 중시하고 이를 분석하고자 노력하였다. 그의 자아정체감 이론은 많은 공감을 얻고 있다. 프로이드가 원자아와 성적충동을 강조하고 있어 그의 이론을 심리성적 발달이라고 하는 데 비하여, 에릭슨은 프로이드가 고려하지 않은 사회문화적 영향을 강조함으로써 에릭슨의 성격발달이론을 심리사회적 발달이라고 한다. 에릭슨은 성격발달은 전환기의 연속이며, 이 전환기들을 바람직한 것과 위험한 것의 양극이론으로 나뉘어진다고 설명하였다. 그러나 부정적 특질이 나타나는 것이 바람직하지 못하다는 것을 뜻하는 것은 아니다. 긍정적 특질이 차지하는 비율이 중요하며, 부정적 특질이 긍정적 특질을 압도할 때 발달문제가 생기는 것이다. 성격발달은 각 단계 특유의 과제가 있으며, 각 단계의 핵심적 위기를 성공적으로 해결했을 때 성공적인 성격발달이 이루어진다.

(2) 발달기제

에릭슨은 심리사회적 발달단계의 순서를 고정불변한 것으로 보았다. 각각의 단계는 그 순서에 따라 점진적으로 전개되어 가며, 각 단계에서 주어지는 심리사회적 위기를 개인이 적절하게 해결할 때 가장 완전한 기능을 하는 성격이 형성된다.

단계별 심리사회적 위기는 긍정적 요소와 부정적 요소를 모두 포함한다. 만약 위기와 갈등이 처음부터 만족스럽게 해결되면, 신뢰감과 자율성과 같은 긍정적 요소는 성장·발달하는 자아 속에 스며들어 보다 건전한 발달이 보장된다. 반대로 갈등이 계속되거나 초기에 불만스런 양상으로 해결되면, 자아발달은 손상을 받고 불신, 수치감, 의심 등 부정적 요소가 자아 속에 통합된다. 결과적으로, 긍정적인 요소가 부정적인 요소에 비해 상대적으로 많게 획득하게 되는 경우를 '적절한 발달'이라고 보았다.

① **신뢰감 대 불신감**(0~1세)

유아가 배우는 최초의 심리사회적 성격은 유아가 그의 주변세계에 대한 믿음을 얻는 것이다. 경험의 일관성, 계속성, 동일성이 신뢰감을 발달시킨다. 경험의 부적절성, 비일관성, 거부적 태도는 불신감을 야기시킨다.

② **자율성 대 수치 및 의심**(2~3세)

자기능력으로 기능을 발휘하도록 허용, 격려할 때 자율성이 발달한다. 과잉보호나 도움의 결핍은 환경을 통제하는 능력에 의심을 갖게 하며, 어린이를 부끄럽게 만들면 수치심을 갖는다.

③ **주도성 대 죄책감**(4~5세)

이 시기의 아동은 자율성이 증가하며 왕성한 지적 호기심을 보인다. 탐색, 실험할 수 있는 자유를 허용하고, 질문에 충실히 답해줄 때 주도성이 발달한다. 활동을 제한, 간섭하고, 질문을 귀찮게 여기면 죄책감이 형성된다.

④ **근면성 대 열등감**(6~11세)

이 시기의 아동은 대부분의 시간을 학교에서 보내게 되며, 학교에서의 성공과 성취가 아동의 근면성을 발달시키게 된다. 성취할 기회를 부여하고, 성취한 과업을 인정, 격려받으면 근면성이 발달한다. 성취할 기회를 갖지 못하고, 성취결과에 비난을 받으며, 귀찮은 존재로 취급되면 열등감이 형성된다.

⑤ **자아정체감 대 역할혼미**(청년기)

청소년기의 중·고등학생들은 중요한 육체적, 지적, 감성적 변화를 경험하게 된다. 이 시기에는 자신의 동일성과 계속성에 대한 인식이 정체감을 발달시킨다. 신체적 불안감, 성역할과 직업선택 등의 불안정은 역할혼미를 초래한다.

⑥ **친밀감 대 고립감**(성인전기)

이 시기에서는 자기 자신의 문제에만 몰두하는 것에서 벗어나 직업선택, 배우자선택, 친구선택 등 다양한 문제를 경험한다. 타인과 진실한 친애관계를 형성하며 정열적으로 융합하고자 할 때 친밀감이 발달한다. 타인에 대한 친밀감과 동시에 경쟁적, 투쟁적 관계를 경험함으로써 고립감에 빠진다.

⑦ **생산성 대 침체감**(성인중기)

성인 후기의 중요한 특징은 창조성, 생산성, 다음 세대를 지도하는 것에 대한 관심과 헌신 등이다. 자녀 및 다음 세대의 지도과정에 참여하며 생산적·창의적 활동을 통해 타인과 사회를 위해 노력할 때 생산성이 발달한다. 이러한 지도과정 및 활동에 참여하지 못할 때 침체감에 빠진다.

⑧ **통합성 대 절망감**(노년기)

자신의 인생이 만족스러웠다고 회고하며, 인생에 대한 통찰, 관조를 할 수 있고, 인생의 유한성을 수용할 때 통합성을 형성한다. 인생을 후회 투성이라고 회고하고, 남은 여생이 짧아 마음이 초조하며, 죽음을 두렵게 생각할 때 절망감에 빠진다.

정신분석학의 아버지는 프로이드이며, 에릭슨 역시 정신분석학자이다. 따라서 그의 이론에서도 프로이드의 영향력을 당연히 관찰할 수 있다. 프로이드 이론과 마찬가지로 에릭슨 또한 연령, 혹은 시기에 따른 단계적 발달을 제안하고 있으며, 최소한 청소년기까지의 발달단계의 구분은 프로이드의 심리 성적 발달단계의 연령대와 매우 유사하다. 하지만 에릭슨의 이론은 프로이드 이론과 비교할 때, 크게 두 가지 두드러진 차이점을 보인다.

첫째, 프로이드는 아동이 성숙함에 따라 그들의 성적 쾌감의 원천이 구강에서 항문, 성기로 옮겨가면서 발달단계가 나뉜다는 심리 성적(psychosexual) 발달단계를 제안했다. 반면, 에릭슨의 이론은 성적 쾌감을 포함하는 동시에 아동과 그들에게 중요한 인물, 혹은 아동을 둘러싼 사회문화적 맥락 간의 상호작용에서 발달의 원천을 찾고자 했다. 즉, 개인의 생물학적 욕구보다는 개인을 둘러싼 사회적 관계가 성격 형성에 더 중요하다고 보았으며, 개인이 새로운 발달시기에 획득한 능력이나 관심이 그가 상호작용하고 있는 사회의 요구와 얼마나 들어맞는가에 의해 개인의 적응이 영향 받는다는 것이다. 이러한 이유에서 그의 발달이론은 심리사회적(psychosocial) 발달이론이라 일컫는다.

두 번째, 프로이드는 성격발달이 청소년기 이전에 이루어진다고 보았다. 프로이드의 관점에서는 생식기(genital stage)에 이르러 성인의 성적 취향을 가지게 된다면 더 이상의 변화는 기대하기 어렵다. 반면, 에릭슨은 개인과 사회와의 상호작용을 강조했기 때문에 변화와 성장은 청소년기 이후에도 계속된다고 보았다. 청소년기와 중년기, 노년기의 사회적 상호작용의 본질이 다르기 때문에 이들은 심리사회적으로도 다른 발달단계에 있을 것이다. 따라서 그의 발달이론은 영아기에서 죽음에 이르는 전 생애에 걸쳐 제시된다. 그러한 의미에서 에릭슨은 최초의 전생애 발달심리학자라고 할 수도 있다.

4. 행동주의이론

학습을 설명하는 행동주의이론으로, Pavlov, Thorndike, Skinner, Hull 등을 대표적 학자로 꼽는다. 이들은 학습을 경험이나 관찰의 결과로 유기체에게서 일어나는 비교적 영속적인 행동의 변화 또는 행동잠재력의 변화로 정의 내리며, 유기체를 자극에 대해 수동적으로 반응하는 존재라고 보았다. Pavlov는 고전적 조건화이론, Skinner는 조작적 조건형성이론을 중심으로 살펴보고자 한다.

1) Pavlov의 고전적 조건형성이론

러시아의 의사인 파블로프(1849~1936)에 의해 실시된 일련의 실험으로 고전적 조건화(또는 조건형성, classical conditioning)에 대한 연구가 시작되었다. 파블로프는 초기에 소화의 생리에 큰 관심을 가지고 개를 대상으로 일련의 실험을 하였다. 개의 소화기관에 관한 연구를 하던 중 음식이 입에 들어가기도 전에 개가 침을 흘리는 것을 관찰하고, 그러한 현상을 체계적으로 연구하기 시작하였다. 실험은 먼저 종소리를 울리고 몇 초 뒤에 고기를 개가 먹도록 하는 것으로부터 시작했다. 처음에 개는 고기를 보고 입 속에 고기가 들어갈 때는 침을 흘렸으나, 나중에는 종소리만 울려도 침을 흘린다는 사실을 관찰하고 타액분비에 정신적 과정(psychic process)의 간섭이 있다는 점에 호기심을 갖게 되었다.

인간의 심리를 동물모델에 근거해서 조건반사 구조의 개별적 차이로 본 파블로프는 성격을 행동주의적 접근방법으로 연구하는 데 결정적 역할을 하였다. 생리학자였던 파블로프는 소화생리 연구를 통해 반응행동이 조건화되는 것을 처음 발견하게 되었다.

Pavlov는 개가 방음장치가 된 방안에 헐거운 마구로 묶여져 있는 기본적인 실험을 실험장치로 설계하고, 타액이 수집되고 측정될 수 있도록 하기 위해서 미리 개의 이하선을 뺨의 밖으로 드러내었다. 또한 이 실험장치는 원격조정방법에 의해 고기분말을 개의 입으로 넣을 수 있도록 고안되었다.

Pavlov는 종소리를 내고 그 소리와 거의 같은 시간에 혹은 매우 짧은 시간간격을 둔 뒤에 고기분말을 개의 입안으로 넣었다. 개는 타액을 분비하고 그 분비된 양을 측정하였다. 소리와 먹이가 짝지어지는 과정을 20회나 되풀이하였다. 그리고 난 뒤에 결국에는 종소리만 제시하였는데, 개는 어떠한 먹이의 제시가 없어도 타액을 분비하였다. 종소리 대신에 사이렌, 불빛 혹은 벨과 같은 여러 가지 방법을 사용해 보았으나, 얻어진 결과는 마찬가지였다.

먼저 종소리를 개에게 들려준 후 개의 반응을 보았는데, 개의 타액 분비는 없었다. 그 다음, 개에게 음식이 제공되면 자동적으로 타액 반응을 하였다. 이때 음식은 무조건자극(US: Unconditioned Stimulus)이 되고, 이때의 타액 반응은 무조건반응(UR: Unconditioned Response)이 된다. 음식과 타액의 자연적 결합에는 사전학습이 전혀 필요가 없다. 그리고 종소리는 아무런 반응을 야기하지 못하므로 중립자극(NS: Neutral Stimulus)이 된다.

무조건자극(US) -----------▶ 무조건반응(UR)
(고기) (타액분비)

〈조건화 이전〉

중립자극(NS: 종소리)과 무조건자극(US: 고기)을 짝지어 개에게 제시하고, 타액분비를 관찰하고 타액의 양을 측정한다. 이때 NS를 먼저 제시하고 곧바로 US를 제시하든지 아니면 거의 동시에 제시한다.

무조건자극(US) ------------▶ 무조건반응(UR)
(고기) (타액분비)

중립자극(NS) ------------▶
(종소리)

〈조건화 과정〉

중립자극(NS)과 무조건자극(US)이 20회 정도 반복하여 제시된 후, 무조건자극(US)을 제거하고 종소리만을 들려주어도 개는 타액 반응을 하게 된다. 이때 중립자극이었던 종소리는 개의 타액 분비를 일으키므로 조건자극(CS)이 되고 개의 타액 분비는 조건반응(CR)이다.

조건자극(US) ------------▶ 조건반응(CR)
(종소리) (타액분비)

〈조건화 이후〉

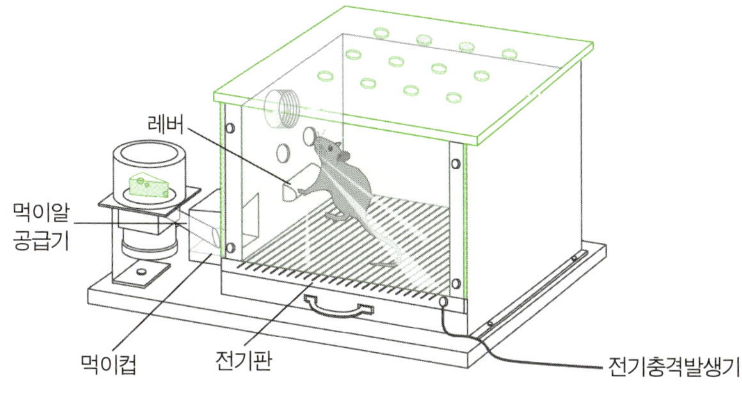

[그림 3-2] 고전적 조건형성이론

- 무조건반응(Unconditioned Response, UR)
  - 유기체가 어떤 자극에 자동적으로 반응하는 것(학습되지 않은 자동적인 반응)
  - 실험에서는 음식에 해당됨.
- 무조건자극(Unconditioned Stimulus, US)
  - 무조건 반응을 일으키는 자극(실험에서는 타액분비되는 것)
- 중립자극(Neutral Stimulus, NS)

- 조건자극(Conditioned Stimulus, CS)
  - 무조건 자극과 짝지어져 새로운 반응을 유발하는 자극
  - 먹이를 보고 침분비를 유발하는 종소리가 이에 해당됨.
- 조건반응(Conditioned Response, CR)
  - 조건자극에 의해 새롭게 형성된 반응
  - 실험에서는 종소리만 듣고도 타액이 분비되는 것

2) Skinner의 조작적 조건형성이론

Skinner는 Pavlov와 Watson과는 달리, 유기체 스스로가 임의로 조작하는 행동을 통해 이루어지는 조건형성에 대한 연구를 하였다. 그가 밝힌 행동습득의 이론, 즉 학습이론을 조작적 조건화라고 부른다. Skinner는 고전적 조건형성에서는 유기체가 외적 자극(종소리나 고기)의 영향을 받지만, 도구적 조건형성에서는 외적 자극보다는 유기체 내부의 수의적인 경향성에 의하여 환경에 반응한다고 생각하였다. Skinner는 인간의 행동에는 고전적 조건형성으로 설명되는 음식물의 타액 분비나 큰 소리에 놀라는 것과 같은 수동적이고 기계적인 반응행동만 있는 것이 아니라, 유기체 스스로 행동을 일으키고 환경을 통제하는 자발적인 조작행동이 더 많다고 보았다. 행동의 결과에 따라 인간의 행동이 변화할 수 있다고 생각하고, 이를 설명하기위해 Skinner 상자를 만들어 실험하였다.

이러한 배경을 근거로 하여 Skinner는 자신의 이름을 딴 실험상자(Skinner box)를 고안하였다. 문제상자 속의 쥐를 하루에 한 번 먹이를 먹게 순응시킨 후 우연히 지렛대를 누름으로써 먹이라는 보상을 받게 되면 쥐는 계속적으로 지렛대를 누르는 행동을 습득하게 된다.

이때 먹이는 지렛대를 누르는 행동을 강화시켜주게 되는 역할을 한다. 또 고전적 조건형성에서의 소거와 자발적 회복현상도 관찰할 수 있었다. 또 실험자가 불이 켜져 있을 때만 지렛대를 누르면 먹이를 줌으로써, 쥐로 하여금 이를 학습케 하는 변별자극도 관찰하게 된다. 이러한 실험을 통하여 조작적 조건화는 반응에 대하여 강화를 시켜줌으로써 그러한 반응이 나타날 확률을 증가시킬 수 있음을 알게 된다. 이런 점에서 Skinner의 조작적 조건화의 핵심은 강화가 되는 것이다.

강화에는 그 성질에 따라 두 가지로 구분할 수 있는데, 먼저 강화물을 줌으로써

반응빈도가 증가하거나 그것을 감소시켰을 때에는 반응의 빈도가 줄어들게 되는 정적강화물(positive reinforcer)이 있고, 벌이나 힐책 따위를 주었을 때 반응빈도가 감소되거나 반대로 그것을 감소시켰을때 반응의 빈도가 많아지는 강화물, 즉 부정적 강화물(negative reinforcer)이 있다.

이렇게 조작적 조건방식은 교육기계와 프로그램화된 교수법을 고안하여 정상아동들의 교육에도 쓰였다. 교육기계는 간단한 장치로서, 아동으로 하여금 짧은 문장을 읽고 질문에 답하도록 하면서 그 답이 맞았는지를 알아 볼 수 있도록 되어 있다. 사실은 기계 자체보다는 그 내부에 들어 있는 프로그램 재료가 훨씬 더 중요한데, 요즘은 흔히 이 재료를 소책자 형태로 제시하기도 한다. 프로그램화된 교수법은 몇가지의 Skinner식 원리들을 구체화 한 것으로 다음과 같다. 첫째, 소단계로 진행된다. 왜냐하면 새로운 행동을 확립시키는 최선의 방식은 조금씩 조성해 나가는 것이라는 사실을 발견했기 때문이다. 둘째, 학습자는 능동적이다. 왜냐하면, 이것이 유기체의 자연적인 상태이기 때문이다. 셋째, 피드백은 즉각적이다. 즉각적인 강화를 줄 때 학습이 가장 빠르다는 사실을 발견했기 때문이다. 이렇게 프로그램화된 교수법이 개인별로 이루어지며, 학생 자신의 수준에 맞춰 시작하고 점차적으로 기술을 숙달시켜 나간다는 점에서 몬테소리의 방법과 상당히 유사하다.

5. 사회학습이론

Bandura는 인간은 농물과 달리 인지적 존재이며, 발달은 사람과 환경 간의 지속적인 상호작용을 통해 이루어진다고 주장함으로써 '상호결정론' 개념을 제시하였다.

발달은 사람의 행동, 환경에 의해 상호작용에 의해 이루어진다고 주장하였다.

환경이 아동의 성격과 행동을 형성한다고 본 Watson이나 Skinner와는 달리, Bandura는 아동, 행동 그리고 환경이 양방향으로 작용한다고 보았다.

아동이 능동적으로 자신의 성장과 발달에 개입할 수 있는 것은 환경과 상호작용할 때 인지적인 사고과정을 거치기 때문이다. Bandura는 관찰학습에서의 이러한 인지적 과정이 주의집중과정, 파기과정, 운동재생과정, 강화와 동기적 과정을 거쳐 이루어진다고 보았다(이옥형, 1997).

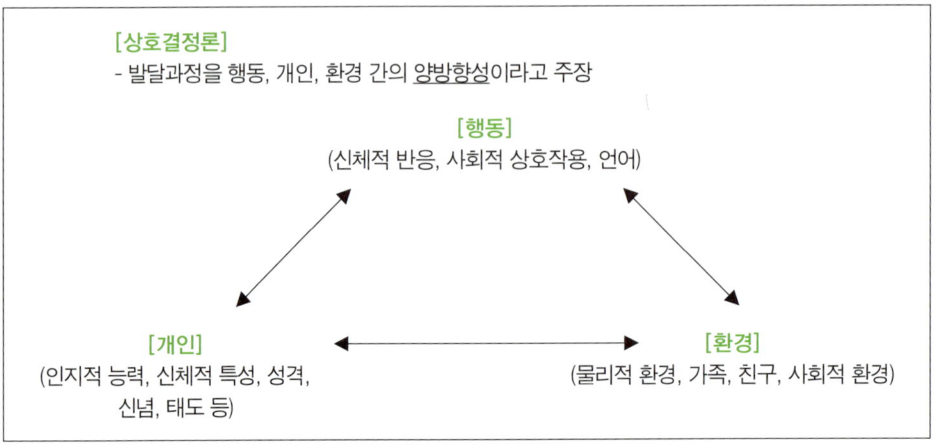

[그림 3-3] 반두라의 인지적 과정

① **주의집중과정** : 관찰을 통해 학습이 이루어지기 위해서는 모델의 행동에 주의를 기울여야 한다.

② **파지과정** : 주의를 집중하여 기억한 정보를 인지적으로 저장하는 것

③ **운동재생과정** : 아동은 자신이 수행하고 있는 운동기술을 이전에 관찰했던 것과 비교하여 차이가 나는 부분에 대해 스스로 교정하면서 연습한다. 이러한 과정을 반복함으로써, 아동은 관찰했던 모델의 행동과 일치하도록 자신의 행동을 교정한다.

Bandura의 연구를 보면, 세 집단으로 아동을 나누어 첫째 집단에는 어른이 커다란 인형에게 공격적인 행동을 하는 영화를 보여주고, 둘째 집단에는 이러한 행동을 칭찬하고 보상하는 영화장면을 보여주고, 셋째 집단에는 이러한 공격적 행동이 벌을 받는 장면을 보여주었다. 그 결과, 공격적 행동으로 인해 벌을 받는 장면을 본 셋째 집단의 아동들이 다른 두 집단의 아동들보다 공격적 행동이 덜한 것으로 나타났다.

이렇게 사람은 타인의 행동을 관찰함으로써 새로운 반응(행동)을 학습할 수 있기도 하고, 특정의 행동을 억제하거나 회피하게되기도 하고 때로는 새로운 행동의 형성이나 억제를 촉진하게 된다. 이러한 모델에 대한 관찰자의 행동모방 등을 연구한 학자가 Albert Bandura이다. 관찰은 인간의 행동과 그것을 관찰한 사람 간의 관계를 밝히려는 시도를 하게 된다. 그래서 관찰학습이론을 사회적 학습이론(social learning theory)이라 하기도 한다.

Bandura가 제시한 관찰학습의 전형은 다음의 다섯 가지로 말할 수 있다.

① 배합의존전형

배합의존전형(matched-dependant paradigm)은 모방학습의 가장 간단한 모형으로 직접모방전형이라고도 한다. 이는 관찰자가 모델의 행동을 관찰하고 그 행동을 본대로 시행함으로써 보상을 받는 것을 전제로 하고 있다.

관찰자는 모델의 행동을 단순히 식별자극으로 받아들여 행동할 뿐이다.

② 동일시전형

동일시전형(indentification paradigm)은 관찰자가 모델의 행동 중 특수한 행동형태를 모방하기보다는 일반적인 행동을 모방함으로써 강화가 주어지는 것이 특징이다. 이를 배합의존전형과 구분하기 위해 모형학습(modeling)이라고 한다.

③ 무시행학습

무시행학습(no-trial paradgim)은 관찰자가 모델의 행동을 예행하거나 시행해볼 기회가 없었거나, 강화가 주어지지 않음에도 모방학습이 일어나는 경우를 말한다. 이를 통해 오늘날 청소년들의 TV나 영화 및 신문 등의 독서물에 대한 모방학습을 설명할 수 있다.

④ 동시학습전형

동시학습전형(co-learning paraedigm)이란 모델과 관찰자가 동시에 같은 일을 할 때 관찰자가 모델의 행동을 모방하는 형태를 말한다. 그것은 단순히 동료와 함께 있다는 사실만으로 활동량이나 반응의 빈도가 증가하며, 행동이 촉진되는 현상을 설명할 수 있다.

⑤ 고전적 대리조건형성 전형

고전적 대리조건형성 전형(vicarious classical conditioning paradigm)이라는 모방형태는 심리적 선동에 의하여 일어나는 모방의 형태이다. 흔히 사용하는 말에 감정이입(empathy)란 말이 있는데, 이는 하나의 정서적 반응과 다른 사람의 정서적 반응이 일치하는 경우를 말하는데, 이와 같은 경우 관찰자가 모델의 무조건적인 정서반응을 보고 자신도 그러한 정서적 반응을 보이는 형태이다.

6. Piaget의 인지발달이론

1) 주요 개념

피아제는 스위스의 심리학자로 어린이의 정신발달, 특히 논리적 사고발달에 관한 연구를 통하여 인식론의 제반 문제를 추구하였다. 그의 연구의 특징은 임상법에 있다. 정신병 환자의 임상진단방법을 응용하여, 어린이와 대화를 나누면서 어린이의 사고과정의 하부구조를 밝혔다.

쟝 피아제는 1896년 스위스 뇌샤텔에서 출생하였다. 그의 아버지는 뇌사텔대학교에서 문학을 강의하는 교수였다. 피아제는 고등학교 때부터 생물학에 깊은 관심과 재능을 보였으며, 뇌샤텔대학에서는 생물학을 전공하여 박사학위를 받았다. 하지만 그는 심리학에 점차 흥미를 가지고 연구하기 시작하였다. 특히 어린이의 정신발달, 논리적 사고발달에 관한 연구를 통하여 인식론의 제반 문제를 추구하였다.

피아제의 인지발달이론을 소개하기 전에, 먼저 인지발달이론의 기본적 개념을 살펴보면, 연구자가 자신의 이론을 구체화시키기 위해 설정해 놓은 명제나 전제라고도 할 수 있다. 연구를 위한 명제나 전제없이 어떻게 연구를 착수할 것이며, 무엇을 검증하고 증명할 것인가? 그의 이론에 직접적으로 관련되는 기본적 개념을 살펴보면 다음과 같다.

(1) 도식(Schema)

도식은 사물이나 사건에 대한 전체적인 윤곽을 말한다. 쉽게 말해 사고의 틀이라고 생각할 수 있고, 흔히 배경지식이라고도 하기도 한다

(2) 적응(adaptation)

적응이란 동화와 조절이라는 수단을 통해서 환경과 상호작용을 통해 도식이 변화하는 과정을 말한다.

(3) 동화(Assimilation)

동화는 기존의 도식에 맞추어 새로운 경험을 일반화하는 과정을 말한다. 즉, 기존의 도식을 새로운 경험에 맞추어 인지적 평형상태를 유지하는 것이다.

(4) 조절(Accommondation)

만약 새로운 경험이 기존에 가지고 있던 도식에 맞지 않을 때, 유기체는 인지적 불평형의 상태를 겪게 된다. 이때 유기체는 인지적 평형상태(동화)를 유지하기 위해 기존에 가지고 있던 도식을 변경하거나 새롭게 만들게 되는데, 이를 조절이라고 한다.

(5) 조직화(Organization)

조직화는 유기체가 현재 가지고 있는 도식을 새롭고, 더욱 복잡한 도식으로 변화시키는 과정을 말한다.

(6) 평형화(equilibration) 및 적응(adaptation)

이와 같이 외부의 자극과 내적 인지구조 간에 불일치를 경험하게 되면, 유아는 인지적 갈등을 경험하게 되고 이를 해결하려 노력하게 된다. 유아는 동화와 조절의 과정을 통해 외부의 자극 또는 새로운 경험과 내적 인지의 틀 사이에 균형을 이루어 가는데 이러한 과정을 평형화라 부른다. 또한 이처럼 유기체가 환경과의 상호작용을 통하여 외적 세계와 인지적 도식 간의 평형화를 이루어가는 과정을 적응이라고 한다. 유아의 적응과정은 외적 세계에 대한 충분한 이해를 위해 자신의 인지적 도식을 끊임없이 확장시키고, 분화시켜 나가는 과정이라 할 수 있다. 이러한 과정을 통해 유아는 인지적 발달을 이루어간다.

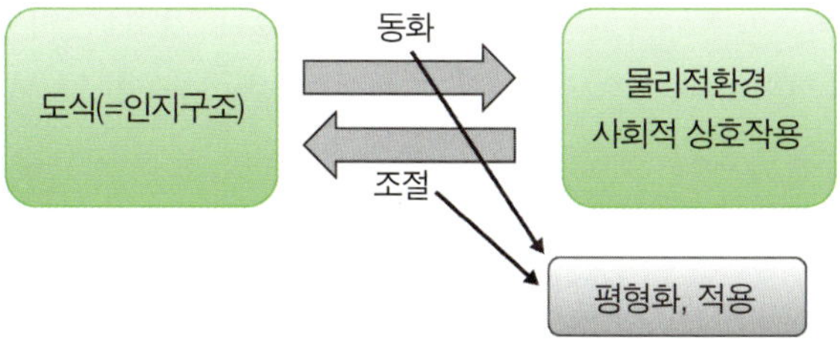

[그림 3-4] 피아제 개념의 도식화

2) 인지발달의 4단계

피아제는 도식에 대한 끊임없는 평형화 작업은 보다 정교화된 도식의 형성을 야기하고, 이는 크게 다음의 네 가지 큰 단계를 형성한다고 하였다. 피아제 인지발달의 주요 특징은 각 단계는 이전 단계를 확대하기 때문에, 이전 단계는 다음 단계를 위하여 반드시 선행되어져야 한다. 그리고 각 단계는 질적으로 다른 특성을 지니고 있고, 개인에 따라 속도의 차이는 있으나 그 순서는 변하지 않는다.

(1) 감각운동기(sensory-motor stage, 0~2세)

기본 감각수단과 운동능력을 통하여 세상에 대한 정보를 수집하고 자신의 존재를 느끼기 시작하는 시기이다. 발달의 처음 단계에서는 시각, 청각 등 감각의 조절과 운동능력의 획득에 집중하고, 사물에 대한 어떤 사전정보도 없기 때문에 '모방력'을 발전시키게 된다. 또한 '대상영속성(Object performance)'의 개념을 획득하는 시기로 대상이 다른 곳으로 옮겨지더라도 그것이 다른 곳에 존재한다는 사실을 인지하는 특성이다. 후기에 이르면 '지연모방(Deferred imitation)'을 하게 되고, 그 자리에서 모방하는 것이 아니라 일정 시간이 지난 후 자발적으로 재현하는 모방이다.

(2) 전조작기(preoperational stage, 2~7세)

다양한 언어활동과 신체적 활동을 통하여 경험을 넓히기 시작한다. 하지만 상당부분 직관적인 부분에 의존하기 때문에 오류 가능성이 상당히 높다. 자신이 가지고 있는 내재적 표상을 여러 형태의 상징으로 표현하기 시작한다. 그리고 보존개념의 획득(conservation), 즉 사물의 수나 길이, 물질의 면적 등이 형태를 달리하여 제시하여도 그것들의 내용물은 그대로 존재하고 같다는 것을 인식하는 능력으로 논리적 사고의 기초가 된다.

(3) 구체적조작기(concrete operational stage, 7~11세)

보존성의 개념을 습득하여 사물이나 현상에 대한 약간의 논리적 설명, 유목화 등의 능력을 사용할 수 있다. 자기중심적 경향이 약해지며 논리적 설명을 할 수 있게 되고, 수와 물질의 특성에 대하여 분류와 배열의 능력이 발달한다.

- 유목화 : 부분과 전체의 논리적 관계를 이해함으로써 전체가 부분보다 많다는 것을 알게 되는 것

- 서열화 : 물건들을 하나의 속성에 따라 순서대로 배열하는 능력.
- 문제에 대하여 다각적, 논리적 접근이 가능해지나 실제적이고 물질적인 것에 한정되기 때문에 추상적이거나 애매한 문제를 다루는 데에는 한계가 있다.
- 귀납적이고 경험적인 사고를 바탕으로 문제상황에 놓이면 과거의 유사한 문제해결 경험을 토대로 문제를 해결한다

(4) 형식적 조작기(formal operational stage, 11~15세)

논리적 사고(연역적 사고)를 통하여, 가설을 설정하여 문제를 해결하는 능력을 갖추게 되고, 인간의 정신적 능력이 최고의 수준으로 세련되어지는 단계이다. 도덕적, 철학적, 정치적 쟁점에 대한 사고를 시작하고, 역지사지(易志思志)를 할 수 있게 된다. 그리고 연역적이고 가설적인 사고를 하고, 제시된 문제에 내포된 정보를 가지고 하나의 가설을 설정하고 유추해 내어 문제해결을 한다.

7. Vygotsky의 인지발달이론

비고츠키는 러시아에서 태어나 러시아 혁명을 겪으면서 사회주의사상에 많은 영향을 받았고, 그의 교육사상 또한 아동과 사회와의 관계에 많은 비중을 두고 있다. 그는 아동이 타인과의 관계 사이에서 영향을 받고 성장하는 사회적인 존재로 보았고, 아동의 학습에 있어 사회문화적 성질을 강조하였으며, 학습이란 그들의 근접발달영역 내에서 작용할 때 일어난다고 하였다.

1) 주요 개념

레프 비고츠키(Lev Semenovich Vygotsky, 1896. 11. 17.~1934. 6. 11.)는 구소련의 심리학자로, 벨라루스 출신이다. 10년 정도의 짧은 연구활동 기간 동안, 발달심리학 분야를 시작으로 폭넓은 분야에서 수많은 실험적 · 이론적 연구를 하다가 37세의 젊은 나이에 결핵으로 사망했다. 그는 '심리학계의 모차르트'라고 불리기도 한다.

그는 1896년, 벨라루스 보르샤의 유복한 유태인 가정에서 태어나 남부의 호멜에서 자란다. 모스크바 대학에 입학해 법학을 전공하다가, 재학 중 러시아 혁명을 경험하며 그는 대학시절에 철학, 사회과학, 심리학, 언어학, 문학, 미술 등 광대한 영

역의 백과사전적 지식을 익히는데, 이것은 훗날 심리학 연구의 기초가 된다. 1918년, 대학을 졸헙하고 호멜로 돌아가 교직에 종사하며 학문을 계속한다. 1924년에는 다시 모스크바로 가서 본격적인 연구활동을 개시한다.

비고스키 관점으로 보면, 사고란 개인의 두뇌나 정신에 의해 제한받는 것이 아니라는 것이다. 개인의 정신은 다른 사람들의 정신과 분리되어 있지 않고 결합되어 있으며, 인지는 하나의 심오한 사회적인 현상이라고 본다.

(1) ZDP(근접발달영역)

독립적으로 문제를 해결할 수 있는 실제적 발달수준과 성인의 안내 혹은 유능한 동료와의 공동노력을 통한 문제해결에 의해 결정되는 잠재적 발달수준 간의 거리를 의미한다. 혹은 성인의 학습도움 아래 자신이 해결할 수 있는 학습의 영역을 말하기도 한다. 이를 통하여 아동의 인지적 발달은 상당히 사회적인 영향을 받는다는 것을 알 수 있으며, 아동의 근접발달영역에 해당하는 문제가 있을 경우 학습 지도자들은 아동이 해당문제를 구조화 할 수 있도록 단서를 제공하고, 조력하는 것이 필요하다.

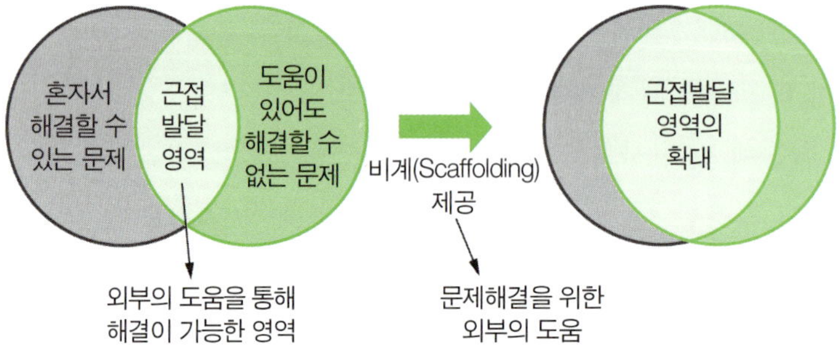

[그림 3-5] 비고츠키의 이론의 근접발달영역과 비계설정

(2) 사적언어(Prevate Speech)

사적언어는 나이가 들면서 사라지는 게 아니라, 들을 수 없게 되고, 점차 정신적으로 숨어들어 내적언어가 된다. 사적언어는 사회문화적 상호작용을 통해 내재화됨으로써 내적언어로 발달되며, 인지발달에 있어서 아동은 스스로 자신의 문제를 해결하기 위한 계획, 감시, 안내 등 자기조절능력을 갖추고 있기 때문에 이를 통하여 주의집중과 문제해결 및 계획, 사고의 형성 등 그 밖에 인지적 활동을 하게 된다.

마음, 인지, 기억 등의 인지적인 개념은 개체의 배타적인 속성(즉, 인간은 서로 개별적인 존재라는 뜻)으로 이해하기보다는, 역사와 사회적 관점에서 서로 영향을 주고 받음으로써 정신적으로 성숙되고 발달하는 기능으로 이해되어야 한다. 사람들은 환경에 적응하고 다른 사람들과 사회관계를 유지하기 위하여 심리적인 도구를 창출하고, 이를 이용하였다. 대표적인 심리적인 도구는 언어(말)로서 인간은 자신의 행동을 다루고, 다른 사람들과 상호작용하기 위해서 언어를 발달시켰다. 언어가 발달함에 따라서 인간의 사회성 또한 발달하였으며, 아동의 발달에 있어 언어는 다른 사람과 대화와 소통을 위한 하나의 심리적 도구로서 작용한다.

(3) 비고츠키의 언어발달 4단계

① 제1단계(원시적 단계, 0~2세)

출생부터 2세경까지의 원시적 단계에서는 사고와 언어가 독립된 영역에서 발달하는 특성을 보인다. 이 시기에는 주로 울음, 옹알이 등을 통하여 불만 등의 정서를 표현하거나 타인과 사회적 상호작용을 한다. 이러한 언어 활동은 사고와는 직접적인 연관이 없이 이루어진다.

② 제2단계(순수심리적 단계, 2세경)

순수심리적 언어단계 시기에는 유아의 어휘수가 증가하고 점차 외부 세계에 대한 능동적인 정보 탐색이 이루어지기 시작한다. 이 때 부터는 언어가 사고와 연관되기 시작하면서 세계를 이해하기 위한 도구로서의 언어가 사용되기 시작한다. 하지만 문법적으로 모두 맞는 언어를 사용하지는 못하는 특징을 보여준다.

③ 제3단계(자기중심적 언어의 단계, 3~6세)

자아중심적 언어단계 시기에는 유아가 스스로 문제를 해결하기 위해 계획하고 탐색하며 문제를 해결하는 과정에서 혼잣말을 사용하는 모습을 보여준다. 이 단계에서 유아는 스스로 생각하고, 그것을 말로 표현할 수 있게 된다. 하지만 이 단계의 언어는 사회적 상호작용의 역할을 하기보다는 자기조절 및 자기통제를 위한 수단으로 그 역할을 다한다.

④ 제4단계(내적언어 단계, 7세 정도)

7세 이후가 되면 유아의 자아중심적 언어는 줄어들게 된다. 이 시기부터는 유아가 생각하는 것을 말로 표현하지 않아도 머릿속에서 계획하고 문제를 해결해 나갈 수 있게 된다. 예를 들어, 셈을 할 때 말로 하지 않고도 암산이 가능해지게 된다. 이 시기에는 논리적 사고가 크게 발달하게 되어 외부로 표현되는 외적언어뿐 아니라, 스스로 사고하는 내적언어도 함께 사용할 수 있게 된다.

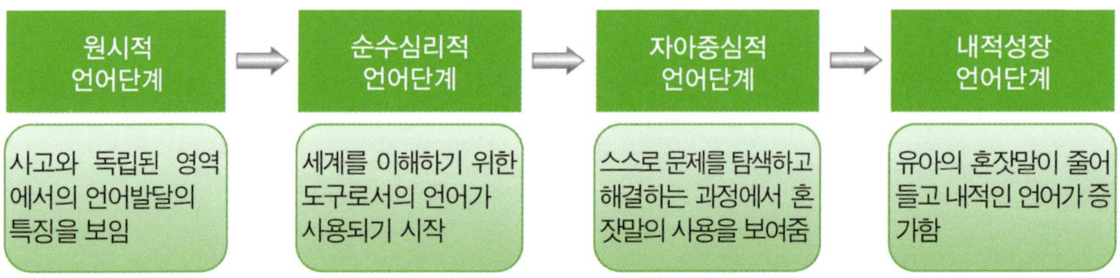

[그림 3-6] 비고츠키의 언어발달단계

8. Lorenz의 각인이론

로렌츠(K. Lorenz, 1903~1989)는 1903년 오스트리아에서 외과의사의 아들로 태어났다. 의사가 되기를 원한 아버지의 바람으로 로렌츠는 의학과정을 이수하였지만, 어린 시절부터 경험하였던 자연과 동물에 대한 열정과 관심을 잊을 수 없어 비엔나대학에서 동물학을 연구하고 박사학위를 받았다. 그는 자신의 저택에서 여러 야생동물들을 관찰하였고, 동물들에 대한 관찰을 바탕으로 여러 연구 논문들을 발표하였다. 1973년에는 팀버겐(N. Timbergen), 프리슈(K. Frisch)와 함께 노벨생물학상을 공동으로 수상하고, 말년에는 사회의 일원으로서의 인간의 행동에 대한 연구들도 진행하였다.

로렌츠는 동물들을 자연상태에서 관찰하는 것이 동물을 가장 잘 이해할 수 있는 방법이라고 생각하였다. 로렌츠는 자연관찰(natural observation)을 통하여 동물의 고유한 생태와 행동 패턴, 적응 행동들을 파악하였다. 그는 오리, 거위 등을 관찰하기 위하여 자연의 일부가 되어 동물들과 함께 하였다. 그의 이러한 자연관찰의 방법은 실험실의 주어진 환경 속에서는 나타나지 않는 동물들의 본능적 행동과 이러한 본능적 행동을 나타나게 만드는 유발자극 등을 모두 확인 가능하게 해 준다.

[그림 3-7] 각인 현상

로렌츠는 자연환경 속에서 특정한 자극에 의해 종 특유의 행동이 유발된다는 것을 확인하였다. 각인(imprinting)은 어린 동물이 생후 초기 특정시기 동안 어떤 대상에 노출되었을 때, 그 대상에 대한 추종반응과 유대가 생기는 것을 말한다. 청둥오리를 대상으로 한 로렌츠의 실험에서 부화 후 바로 로렌츠를 본 청둥오리들은 로렌츠를 어미로 인식하고 그를 추종하는 행동을 보였다. 이러한 각인 현상은 어미 곁에 있음으로써 먹이를 얻고 주변의 위험으로부터 보호받을 수 있다는 적응적 가치를 가진다. 각인 현상과 같이 생존에 필수적인 종 특유의 행동은 어떤 특정한 시기 동안의 외부적 자극에 의해 유발되는데, 이러한 시기를 결정적 시기라 부른다. 결정적 시기 동안에 외부적 자극에 의해 유발되는 종 특유의 행동은 각인이라 불리는 추종행동뿐 아니라, 구애행동 등의 사회적 행동을 포함한다.

로렌츠의 이론은 인간의 행동과 발달을 해석하는 데 진화론적 관점을 제시하였다. 이와 같은 관점은 인간행동의 적응적 가치와 특정 행동이 유발되는 결정적 시기에 대하여 주목하도록 함으로써, 인간행동을 더욱 폭넓게 바라보게 해주었다. 또한 자연상태에서 동물을 관찰한 로렌츠의 연구방법은 유아연구에도 적용되어, 자연관찰을 통해 유아의 행동특성을 밝히는 연구들을 가능하게 해주었다. 이러한 의의에도 불구하고, 로렌츠의 이론은 다른 발달이론들에 비하여 지금까지 아직 실증적인 연구와 검증이 많이 이루어지지 않았다. 또한 인간행동과 발달에 있어서 환경과 학습의 영향력을 무시했다는 점도 이 이론의 제한점으로 비판받고 있다.

9. Bowlby의 애착이론

보울비(J. Bowlby, 1907~1990)는 1907년 런던에서 출생한 후 계속 그곳에서 자라나고 연구하였다. 보울비는 케임브리지대학교에서 의학과 정신분석학을 공부하였고, 제2차 세계대전 후 고아원에서 성장하는 아이들을 임상의로서 접하면서 이 아이들이 타인과 친밀하고 지속적인 관계를 맺지 못하는 등의 문제를 가지고 있음을 발견하게 되었다. 그는 이러한 현상을 생의 초기에 형성하지 못한 부모와의 애착관계의 문제로 보고, 종 특유의 생존 기제가 존재함을 주장한 동물행동학적 이론을 생애 초기 유아와 어머니와의 애착관계에 적용하였다. 그는 이후 많은 연구들을 통하여 애착이론을 발전시켜 갔으며, 애착이라는 인간의 행동체계가 어린 유아들에게 보호와 정서적 안녕감을 제공하는 생득적이고 생존적인 기제라는 것을 주장하였다. 그가 제시한 애착의 개념은 유아기의 발달뿐 아니라 전생애적 발달에서 큰 의미를 가지며, 이후 애인스워스(M. Ainsworth) 등의 학자들에 의해 더 연구되었다.

보울비는 고아원이나 탁아소 등 단체수용시설에서 성장하는 아이들이 타인과 밀접한 관계를 맺지 못하는 정서적 문제를 가지고 있음을 주목하였다. 그는 정상적인 가정에서 태어나 자랐더라도 생의 초기에 어머니와 오랫동안 분리된 경험을 가진 아이들도 시설에서 성장하는 아이들과 비슷한 문제를 가지고 있음을 알게 되었다. 보울비는 이러한 아이들의 문제가 생의 초기에 어머니와의 강하고 끈끈한 애착관계를 형성하지 못하여 나타난 것으로 보았다.

그의 주장에 따르면 인간은 태어나면서부터 생득적인 애착기제를 가진다. 즉, 아기는 부모와 관심을 끌고 애착을 형성하기 위한 생득적인 요인들, 몸짓, 미소, 울음 등의 신호를 가지고 태어나는데, 아기가 부모에게 미소 짓고 울고 옹알이를 하면 부모는 아기와 함께 있으려 하고 아기에게 관심과 사랑을 보인다. 이와 같은 과정을 거치면서 부모와 아이 간에는 끈끈한 정서적 유대가 생기는데, 이러한 강한 정서적 유대는 부모가 아기 곁에서 아기를 보호하고 보살피도록 한다. 인간이 애착을 형성하는 시기는 동물의 각인행동 등에서 나타나는 결정적 시기보다는 덜 제한적이기에 민감기(sensitive period)라는 용어로 설명한다. 민감기는 어떠한 행동이 나타나거나 발달하는 최적의 시기로, 민감기가 지난 후에도 발달은 가능하지만 그 속도가 늦거나 제대로 잘 이루어지지 않을 수 있다.

보울비의 이론은 진화론적 관점에서 인간의 생존과 발달에 매우 중요한 가치를 지니는 애착관계에 주목하고 관련 연구를 발전시켜 갔다는 점에서 의의를 가진다. 하지만 보울비의 이론은 지나치게 유아기에만 집중되어 있어, 유아기 이후의 발달에는 어떻게 적용될 수 있을지 제시해주지 못한다는 한계를 가진다. 또한 아기가 보이는 미소, 울음, 빨기, 쥐기, 추종반응 등을 모두 생득적 행동으로 보고 이러한 행동들에 영향을 미칠수 있는 경험과 학습의 기제를 무시하였다는 점에서 한계를 가진다.

10. Bronfenbrenner의 생태학적 이론

브론펜브레너(Bronfenbrenner)에 의하면, 발달은 항상 변화하는 사람과 주위의 다양한 환경과 상호작용하면서 함께 발달한다고 한다. 이러한 생태학적 이론은 자신이 직접적으로 처한 환경뿐만 아니라, 타인이 처한 환경에 의해서도 영향을 받는다는 환경론적인 이론으로서 특히 거시적 환경의 중요성을 강조하여, 개인이 직접적으로 상호작용하지 않는 환경에서도 관심을 기울이게 하여 오늘날의 생태학적 환경보호에까지 영향을 미쳐 왔다.

생태학적 이론의 발달은 부분적으로 환경과 사회적인 영향의 산물이므로 청년은 가족, 친구, 친척, 종교단체, 학교 등의 영향을 받는다는 이론이다. 즉, 사람들은 가족, 이웃, 국가라는 여러 가지 환경뿐만 아니라 대중매체와 자신이 속한 사회와 세계 도처에서 일어나는 사건에 의해서도 영향을 받는다.

브론펜브레너의 생태학적 접근은 인간의 전 생애를 포함하지만 새롭고 다양한 환경들에 직면해 있는 아동들에게는 더욱 중요하다는 것을 강조하여 인간을 둘러싸고 있는 환경을 미시체계, 중간체계, 외체계, 거시체계, 시간체계의 다섯 가지의 환경체계로 구분하였다.

이제부터 생태학적 이론을 처음 주장한 브론펜브레너(Bronfenbrenner)의 이론을 살펴보기로 한다.

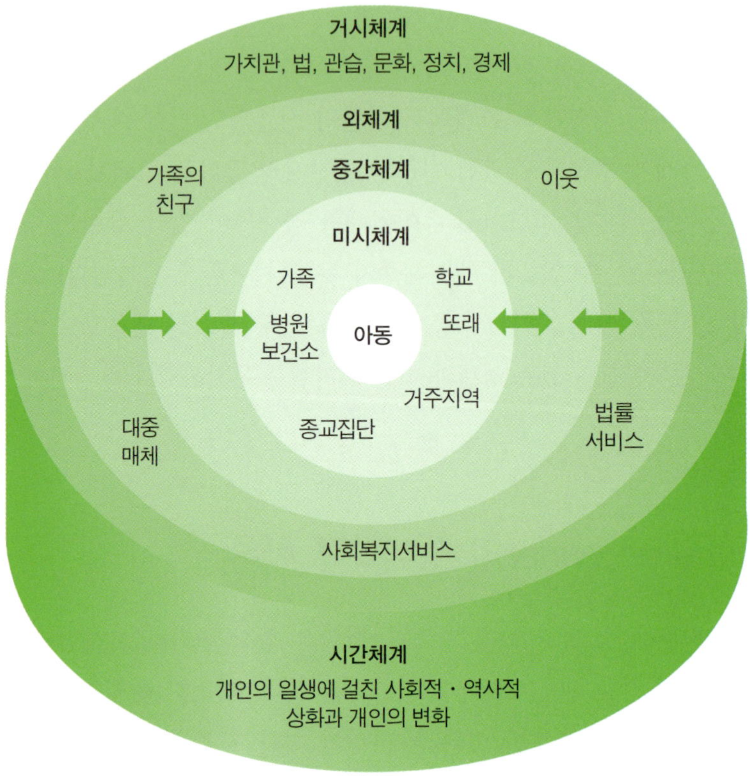

[그림 3-8] 생태학적 체계이론의 환경구조

1) 미시체계(microsystem)

개인의 가장 근접한 환경으로 청소년의 경우에 가장 근접하게 상호작용하는 가정과 학교, 또래집단, 이웃들인 비공개체계들과 공식체계인 운동 팀, 수련캠프, 교회 등의 사회환경, 그리고 그 환경 안에서 갖는 지위, 더불어 경험하는 활동들, 역할들, 대인관계들의 패턴들을 의미한다.

개인은 이들과 직접적으로 대인관계를 맺는 것을 말하며, 활동이란 사람의 행동을 의미하며, 역할이란 사회가 그 개인의 위치에 맞게 요구하는 일련의 모든 기대하는 행동들이다. 대인관계란 언어적, 비언어적으로 사람끼리 서로 반응하고 상호작용하는 것을 의미한다.

청소년들인 경우 미시체계의 동료집단은 지위, 우정, 인기, 소속감, 같은 심리적인 보상을 제공하기도 하지만 절도, 비행, 흡연, 음주, 약물사용, 성적 행동 등을 부추기는 역기능적인 면을 동시에 가지고 있다. 따라서 이러한 미시체계의 순기능적인 면과 역기능적인 면은 청소년의 발달에 지대한 영향력을 미친다.

2) 중간체계(mesosystem)

서로 연결된 미시체계들로 이루어진 체계로 가정과 학교 같은 관계 속에서 상호작용하는 개인을 의미한다. 즉 가정과 학교의 관계, 가정과 동료집단과의 관계가 대표적이다.

한 개인이 여러 가지 역할을 수행하는데, 그 역할 사이에 적절한 조정이나 비율이 발생하고 각각의 여러 가지 역할을 수행하는데, 그 역할 사이에 적절한 조정이나 비율이 발생하고 각각의 미시체계의 구성원들 사이에도 조화와 통일이 발생한다.

청소년의 경우 가정과 학교의 관계, 가정과 동료집단과의 관계가 대표적이다. 즉 가정, 학교, 동료집단에서 각각 경험한 것들이 청소년에게 통합적으로 맥락을 가지면서 경험된다. 그래서 한 개인이 여러 가지 역할을 수행하는데 그 역할 사이에 적절한 조정이나 비율이 발생하고, 각각의 미시체계의 구성원들 사이에도 조화와 통일이 발생한다.

3) 외체계(exosystem)

개인이 직접 관여하지 않으나 개인이 포함되어 있는 인접환경을 둘러싸고 있기 때문에, 그 안에서 일어나는 일에 영향을 줄 수밖에 없는 환경을 말한다. 청소년에게는 직접 영향을 주지는 않지만, 가정을 통해 간접적인 영향을 미칠 수 있는 부모의 직장 등이 이에 속한다.

외체계는 지역사회 수준에 기능하고 있는 사회의 주요 기관, 즉 직업세계, 이웃, 대중매체, 정부기관, 물품과 용역의 분배체계, 교통 및 통신시설, 비형식적인 사회적 관계망 등이 있다.

4) 거시체계(macrosystem)

사회경제와 정치적 체계, 대중매체와 같은 영향을 포함하는 거대한 체계인 이것은 동일 문화권 내에 일반적으로 존재하는 환경으로, 환경의 구조나 활동의 패턴을 구체적인 수준에서 설정하는 기능이 있다.

사회와 문화이념, 가치, 법률, 규칙, 법칙 등과 같이 명백한 형태를 가진 것도 있으나, 대부분의 거시체계는 비형식적이고 묵시적인 것으로 사회구성원들의 정신세계 속에 내재된 관습과 일상생활 습관으로 표현되는 이데올로기이다.

거시체계에서 가지는 시대정신이나 풍토는 청소년의 신념과 구체적인 행동에 영향을 미친다.

5) 시간체계(chronosystem)

개인의 전 생애에 걸쳐 일어나는 변화와 역사적인 환경을 포함하는 체계로서 개인의 발달에 결정적인 영향을 미치며, 시간적으로 여러 사건이 누적되면서 개인에게 영향을 미친다.

청소년의 경우에 부모의 이혼에 대한 영향이 이혼 첫해에 가장 강하며, 이혼 후 2년 정도 지나면 가족 간의 상호작용은 안정을 되찾는 경우를 의미한다.

Part 2

생의 시작

CHAPTER 4

발달과 생태환경

1. 성

우리나라 5~6세 유아 112명과 그 어머니를 대상으로 한 연구에서 어머니가 합리적으로 지도할수록 애정적이고, 친밀한 관계를 보일수록 유아는 사회적 능력 중 협조성이 높게 나타났다. 또한 어머니가 사회성·양육능력, 애정이 높을수록 유아가 사회적으로 유능한 것으로 나타났으며, 어머니의 사회성 지각과 합리적 지도성향이 높을수록 유아의 사교성이 높게 나타났다. 그리고 5~6세 아동 333명과 그 어머니를 대상으로 한 또 다른 연구에서는 어머니가 온정적이고 애정표현을 잘하며, 자녀의 자율성을 격려해 주고 존중해 주는 경우, 아동은 또래관계에서 유능한 경향을 보였다. 한편, 4~5세 유아와 그 아버지 256쌍을 대상으로 한 연구에서 아버지의 양육참여도는 교사가 평가한 유아의 사회정서적 발달, 어머니가 평가한 사회적 능력, 관찰자가 평가한 사회정서적 문제해결과 관련이 있는 것으로 나타났다. 특히 아버지가 자녀와 함께 여가활동을 즐기고 생활지도에 적극 참여하며, 자녀와 관계된 가사활동에 즐거이 참여하는 경우일수록 그 자녀는 안정적인 사회정서 발달적 특성으로서 내적 통제력이 강하며, 또래와의 상호작용을 활발히 시도하고 성취동기와 호기심이 높으며, 사회적 활동성이 뛰어나고 다른 사람과 잘 협력하는 것으로 조사되고 있다.

2. 연령

부모의 연령에 따른 유아발달에 관한 연구는 통계적으로 유의미한 차이를 보이지 않고 있다. 대체로 35세와 40세를 기준으로 3구간으로 나누어 연구된 결과가 있지만 유의미한 차이를 보이지 않았다.

3. 학력

부모의 생태학적 변인 중 유아의 발달에 영향을 미치는 변인으로 어머니의 학력과 취업특성, 근무시간, 양육태도, 결혼만족도 등이 있다. 어머니의 직장 근무시간과 어머니의 교육수준을 함께 살펴본 연구결과들에 의하면, 어머니의 학력이 높을수록 유아의 사회적 능력점수가 높은 것으로 나타났는데, 이는 어머니의 학력이 높을수록 자녀양육에 있어서 긍정적인 사회적 상호작용을 하며, 유아에게 대리자, 사회화 모델로서의 역할을 적절하게 수행하기 때문으로 판단할 수 있다. 어머니의 교육수준 및 가정수입과 유아발달 간의 관계를 분석한 연구를 살펴보면, 일반적으로 어머니의 교육수준과 가정소득이 높을수록 유아의 사회성 발달에 긍정적인 영향을 미치는 것으로 보고되고 있다.

4. 경제력

부모의 생태학적 변인 중 중요하게 다루어지는 변인 중 하나는 가정의 총 수입이다. 일반적으로 가정의 수입이 높을수록 교사와 유아 간 상호작용이 잘 이루어졌고, 이것은 자녀의 사회적 능력과 상관이 있다고 할 수 있다. 또한 부모의 학력, 가정 수입에 따라 유아에게 제공되는 경험과 자극의 질이 다르기 때문에 유아의 사회적 능력에 매우 중요한 변인이라 할 수 있겠다.

5. 사회적 신분

부모의 사회적 신분에 관한 연구는 주로 맞벌이가정에 관한 연구에 치우치고 있다. 그 결과, 자녀들의 성장발달에 관련된 다양한 선행연구들에서 맞벌이가정으로 인한 영향에 관심을 갖기 시작했는데, 일반적으로 '어머니의 취업은 모성의 부재로 이어진다.'라는 공식을 받아들여 자녀들의 일탈적 행동의 이유를 어머니의 취업 및 부재에서 찾으려는 것이 현실이다. 즉, 맞벌이가정의 어머니는 자녀와 함께 하지 못한다는 죄책감으로 불안한 애착관계를 형성하고, 하류층 취업여성들은 마지못해 하는 직장생활의 피로로 자녀에게 관심을 가지지 않아 그들의 자녀는 통제받지 못하는 결과에 이르게 된다.

6. 출산율의 저하

1970년대 이후 국가의 가족계획정책, 아동복지정책이 결합되어 결혼율과 출생률의 감소로 이어졌다. 통계청(2001)의 자료에 의하면, 인구 천 명에 대한 조혼인율은 1991년 9.6명이었던 것이 2001년 6.7명으로 감소되었으며, 출생률도 1970년의 4.5명에서 1981년 2.7명, 2000년 1.5명으로 급감하게 되면서 한 가정당 자녀 수가 2명도 안 되는 상황으로 변하게 되었다(아동발달백서, 2001; 통계청 2002).

7. 이혼의 증가

2001년 세 쌍 결혼에 한 쌍 이혼이라는 놀라운 수치와 더불어, OECD국가 중 이혼율 8위라는 기록을 나타내기에 이르렀다(중앙일보, 2001.12.12.; 통계청, 2001). 또한 통계청의 '2002년 혼인 · 이혼통계'에 따르면, 지난해 이혼한 부부는 총 14만 5,300쌍으로 전년보다 1만 300쌍(7.6%)이 늘어났다. 이것은 1970년대에 비하면 7배 늘어난 것이며, 10년 전과 비교해 보면 3배 이상 늘어난 수치로서 미성년 자녀를 두고 이혼한 경우는 전체 이혼자 수의 70%를 차지했다.

이는 산업화에 따른 경제적 자립력의 증가, 전통적 도덕관의 쇠퇴, 핵가족화로 인한 갈등, 중재자의 부재 등으로 인하여 결혼생활의 갈등을 이혼으로 해결하려는 경향이 높아지고 있기 때문으로 설명할 수 있다. 여성의 사회진출 증대, 결혼율과 출산율의 감소, 개인의 개성이나 감정을 존중하고 집단보다 개인을 우선시하는 가치관의 변화로 인해, 사회가 보다 서구화됨에 따라 이혼에 대한 사회인식도 개방적으로 변하게 되어 이혼율의 증가라는 새로운 문제를 야기하게 되었다(Hethehngton, 1979; Martin & Bumpass, 1989).

8. 어머니의 취업

2004년 경제활동인구연보에서 보면 여성의 경제활동참가율은 49.8%이며, 그중 혼인상태별 여성 취업자 구성비를 보면 기혼여성이 75.3%이다(통계청, 2005). 이러한 기혼여성의 취업은 지속적으로 증가할 것으로 보여지는데, 이와 같이 기혼여성의 취업증가는 곧 맞벌이가족의 증가를 의미한다. 이러한 맞벌이가족의 증가는 아동에게 주 양육자의 부재로 자기보호(self-care)를 해야 하는 상황에 놓이기 쉽게 하여 이들의 삶의 질을 위협할 수 있는 요인이 된다. 초등학교 재학 중인 아동의 경우, 학교를 마친 방과 후 시간 동안 방과 후 시설이나 다른 교육기관을 옮겨 다니거나 혼자서 시간을 보내야 하는 경우가 있어 심리적으로 부적응상태, 외부로부터의 위험상황에 놓일 우려가 있다(도미향, 2003, 2005).

이러한 가운데 어머니의 취업이 자녀에게 미치는 영향은 긍정적인 입장과 부정적인 입장으로 나눌 수 있다. 어머니가 직업을 가지는 것에 대해 긍정적으로 해석하는 입장은 어머니 역할을 대신하거나 보충할 사람이 있어 계속 아동을 돌본다면 아동과의 정서적 유대나 대화에는 별 문제가 없다고 보는 견해이고, 어머니의 취업에 대한 부정적인 견해로서 어머니의 자녀양육 역할을 극대화시킨 입장이다(장경미, 1995).

CHAPTER 5

태내발달과 출산

1. 임신의 과정

인간생명의 시작에 대해서는 과학자나 일반인 모두가 신비해하고 궁금해한다. 인간발달은 태내기, 영아기 등 초기단계에서 가장 극적으로 이루어진다. 한 생명이 세상으로 나올 준비를 어떻게 진행하고 있는지를 살펴보고, 성숙한 인간이 되어가는 과정 중 시작이라고 할 수 있는 임신과 태내기의 발달과정을 통해 한 생명이 어떻게 자궁 내에서 자라나고, 임신기간 동안 영향을 주는 요인은 무엇인지 살펴보기로 한다.

임신은 남성정사가 여성난자의 세포벽을 뚫고 들어갈 때에 이루어진다. 이와 같이 수정될 수 있는 기회는 생리적으로 제한되어 있으며, 성적인 충동과는 아무관계가 없다.

1) 난자

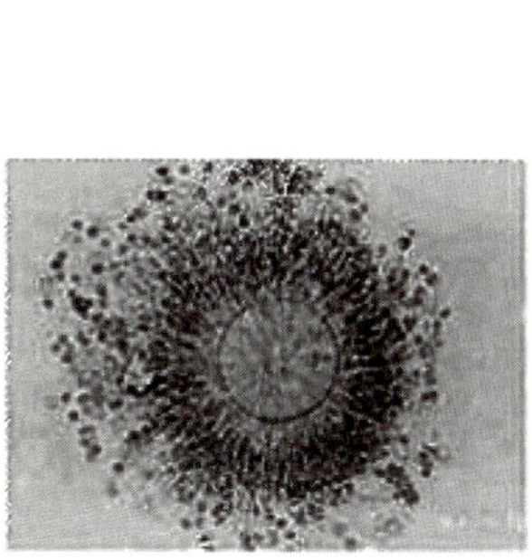

난자는 정자와 달라 구형의 모양을 가지며, 그 크기는 정자의 약 열배로써 0.1mm정도이다. 이는 난자가 핵 외에 영양물질인 세포질을 가지기 때문이다. 이 세포질의 일부는 수정 후 분열과 개체발생에 필요한 에너지원이 되고, 일부는 개체의 구성물질이 된다. 이러한 난자는 난소에서 생성된다. 가임기 여성의 난소에는 반짝거리는 투명한 작은 난포가 수없이 형성되어 있다. 난포는 난자가 들어 있는 물주머니 같은 것으로, 이 난포 속에서 난자는 자라게 된다. 그러나 수없이 많은 난포 중에 오직 한 개의 난포 속에 들어 있는 난자만이 성숙되어 배출되는데, 이렇게 난자가 배출되는 것을 '배란'이라고 한다.

2) 정자

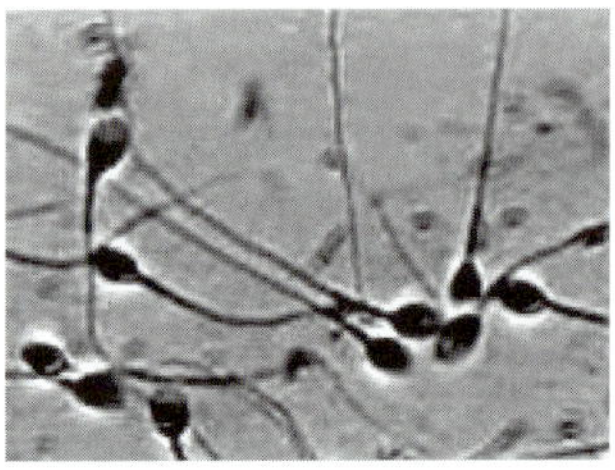

정자는 동물마다 다른 모양을 하고 있지만, 기본적으로는 머리(두부, head)와 몸통(중부, midpiece) 그리고 꼬리(미부, tail)로 이루어져 있다. 머리에는 염색체가 든 핵이 있고, 머리 앞에는 이를 감싸는 첨체(acrosome)가 있다. 이 첨체는 정자 머리가 난자의 벽을 뚫고 들어갈 때 중요한 역할을 한다. 몸통에는 미토콘드리아가 자리잡고 있어 정자운동에 필요한 에너지를 생성하고, 꼬리에는 운동성 필라멘트들이 있어 여성의 생식기 안에서 운동하여 앞으로 나아갈 수 있도록 한다.

3) 정자와 난자의 만남

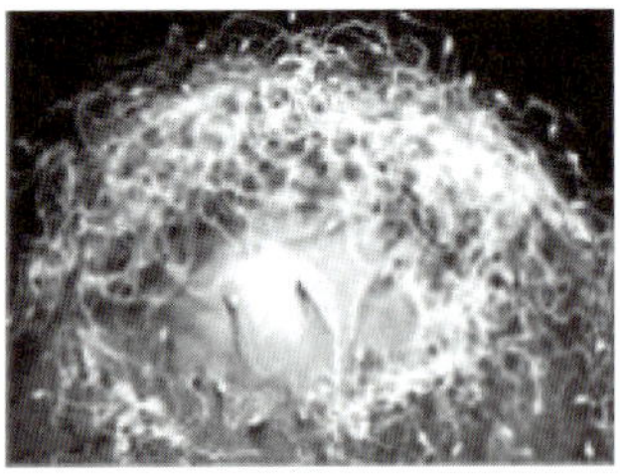

인간 생명의 시작은 난자와 정자의 만남에서부터 출발한다. 이들의 만남인 수정을 위하여 여성의 질 속에 들어간 정자는 긴 꼬리를 가지고 1초에 자신의 길이만큼씩 빠른 속도로 난관을 향해 헤엄쳐 간다. 이 중 약 15%는 기형적인 정자인데, 이 정자는 임신시킬 능력이 없기 때문에 기형아를 낳게 하는 원인이 되지는 않고, 난자를 만나러 가는 도중에 도태되고 만다. 이처럼 난관에서 죽어가는 정자는 백혈구에게 먹혀 버리게 되며, 정자가 살 수 있는 3일 동안 난자가 배란되어 만나게 된다면 바로 생명의 창조가 이루어지게 되는 것이다.

4) 수정

난소에서 터져 나온 난자는 정자처럼 스스로 움직일 수가 없어서 점액을 따라 흘러 자궁 쪽으로 접근하다가, 제일 먼저 달려오는 건강한 정자를 만나게 된다. 이때 정자는 머리 부분에서 히알루로니다제(hyaluronidase)라는 효소가 분비되며 이 효소가 난자를 감싸고 있는 표면을 녹이는데, 이때 막의 어딘가에 제일 먼저 녹아서 뚫리는 부분이 생기면, 그 위치에 있던 정자가 아주 유연히 이끌리듯이 난자 속으로 머리 부분부터 들어가면 정자의 꼬리는 떨어져 없어진다. 이것이 바로 수정이 되는 순간이다. 이렇게 정자와 난자가 합해진 수정란은 난자의 23개의 염색체와 정자의 23개의 염색체가 합쳐진 46개의 염색체를 가진 생명체로서 분열이 시작된다.

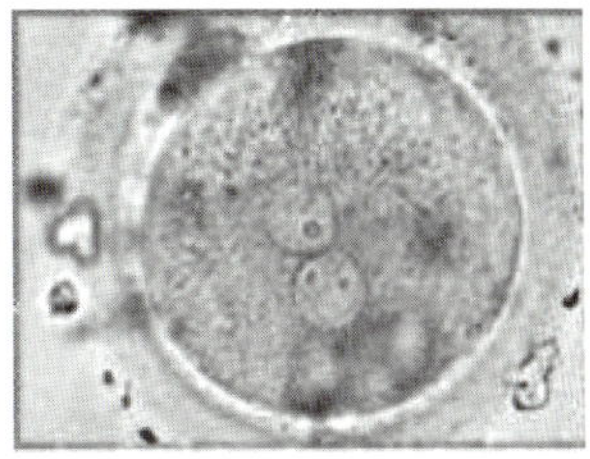

5) 수정란의 착상

난관 팽대부에서 수정이 완료된 수정란은 곧이어 빠른 속도로 체세포분열(난할)을 시작한다. 그리고 난관 벽에 있는 섬모들의 운동으로 자궁으로 밀려 내려가 수정 후 3~4일 뒤에는 자궁에 닿게 된다. 그 후 수정 후 5~7일째 자궁내막에 착상하게 된다. 수정이 성공되더라도 그 기간 동안 착상이 일어나지 않으면 임신은 실패하게 된다. 착상된 수정란은 이후 분만 때까지 자궁벽에 붙어 배아 발생과 태아 성장과정을 거치게 된다.

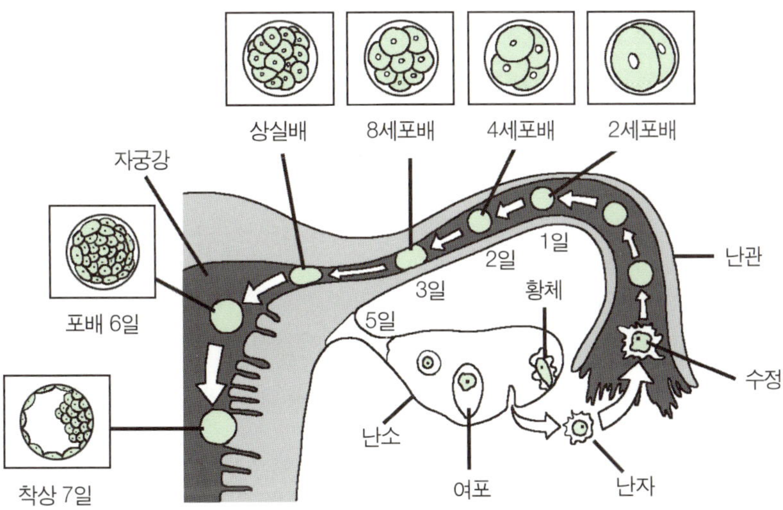

[그림 5-1] 수정착의 착상과정

2. 태내의 발달

태내기는 임신으로 시작해 출산으로 끝난다. 대부분의 아기들은 수정 후 34~40주 사이에 태어나며, 태내발달의 평균 기간은 약 9개월 정도로 간주된다. 이 기간 동안 태아는 하나의 단세포에서 완전한 인간 영아로 성장하게 되는 것이다.

임신 기간 동안 산모와 태아의 신체적 변화를 살펴보면 다음과 같다.

1) 임신 1개월(0~3주)

임산부는 자각 증상이 없는 시기이지만 몸이 나른하고 열이 나는 등 감기와 비슷한 증상이 나타나는 경우도 있다. 태아는 수정란이 착상될 때까지 신경계, 혈관계, 순환계의 세포그룹을 형성하고, 착상 후에 아기의 몸을 만들기 시작하며 수정 후 23일 정도 지나면 장차 심장이 될 혈관의 수축으로 박동이 시작된다.

2) 임신 2개월(4~7주)

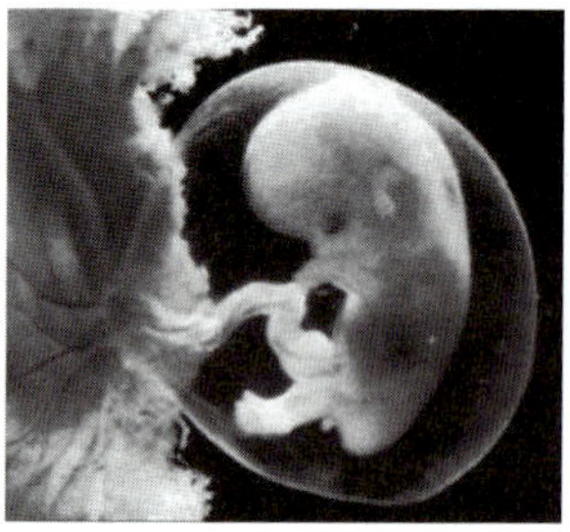

태아는 난황이라는 형태로 존재하며 난황은 핵이 하나였던 최초의 수정란이 분화하여 여러 개의 세포로 있는 상태를 말하는데, 이 난황의 반은 태아에게 영양분을 제공하는 태반으로, 나머지 반은 태아를 형성한다. 이때부터 태아의 심장이 뛰기 시작하며, 태아는 0.6cm 정도며 올챙이 모양을 하고 있고 각종 장기가 자라기 시작하는 시기로 신장, 간 신경계, 팔다리도 자라며 얼굴의 형태도 이 시기에 어느 정도 형성된다. 이 시기의 생명을 태아라고 부른다. 이제 완전히 성숙한 성인에서 발견할 수 있는 모든 신체 각 부위가 형성되며, 심장은 한 달 이상 뛰고 있다. 어머니는 4개월, 혹은 5개월이 되어도 태동을 느낄 수 없지만, 태아의 몸체는 어떠한 접촉에도 반응을 나타낸다.

3) 임신 3개월(8~11주)

태아는 약 2.5cm 정도로 자라며, 꼬리가 없어지고 모든 기관, 근육, 신경 등이 기능하기 시작한다. 관절도 작동하여 손을 굽힐 수 있고 눈꺼풀이 눈을 덮고 있으며,

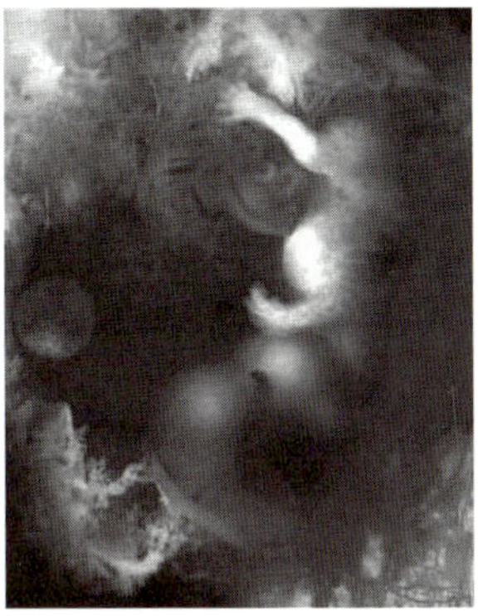

본격적인 사람의 형태를 띠게 된다. 팔은 눈썹까지 닿을 정도로 자라고 성별의 구분이 생기며, 입으로 삼키고 발로 차는 행동을 할 수 있게 되고 손톱이나 털도 약간씩 나기 시작하며, 머리는 몸 길이의 반이 될 정도로 크다. 이때의 태아는 머리, 몸통, 팔, 다리 구분이 확실하게 되며 피부도 투명해진다. 손과 발이 발달하며 손가락도 생긴다. 하지만 아기가 완벽하게 착상한 상태는 아니므로, 항상 유산의 가능성을 배제하면 안 된다.

4) 임신 4개월(12~15주)

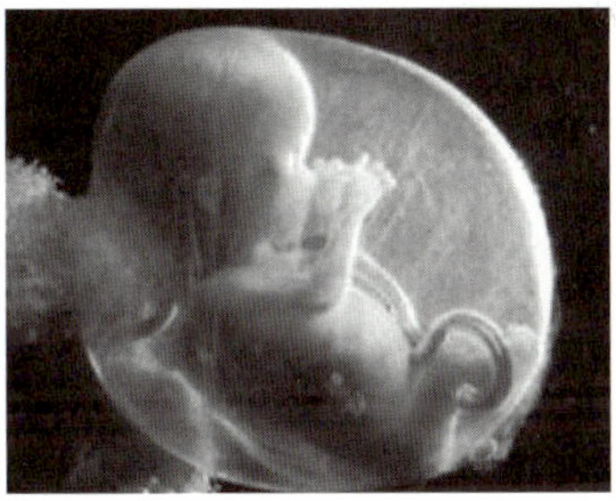

태아의 길이는 약 6.3cm 정도이고 활발하게 차고 움직이게 된다. 붙어 있던 손가락 발가락은 5개씩으로 전부 분리되고 모든 장기가 작동을 하게 된다. 태아는 등이 완성되며 손과 발이 움직인다. 얼굴에는 솜털이 보송보송하게 생기며, 이때에는 얼굴이 빨갛게 된다. 또한 남녀 성별을 구별할 수 있을 만큼 외부 생식기도 많이 발달해 있다. 이제 뱃속에서 4개월된 아기에게 무슨 감정이 있을까 싶겠지만 유쾌, 불쾌, 불안, 노여움 등의 감정이 이때부터 생긴다고 한다. 그러므로 엄마가 항상 마음을 즐겁게 가지려고 노력을 해야 한다. 아기의 감정은 엄마의 감정대로 따라간다는 사실을 명심해야 한다.

5) 임신 5개월(16~19주)

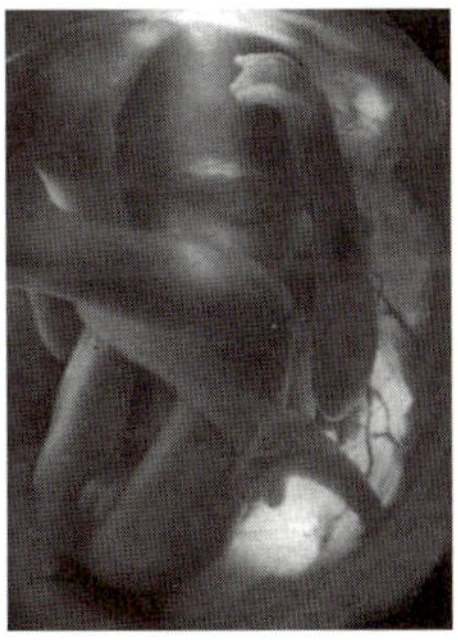

태아는 손가락을 빨기 시작하며, 온몸에 점점 털이 나기 시작한다. 양수 안에서 활발하게 손과 발을 움직이며, 손에는 지문이 생기고 손가락도 쪽쪽 빤다. 이때에는 뱃속 아기가 음감을 느끼기 시작하는 때이므로, 엄마는 조용한 음악을 들으며 마음을 느긋하게 가지기도 한다.

6) 임신 6개월(20~23주)

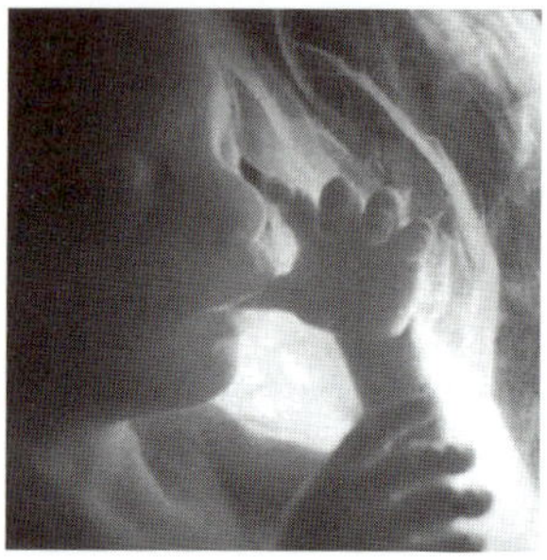

태아의 길이는 18~19cm이고 몸무게는 300~750g 정도이며, 외부의 소리를 들을 수 있고 태아의 움직임이 크고 활발해지므로 뱃속의 태아에게 책을 읽어 주는 것도 좋다. 또한 태아는 양수를 먹고 물을 흡수하고 나머지는 대장으로 내려보내는 행위를 함으로써 소화기 계통의 작동을 연습하게 되고, 오랫동안 양수 속에 있어야 하는 태아의 피부를 위해 피지 등이 분비되어 태아의 몸을 덮어 보호한다.

7) 임신 7개월(24~27주)

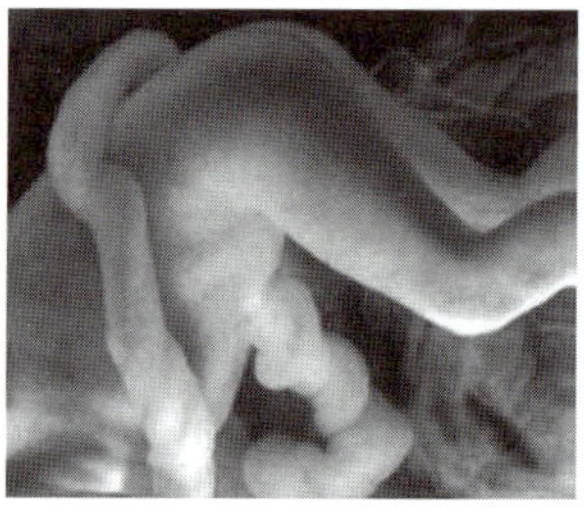

태아의 몸무게는 900g 정도이고 길이는 25cm로, 다리를 뻗으면 35~38cm 정도 된다. 이 시기에는 귀까지 연결되는 신경망이 완성되어 보다 지속적으로 외부소리에 반응하며, 눈도 뜰 수 있게 된다. 또한 태아는 숨쉬는 운동을 계속하며 출산 후에 대비한다.

8) 임신 8개월(28~31주)

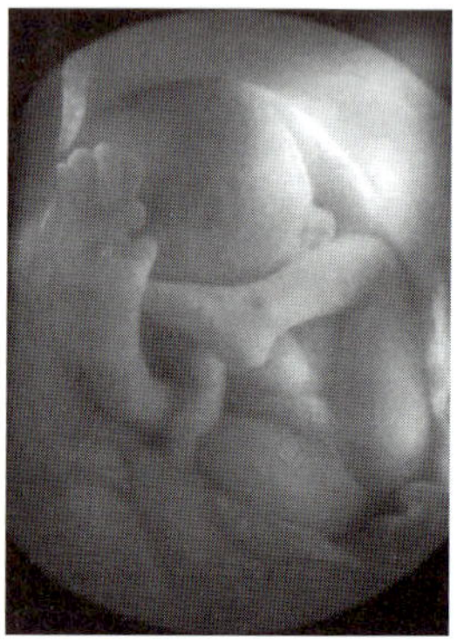

태아의 몸무게는 1200g~1300g 정도 되며, 자다 깨다 할 수 있으며 손가락도 빨고 눈을 떴다 감았다 할 수도 있다. 태아의 뇌가 충분히 자라고 뇌의 표면의 특징적인 주름이 나타나는 시기이다. 또한 키가 자라는 성장은 서서히 둔화되고 몸무게만 지속적으로 늘어나며, 태아의 폐와 내장기관이 거의 발달되고 시신경조직도 발달되어 빛의 움직임을 쫓을 수 있고 밝음과 어두움을 구별할 정도가 되며, 거의 모든 반응이 완성된다. 특히 이때에는 소리의 강약을 확실하게 구분할 수 있는 능력이 갖춰져 있다.

9) 임신 9개월(32~35주)

태아는 1,800g 정도이고, 키는 45cm정도 된다. 손과 팔이 자라고 몸도 자라 머리와 몸의 비율이 신생아와 비슷한 수준이 되며, 태동이 약간씩 감소하는데 태아가 커짐에 따라 태아가 움직일 공간이 부족하므로 태아의 움직임이 둔화되지만, 이 시기에도 태아는 지속적으로 성장한다. 청각능력의 완전한 발전으로 소프라노 같은 높은 주파수의 소리에 잘 반응한다. 폐와 신장기능이 성숙된다.

10) 임신 10개월(36~39주)

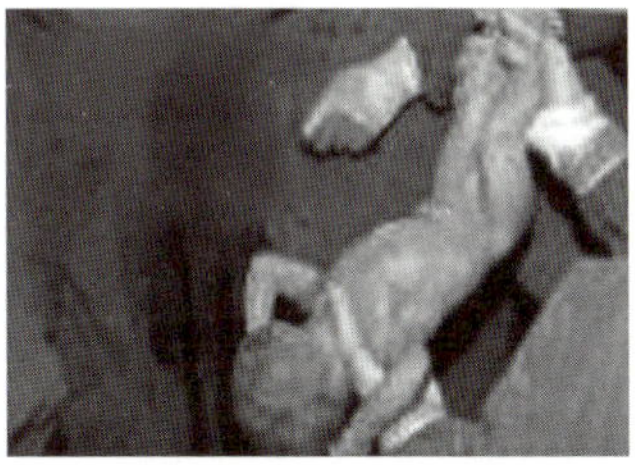

태아의 키는 52cm이고 몸무게는 2,800g이다. 태아가 출산을 위해 약간씩 아래쪽으로 내려오려 하며, 이 시기의 마지막부터 태아가 출산하더라도 조산이 아니고 정상분만이다. 또한 태아는 분비물 및 여러 가지 물질을 양수와 함께 들여 마시는데, 이런 것들이 모여 태변이 된다. 태아의 툭툭 차대던 발길질도 멈추고 온몸을 둥글게 오므려, 머리를 아래쪽의 골반에 두고 나올 준비를 단단히 하고 있는 것이다.

3. 출산

어머니는 출산으로 인해 여러 가지 신체적 · 심리적 변화를 겪게 된다. 어머니의 심리적 상태는 분만과정에 영향을 준다. 임신에 대한 긍정적 태도와 안정은 불안정한 산모보다 진통을 덜 고통스러운 것으로 지각하는 경향이 있었다. 더욱이 초산부의 경우에는 경산부보다 출산으로 인한 영향이 더 크다. 아기의 탄생은 가족체제 전체에도 영향을 미친다. 한편, 아기는 출산으로 인해 환경의 급격한 변화와 외부 자극으로부터 충격을 완화해주고 있던 어머니의 자궁에서 벗어나, 외부자극에 그대로 노출된다. 출산과정에서 겪게 되는 여러 가지 일들은 신생아 시기 및 그 이후 아기의 생활이나 건강에 큰 영향을 미치기도 한다.

출산일이 가까워지면 산모는 가진통(false labor)을 느끼게 되는데, 가진통은 자궁의 불규칙한 수축으로 인해 일어나며 대개 출산하기 2~3주 전에 나타난다. 출산이 다가오면 자궁의 규칙적인 수축으로 인해 진통이 규칙적으로 나타나면서 짧고 강도가 증가한다. 개인에 따라 다르기는 하지만 이슬, 진통, 파수의 세 가지 증상은 출산의 신호이다. 이슬은 분만이 가까워지면서 자궁경부의 확장으로 양막 일부가 떨어져 나가면서 혈점이 있는 질 분비물이다. 출산이 임박했음을 나타나는 신호인 파수는 자궁구가 전부 열리면서 양막이 파열되고, 양수가 나오는 현상을 말한다. 파수가 되면 바로 분만이 이루어진다. 진통이 시작되기 전이나 진통이 일어나더라도 자궁구가 전부 열리기 전에 파수가 되면 난산하기 쉽고, 산모와 태아의 생명이 위험할 수 있다.

1) 분만단계

분만은 규칙적인 자궁의 수축이 일어나는 것이다. 즉 분만진통(약 10분 간격)으로 시작하여 막힌 자궁경관이 열리면서 먼저 태아, 이어서 태반의 만출로 끝난다. 이 과정을 분만 제1기, 분만 제2기, 분만 제3기로 나눈다.

(1) 분만 제1기(개구기)

자궁경관 및 자궁구가 열리는 시기로, 우선 규칙적인 수축(진통)이 일어난다. 이것이 개구진통이다. 처음에는 진통이 약 15초, 간헐이 약 20분 정도이다. 이로 인하여 자궁하부(자궁협부)에서 자궁경관에 걸쳐 조직이 신장되어 자궁구가 열림과 동시에 난막의 일부가 자궁벽에서 벗겨져 나가므로, 혈액이 섞인 점액(혈성대하)이 나온다. 이것이 출산의 시작으로서, 이슬이 보인다고 하는 출산의 징후이다. 떨어져 나온 난막과 태아의 머리와의 사이에 양수가 진통 때마다 밀려들어와 양이 증가하여 주머니 모양을 이룬다. 이것을 태포라 하며, 태아의 머리 대신 산도로 들어와 자궁구를 열게 된다. 이 상태는 갸름한 고무풍선에 바람을 넣으면 위 끝 부분이 우선 부풀고, 점점 입구 쪽으로 부풀어오르는 모양과 비슷하다. 진통이 점점 심해지고 길어지면서 간헐이 짧아지기 시작하면, 태포도 커지는 동시에 산도가 될 부분이 열리게 되어 마침내 난막이 터지고, 태포 내의 양수가 유출된다. 이것을 파수라 한다. 이는 보통 자궁구가 완전히 열려서 자궁경관과 자궁체부의 구별을 할 수 없게 되고, 자궁질부가 거의 소실전퇴되었을 때이다. 여기까지 과정을 분만 제1기라 한다. 자궁경관이 단단하여 어려울 경우 열리기 쉽게 만드는 약제를 쓴다.

(2) 분만 제2기(만출기)

파수 및 자궁구가 완전히 열린 뒤 태아를 만출할 때까지의 기간이다. 분만진통이 가장 심하고 복압(배에 힘을 주는 일)도 가해지므로 이 만출진통을 공압진통이라고 한다. 태아의 몸 가운데 가장 먼저 진행하고 있는 부분. 즉 선진부는 골반강 내에 깊이 내려와 있고, 파수 후에는 직접 산도를 열어가므로 배에 힘이 무의식적으로 가해진다. 즉 배에 힘을 줄 수 있게 됨으로써 태아의 만출이 촉진된다. 이윽고 진통 때에 외부에서도 음렬 사이로 선진부의 일부가 보이고, 간헐 때에는 후퇴하여 숨어버리는데, 이 상태를 배림(排臨)이라 한다. 이것을 몇 번 되풀이하는 동안 선진부가 점점 크게 나타나고, 진통 간헐 때에도 음렬 밖으로 노출된 채로 있는데, 이를 '이슬'이라 한다. 정상 분만에서는 이와 같이 우선 태아의 머리가 나오고 이어 좌우의 어깨가 전후해서 나타나며, 몸통 및 사지가 나오는 동시에 다소의 혈액이 섞인 후양수가 나온다. 여기까지가 분만 제2기이며, 후양수가 유출되면 산모는 갑자기 편해지고 진통도 잠시 멈춘다.

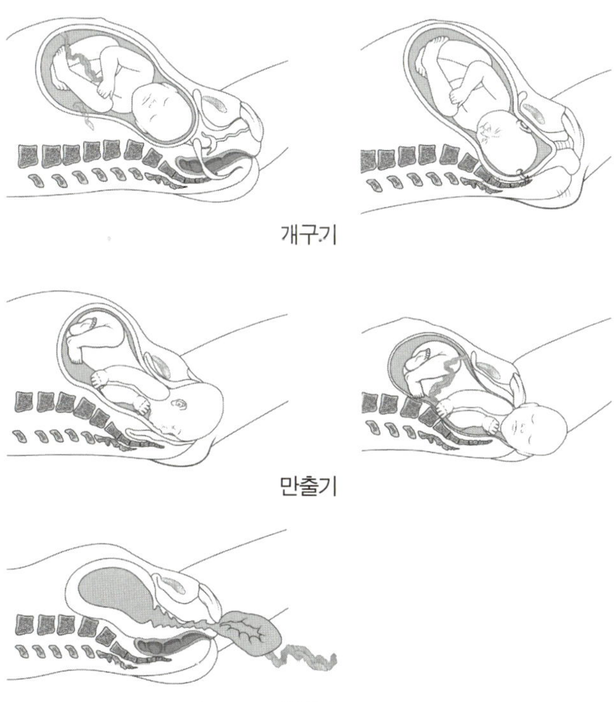

[그림 5-2] 분만의 단계

(3) 분만 제3기(후산기)

아기가 출산된 후 태반이 난막 및 탯줄과 함께 나올 때까지의 시기로서, 멈추었던 분만진통이 아이가 출산된 후 약 10~15분이 지났을 때 새로이 나타난다. 이것을 '후산진통'이라 한다. 만출기보다는 진통이 짧고 간헐은 길며, 통증은 가볍다. 이 후산진통으로 태반의 만출이 진행된다. 즉 아이가 나온 직후 탯줄 속의 혈관은 아직 박동이 있으나 얼마 뒤 혈행이 정지한다. 이 무렵 자궁은 다시 수축을 시작하는데, 자궁에 태아가 없으므로 내압이 갑자기 감소되어 수축이 감소된다. 진통과 함께 태반 부착부인 자궁벽이 강하게 수축되면 태반의 수축과의 사이에 시간적으로 차이가 생겨 접착면이 이동하며, 탈락막에 단열을 일으켜서 태반이 떨어져나가게 된다. 이때 태반이 떨어져나간 부위에서 출혈(후산출혈)이 있는데, 태반과 난막이 탯줄과 함께 나오면 한꺼번에 많은 혈액이 배출된다. 이것은 대부분이 응혈로서, 양수 파수 때와는 달리 산모는 끈적끈적한 느낌을 받는다. 이로써 출산은 끝난다. 분만 직후는 분만 제4기라고 할 만큼 분만과 마찬가지로 주의 깊은 관찰이 필요하다. 즉 분만종료 후 2~6시간은 회음봉함(會陰縫合)이나 신생아 목욕 등의 처치가 있고, 이완출혈, 경관열상, 자궁내반증 등에 의한 대출혈의 위험이 있으므로 산모 및 보조자의 충분한 주의가 필요하다. 분만 소요시간은 개구기가 가장 길어 초산부는 10~12시간, 경산부는 4~6시간이 걸린다. 만출기는 초산부가 2~3시간, 경산부는 1~1시간 반, 후산기는 짧은 시간에 끝나 초산부라도 15~30분, 경산부는 10~20분이다. 전 기간을 통해서 보면 초산부는 12~15시간이 걸리고, 경산부인 경우는 5~8시간이 걸린다.

2) 출산 시 환경조건

분만은 대부분의 경우(70~80%), 그다지 복잡하거나 어렵지 않다. 분만의 전 과정은 일반적으로 극히 정상적으로 진행되며, 태어난 아기도 대부분 건강하다. 그러나 분만 시 약물 사용문제 및 출산 시 아버지의 참여문제에 대한 논의가 되고 있다.

(1) 분만 시 약물 사용문제

분만 시에 약물 사용에는 일반적으로 세 가지 유형이 있다. 첫째는 분만 1기에 고통을 줄이기 위해 진통제를 사용한다. 둘째는 진정제 및 신경안정제로 분만 1기에 불안을 감소시키기 위해서 준다. 셋째는 분만 2기에 고통을 막기 위해 전신 또는 신체의 일부에 투여하는 마취제이다.

진통 중 어머니에게 준 거의 모든 약물은 태반을 통해 태아의 혈류로 들어간다. 따라서 태아가 약물에 의한 단기적인 영향을 받는 것은 분명하다. 어떤 종류의 약물이건 산모가 약물을 투여 받은 경우의 아기는 그렇지 않은 아기에 비해 활발하게 움직이지 못하고 출생 후 며칠이나 몇 주간 몸무게도 적게 늘고 잠을 더 많이 자는 것으로 밝혀졌다(Brackbill, 1979). 일부 연구에서 아기나 아기와 엄마 간의 상호작용에서 출산 후 한두 달 계속해서 차이점이 나타나는 것을 발견한다. Murray, Dolby, Nation과 Thomas(1981)는 마취제를 투여 받은 어머니들이 마취제를 투여 받지 않은 어머니들보다 출산 후 한 달 동안은 자기 아기를 돌보기가 더 어렵고 별 사회적인 아이라고 생각한다는 것을 알았다. 또 다른 연구에서는 분만시의 약물투여 수준이 높았던 엄마일수록 출산 한 달 후 젖 먹일 동안 아기에게 미소를 덜 짓는다는 것을 발견했다(Hollenbeck, Gewirtz, Sebris, & Scanlon, 1984).

이러한 연구결과들을 근거로 생각해 볼 때, 산모는 가능한 한 약물을 적게 사용하도록 하고, 특히 마취제를 투여 받았다면 그로 인해 초기 아기의 행동에 영향을 받을 것이라는 사실을 염두에 두어야 한다.

(2) 분만 시 아버지의 참여 문제

분만 시 아버지가 산모의 곁에 있는 것을 권장하는 여러 연구 결과들이 나와 있다. 산모들이 진통과 분만 시 남편이 참여했을 때 통증이 적었고, 약물을 적게 받았다는 연구(Henneborn & Cogan, 1975)가 있고 또 남편이나 다른 사람의 도움이 있었을 때 분만 중에 문제가 적게 일어나며, 분만시간도 짧아졌다는 연구(Sosa, et al., 1980)도 있다. 출산 시 남편과 함께 한 것이 일생 최고의 경험이었다는 보고를 하는 출산모가 많다는 연구들도 있다(Entwisle & Doering, 1981).

아버지가 분만에 참여한 것, 혹은 아기와 접촉할 기회를 일찍 가질 수 있었던 것은 아버지와 아기 간의 관계에 긍정적인 영향을 미친다는 생각이 1970년대에 심리학자들과 소아과 의사들 사이에 널리 받아들여졌다(Greenberg & Morris, 1974: Macfarlane, 1977). 특히 출산에 참여했던 아버지들은 아기의 첫 해 동안 자기 아기에 대해 훨씬 큰 애착을 가진다는 것이다(Peterson, Mehl, & Leiderman, 1979).

이러한 연구 결과들로 알 수 있듯이, 분만 시 아버지의 참여로 얻을 수 있는 장점은 다음과 같이 요약될 수 있다. 첫째, 아내에게 심리적인 지지자가 되어 줄 수 있고, 둘째, 아내가 통증을 조절하는 것을 지도하거나 도울 수 있으며, 출산 현장에 있음으로써 아기에게 강한 애착을 갖게 될 것이라는 점이다. 즉, 출산 시 아버지의 참여는 산모에게 도움이 되며, 남편과 아내와의 관계, 아버지와 아기와의 관계에 좋은 영향을 미친다고 할 수 있다.

3) 출산의 문제

(1) 출산의 이상

모체가 건강하고 태아의 발육이 순조로우면 순산을 기대할 수 있다. 임신 중의 건강검진을 통해 미리 알 수 있는 문제는 출산 전에 처치하거나 대비책을 준비한다.

분만과정에서 발견되는 것도 설비가 갖추어진 산부인과나 병원에서 대부분 처치가 가능하다. 모체에 이상이 있는 것으로는 협골반이나 미약진통 등이 있다. 미약진통이란 진통이 짧고 약하며, 간헐도 일정하지 않은 경우를 말한다. 이때는 출산이 지연되어 2~3일씩 걸리는 경우가 있으므로 겸자분만이나 제왕절개가 필요하지만, 진통촉진제 주사 및 그 밖의 처치로 자연분만을 하는 경우도 많다. 태아에 이상이 있는 것으로는 골반위(거꾸로 있는 아이)를 비롯하여 태반의 조기박리나 전치태반, 신생아의 질식 가사나 분만손상 등이 있다. 태반의 조기박리는 태아가 나오기 전에 태반이 떨어지는 것으로, 많은 출혈로 사망하는 경우가 있다. 이는 고령의 산모나 경산부에게 많은데, 수술이 가능한 큰 병원으로 곧 옮겨야 한다.

① 산소결핍증

태아에게 산소공급이 감소된 것을 산소결핍증(anoxia)이라고 부른다. 산소결핍증은 출산직전·후에 생기기 쉬우며, 태반이 아기가 숨을 쉬게 될 때까지 혈액 산소의 공급을 계속하지 못하거나 분만 도중에 어떤 이유로 해서 탯줄이 납작하게 눌려져 산소공급이 중단되기 때문에 일어난다. 심한 산소결핍의 경우 뇌성마비나 정신지체와 같은 치명적인 결과를 가져 오는 경우가 많다.

② 체중미달

심각한 출산 병발증을 일으킬 수 있는 또 다른 문제는 아기가 정상체중 또는 최저체중보다 낮은 체중으로 태어나는 것이다. 이것을 체중미달(low birth weight)이라고 한다. 체중미달로 구분하는 기준점은 보통 2,500g이다. 1,500g 이하는 심한 체중미달이라고 한다. 체중미달 아기도 몇몇 집단으로 구분된다.

첫 번째는 너무 일찍 태어났기 때문에 체중미달인 경우, 이러한 아기들을 조산아(Preterm infants)라고 한다. 태생 37주 이전에 태어난 모든 아기는 조산아로 간주된다. 두 번째는 달수에 비해서 작은 아기로 38주를 다 채웠어도 2,500g 이하로 자기 태생 주수에 비해 가벼운 경우이다. 조산의 원인은 아직까지 분명하게 밝혀지지 않았으나, 가난하고 영양이 부족하며 과로하는 어머니에게 많이 발생한다. 또한 태아 이상과 함께 어머니의 음주, 흡연, 약물, 질병, 정서적 어려움 등이 조산을 초래하여 체중미달로 태어나기 쉽다.

체중미달로 태어나는 것이 아동발달에 미치는 영향은 출생 시 몸무게, 출생 후 보살핌의 형태, 환경 등에 달려 있다. 몸무게가 2.5kg에서 약간 미달된 아기는 별로 힘들이지 않고 바로 정상아와 다름없이 성장하나, 체중미달의 정도가 심할수록 영아 사망률이 높고 신체적, 심리적 결함도 더 장기적으로 나타난다. 아기의 몸무게가 1.5kg 이하일 때, 뇌성마비와 같은 뇌신경세포와 관련된 신체결함을 갖는 비율이 높으며, 취학 후 지적 결함을 갖는 사례도 더 자주 있다.

일반적으로 체중미달아는 출생 후 1년 이후에는 점차 회복되어 장기적인 손상을 거의 나타내지 않는다. 대부분의 체중미달은 사회・경제적 지위가 낮은 빈곤한 가정에서 출생하므로 중류 이상 가정의 어린이보다 영양실조, 불안정한 가정분위기, 지적 자극이 결핍된 환경에서 성장하게 되어 발달의 지연을 초래하게 된다.

③ 제왕절개

제왕절개 수술은 질강 분만에 반대되는 개념으로, 임산부의 복부를 절개하여 태아를 출산하는 것으로 의료기술과 장비, 항생제의 발전으로 사망률이 낮아져 심각한 문제가 되지는 않았지만 자연분만에 비해 산모와 태아에게 미치는 위험은 더 크다. 제왕절개가 바람직할 때도 있으나, 마취를 해야 하는 중요한 수술이므로 다소 위험할 수도 있다. 제왕절개 수술은 다음과 같은 문제가 있을 때 실시하게 된다.

산모에게 원인이 있을 경우는, 협골반으로 태아의 머리보다 골반 크기가 작을 때, 35세 이상의 노산으로 초산모인 경우, 임신중독증(전자 간 혈압이 130/90 이상으로 단백료가 나오고 전신에 부종이 나타날 때, 자간 혈압이 190/90 이상으로 단백료가 나오며, 뇌전증까지 있을 때)일 때, 출산 12시간 전에 양수가 터져 아기의 감염이 우려되는 때, 출산 전에 양수가 터져 탯줄이 밖으로 나온 때, 태아를 밀어내는 자궁의 힘이 약할 때, 산모의 혈액형이 RH(-)일 경우, 기존에 제왕절개수술을 한 경우, 성병으로 자궁경부나 질에 균이 있을 때, 유도분만에 실패했을 때, 산모에게 당뇨, 심장병, 고혈압으로 자연분만이 어려운 때이다.

태아가 거꾸로 선 경우나 옆으로 누워 있을 때, 분만 전이나 분만 중에라도 맥박이 정상이 아니거나 태아의 상태가 나빠져 사산의 위험이 있을 때, 태아가 너무 커서 골반을 못 빠져 나올 때, 제대 탈출 시 태아가 생존한 때이다.

(2) 출산 중의 태아

좁은 산도를 빠져나와 출산된 태아는 머리의 형태가 변형되거나 선회하는 적응기능을 볼 수 있다. 태아의 머리는 아직 뼈와 뼈의 이음매인 봉합도 굳지 않고 부드러운 조직으로 이어져 있다. 따라서 골반 속을 빠져 나올 때 태아의 머리가 일그러지거나 봉합부가 겹쳐지거나 하여 머리 전체가 갸름해지고 후두부가 돌출한 모양이 되어 통과하기 쉽게 된다. 이것을 태아 머리의 응형기능이라 한다. 또 골산도는 긴 원형의 판을 뒤틀어 도중에서 앞쪽으로 구부린 듯한 모양을 하고 있다. 이것을 대응하여 태아의 머리는 달걀처럼 갸름하게 되어, 골산도를 통과하기 위해 경부(頭部)를 측으로 하여 머리를 선회시키면서 진행한다. 골반에 진입할 때에는 턱을 가슴에 붙이고 나올 때에는 머리를 뒤로 젖히면서 태어난다.

(3) 출산 직후의 신생아

먼저 가느다란 고무관으로 코나 입, 기관 내를 흡인하여 이물질을 제거한다. 탯줄은 신생아 배꼽에서 2~3cm되는 곳을 실로 매고 태반 쪽에서 자른다. 신생아는 온 몸이 적자색에 가까운 색을 띠고 태어나지만, 정상분만 몇 초 후에 첫 울음소리를 내고 계속 울기 시작하면서 피부색이 붉게 변한다, 따뜻한 물로 신생아의 몸에 묻어 있는 혈액이나 태지 등을 씻어내고 옷을 입힌다.

(4) 산모의 마음가짐

출산의 준비용품 등은 임신 말기에 준비해 두지만, 입원하는 병원에 따라 약간씩 다르므로 미리 입원 안내서를 읽고 간호사나 조산사에게 자세한 것을 물어 실수가 없도록 한다. 분만에 대한 불안이나 공포를 없애기 위해서도 분만에 대한 올바른 지식과 마음가짐이 필요하다. 이는 정신적인 무통분만을 위해서뿐만 아니라, 산모 자신이 침착한 태도로 출산을 하기 위해서도 중요하다. 출산에 임하면, 의사나 조산사 등의 보조자를 신뢰하고 그 지시에 잘 따른다. 장시간에 걸친 개구기 단계에서는 편안한 마음으로 함부로 힘을 주지 말고 병실이나 대기실에서 지내며, 만출기로 접어들면 분만실의 분만대로 옮겨진다. 힘을 주는 방법이나 편한 자세로 쉬는 방법 등에 대하여는 임신 중에 병원 등에서 지도해주므로 잘 익혀두면 된다.

(5) 산후 적응

출산 후 산모는 신체적으로 회복이 되고, 심리적인 안정감을 가지면서 어머니로서 아기를 돌보는 방법을 배워나가며, 아버지는 산모와 아기를 보살피는 방법을 익혀 간다. 또한 자녀는 동생의 탄생을 받아들이고 환경의 변화에 적응해 나간다.

① 산모의 적응

㉠ 신체적 적응

출산 후에는 호르몬 분비에서 갑작스럽고 급격한 변화를 겪는다. 즉 태반이 배출될 때 에스트로겐과 프로게스테론 수준이 급격히 떨어지고, 호르몬을 재생산하는 배란이 시작될 때까지 낮은 수준으로 유지된다. 모유수유를 하지 않을 경우, 4주 내지 8주 사이에 월경이 다시 시작되며 모유수유를 하는 경우에는 월경을 하지 않게 된다.

산후 5~6주가 되면 자궁 수축이 이루어지는데, 이는 자궁의 크기가 임신 전 크기로 돌아가는 과정을 의미한다. 이때 모유수유를 할 경우 자궁 수축이 빠르게 진행된다. 만약 산모가 임신기간 동안 적절한 운동을 하였다면 출산 후에 근육과 힘이 더 빠르게 회복될 수 있으며, 호흡 이완 활동 또한 원기를 회복시키는 데 도움을 준다.

㉡ 심리적 적응

산후에는 산모의 정서적 동요가 심한데 호르몬의 변화, 피로, 갓 태어난 아기에 대한 경험부족이나 자신감의 결여, 아기를 돌보는 데 소모되는 시간과 노력 등이 그 원인이다.

정서변화가 출산 후 몇 주 이내에 감소할 수도 있지만 어떤 경우에는 보다 오래 지속되어 불안감이나 우울증을 일으키며, 스트레스에 대처하는 데에도 곤란을 일으킨다.

ⓒ 산후 우울증

별 이유 없이 기분이 침체되고 불안한 상태가 되거나 짜증을 내고 눈물이 나며, 식욕이 없으며 불면증이 생기거나 아기를 원망하기도 하는 증상이다. 출산 후 3일에서 10일 정도에 나타난다. 개인에 따라 정도의 차이는 있지만 대개 60~70%의 산모가 체험하게 된다. 많은 경우 젖이 나오지 않거나 아기가 젖을 먹으려고 하지 않는 등 수유에 관한 고민이나, 아기가 밤에 잘 자지 않고 울고 보채거나 아기의 체중이 잘 불어나지 않는 등의 육아에 대한 책임감이나 중압감에서 비롯된다. 그러나 근본적으로는 에스트로겐이나 프로게스테론 등의 호르몬이 갑자기 저하됨으로써 나타난다. 산모가 심한 우울증에 시달리면 아기도 스트레스를 받게 되어 욕구불만이 생길 수 있다. 산후 우울증을 겪는 산모와 아기는 스트레스를 나타내는 혈중 코르티솔(cortisol) 호르몬의 양이 현저하게 증가한다. 우울증에 걸린 산모는 아기를 무시하거나 지나친 관심을 보이는데, 이 두 경우 모두 아기의 정신건강에 악영향을 미칠 수 있다. 또한 산모가 만성적으로 우울하고 위축되어 있어 아기에게 무반응적일 때에는 이후 아기와 불안정 애착을 형성할 수 있을 뿐만 아니라, 아기들도 우울 증상과 행동상의 문제를 일으킬 수 있다(Murray, Fiori-Cowley, & Hooper, 1996).

② 아버지의 적응

최근에는 남편이 산전관리와 분만과정에 참여하는 경향이 높아지고 있다. 남편은 임신기간 동안 임산부가 출산을 위한 이완법과 호흡법을 연습하는 것을 도울 수 있으며(Greenhalgh, Slade, & Spiby, 2000), 분만과정에 참여하여 진통을 하는 동안 지지와 격려를 제공해 줄 수 있다. 이처럼 남편은 임신기간과 출산과정을 아내와 공유함으로써 새롭게 태어난 아기에 대해 더욱 애착을 느끼게 되어 아기와의 접촉을 즐기게 된다. 또한 아버지로서의 책임감을 형성함으로써 양육에 보다 적극적이고 협조적으로 참여하게 된다.

③ 자녀의 적응

새 아기가 태어나기 전에 형제의 탄생에 대하여 자녀를 준비시키는 것은 자녀의 적응에 도움을 준다. 즉 자녀에게 현실적이고 자녀가 이해할 수 있는 범위에서 임신과 출산, 그리고 신생아에 대한 설명을 해주는 것이 필요하다. 예를 들어, 임신부는 피곤함이나 잦은 구토 또는 임신부의 배가 불러오는 등의 현상을 통하여 자녀에게 임신을 알릴 수도 있다. 또한 출산으로 인하여 자녀가 부모로부터 떨어질 경우 격리불안을 느낄 가능성을 고려할 필요가 있는데, 이를 대비하여 자녀에게 어머니가 언제쯤 병원에 갈 것인지, 또 만약 진통이 시작되면 어머니가 어디에 갈 것인가를 미리 말해주는 것이 좋다.

한편, 새 아기가 집에 도착하였을 때 자녀는 보호와 관심을 독차지하는 신생아의 존재로 인해 부모가 자신과 보내는 시간이 줄어드는 것에 불만을 느끼게 된다. 이때 자녀들은 심지어 아기를 언제 다시 병원에 데려다 줄 것인지를 묻기도 한다. 자녀가 느끼는 스트레스는 엄지손가락을 빨거나 짜증을 내거나 아기를 때리거나 물고 물건을 던지는 등의 주의를 끄는 행동 또는 젖병을 달라고 하거나 이불에 오줌을 싸는 등의 퇴행으로 나타난다. 이러한 행동들에 대하여 부모는 실망을 나타내서는 안 된다. 부모는 자녀가 아기에게 적응하도록 돕기 위해서 다음과 같은 활동을 할 수 있다(Simkin, Whally, & Keppler, 1984).

- 출산 전후, 새 아기와 함께 사는 것에 관한 책을 읽어준다.
- 자녀와의 시간을 계획하여 자녀가 하고 싶어 하는 것을 함께 해 준다.
- 새로 태어난 아기가 잠들어 있을 때에는 자녀에게 특별한 관심을 가져 준다.
- 자녀가 듣고 있을 때 아기에게 윗 형제의 특별함에 대해 이야기해 준다.

4. 태아발달에 미치는 요인

1) 유전인자와 염색체 수의 이상

(1) 유전인자

생물의 형질을 나타내는 근본이 되는 유전인자는 핵 속의 염색체(chromosome)내에 존재하며, 유전인자라는 것은 유전 특성의 전달자로서 DNA로 구성되고 DNA는 핵 속에 존재하는 산성물질로서 RNA와 함께 핵산을 구성하는 물질이다. 이런 유전인자인 DNA는 인간의 경우, 남성의 정자로부터 23개의 염색체와 여성의 난자로부터 23개의 염색체가 합해져서 46개의 새로운 염색체 배합이 이루어진다. 이렇게 배합된 46개의 염색체 형태가 곧 태어날 아기의 유전적인 모든 잠재성을 결정하게 된다. 즉, 유전적 잠재성에 의하여 장차 태어날 인간의 특성이 결정된다.

(2) 염색체의 이상

염색체 수가 부족하거나 과잉인 경우의 이상으로 대부분 태내에서 사망하나, 경우에 따라서는 생명에 지장을 주지 않고 태어나는 수도 있다.

① 클라인 펠터 증후군

800명의 남아중 약 한 명꼴로 발생하며, 정상 남아의 성염색체에 과잉의 X염색체가 한 개 더 있다. 나이 든 임부에서 태어난 남아에게서 더 자주 발생하고, 고환이 작고 유방이 커지는 여성적 증상과 불임 등의 증세를 보이며 약 반수는 정신지체를 나타낸다.

② 다운 증후군

몽고리즘이라고도 하며, 수정란이 분열할 때 21번째 염색체쌍이 제대로 분열되지 못하여 한 개의 염색체가 덧붙여지는 경우에 발생하며, 40세 이상의 임산부에게 많이 발생한다. 특히 양 미간이 넓고 평평하며 이마에 주름이 지고 혀를 내밀고 있는 특이한 신체 형태와 정신지체를 보인다.

③ 터너 증후군

2,500명의 여아 중 한 명꼴로 발생하며, 성 염색체가 한 개 밖에 없는 경우로 키가 작다는 신체적 특징이 있다. 성적 성장이 제대로 이루어지지 않고 자궁이나 나팔관이 없는 경우가 많으며 성호르몬의 부족으로 음모가 없을 수 있다 지능지수는 정상과 비슷하나 공간 지각능력이나 조직력이 부족하다.

(3) 태아나 신생아에게 영향을 미치는 약물

① 호르몬제

임신 직전이나 본인이 모르는 사이에 임신이 된 후에 피임약을 복용하면 태아에게 해를 미칠 수 있다. 어머니가 임신 중 피임약을 먹을 때 아기의 심장혈관의 결함이 약간 더 발생하였다.

② 흡연

흡연은 자연유산, 조산, 신생아 사망의 원인이 되며 소량의 지속적인 흡연은 체중 미달아를 낳게 한다. 흡연과 알콜은 상호작용을 하는 것으로 보인다. 즉 임신

중에 흡연과 음주를 모두 한 어머니에게서 태어난 신생아는 초기 학습에 관한 검사에서 모두 좋지 않은 수행 정도를 보였다.

③ 음주

임신 후 첫 3개월 이내에 알코올의 영향이 가장 크게 나타나는데, 임신 첫 3개월 동안에는 기형을 초래하게 되며 그 다음 3개월 동안에는 발달 지체를 초래할 수 있다.

④ 카페인

장기적 발달 이상은 보이지 않으나 출생 당시에 미숙아 출산이나 반사운동 증상이 보인다.

⑤ 중독성 약물

몰핀, 헤로인, 코카인 같은 약물에 중독된 여성은 출산 시 체중미달아, 사산아 출생직후 사망하는 아기를 낳을 가능성이 크다. 그리고 아스피린은 신생아의 출혈, 위장 장애를 일으킬 수 있으며, 항생제 스트랩 마이신 남용은 귀머거리가 될 수 있다.

많은 학자들은 인간의 발달이 유전과 환경의 상호작용에 의해 이루어진다고 본다. 유전적인 요인과 환경적 요인은 매우 복잡하게 작용하므로, 어떤 발달적 특성이 어느 정도의 유전적 영향과 환경적 영향을 받는지는 정확히 제시하기 어렵다.

2) 환경

선천적 유전인자 외에도 태내환경을 만드는 데 영향을 미치는 주요 요인으로는 모체의 연령을 비롯하여 영양상태, 질병유무와 약물복용, 음주 및 흡연, 환경호르몬이나 전자파에의 노출 등과 같은 요인들이 있으며, 근래에는 태내발달에 영향을 미치는 아버지 관련 요인들도 강조되고 있다.

(1) 모체의 연령

일반적으로 여성은 12~13세경에 생리를 시작하여 50세 전후까지 출산력을 가진다. 개인에 따라 차이는 있으나, 태아나 모체에게 있어 최적의 임신 및 초산연령은 일반적으로 20대로 나타나고 있다.

오늘날에는 여성들의 교육 수준의 상승, 사회참여 기회의 증가, 효과적인 피임

방법, 늦은 결혼, 불임시술의 발전 등으로 고령임신이 점차 증가하고 있다. 고령임신의 나이 기준에 대해서는 다양한 의견이 제시되고 있으나, 보통은 35세 이상으로 정의되고 있다(황지영, 2003).

Toohey와 그의 동료들(1988)은 산전합병증에 있어 모체의 출산경험보다 모체의 나이가 더 중요한 요인이며, 이러한 모체의 나이는 모체의 영양과 건강, 위생상태, 주거환경, 의료혜택, 문화, 유전적 요소보다도 임신과 출산에 더 큰 영향을 미친다고 하였다. 또 다른 연구에서는 산모의 연령이 증가함에 따라 모성사망률, 사산 및 신생아 사망률이 증가하고 다운증후군의 발생도 증가하는 것이 보고된 바 있다(Nortman, 1974). 한편, 10대 임신 또한 고령임신 못지않게 여러 가지 위험요소를 지닌다. 10대 임신은 부적절한 영양섭취, 임신 전의 불량한 건강상태 등의 요인과 흡연, 음주 및 약물남용 또는 성기감염 등의 요인과 관련되는 것으로 밝혀지고 있으며, 특히 15세 이하 임신의 경우는 신체적 미성숙으로 인하여 그 위험성이 더 증가된다.

10대 여성이 임신을 할 경우에는 모자보건차원에서 모체 자신에게 미치는 부작용과 함께 합병증 유발 가능성이 20대, 30대 여성의 경우보다 더욱 크다. 10대 임신으로 인한 합병증은 매우 심각한 문제로 임신성 고혈압, 빈혈, 자궁기능부전, 저체중아 출산, 선천성 기형, 신생아 사망률 증가 등이 있다.

(2) 모체의 영양

임신기간 중의 충분한 영양섭취는 태아뿐만 아니라 산모의 건강에도 필수적이다. 태아에게 필요한 영양소가 식사를 통해 보충되어야 하므로 무엇을 먹는가는 매우 중요하다. 최근에는 임신기간 중의 태아환경이 임신결과뿐만 아니라, 신생아가 어른이 되고 난 후의 만성질환 발생에도 영향을 미치는 것으로 발표되고 있다. 임신기간 중 단백질은 30%, 엽산은 100%, 칼슘과 인, 철분은 50% 정도가 평소보다 권장량이 증가한다. 그러므로 모체는 질이 좋은 식품을 선택하여 충분히 증가분을 섭취해야 한다.

임신 중 식사만으로 해결되지 않는 유일한 영양분이 철분으로 보충제가 필요하다. 특히 임신 중기부터는 태아가 모체의 철분을 흡수해 자신의 혈액을 만들기 시작하므로, 철분을 충분히 공급하는 것이 중요하다.

태내에서의 영양공급이 충분하지 못한 경우, 사산, 유산, 조산아나 미숙아가 태어날 확률이 증가하며(Newman & Buka, 1993), 출생 후 감기, 기관지염, 폐렴 등의 호흡기 질환에 감염될 확률도 높다(Berk, 1996). 또한 태내기는 뇌세포가 급격하게 증가하는 시기이므로, 두뇌발달을 위해서도 충분한 영양공급이 필수적이라 하겠다.

(3) 모체의 질병과 약물복용

모체의 질병은 태내 결함을 유발하는 중요한 원인으로 작용한다. 특히 임신 초기의 여성이 질병에 감염되면 태아가 선천성 심질환(U疾患), 백내장, 난청 등의 선천적 이상을 가지고 태어날 수 있다. 임부가 매독이나 임질 등의 성병에 감염된 경우에는 태아에게 심각한 위협을 줄 수 있는데, 감염된 태아의 30%는 출산 이전에 사망하며, 그렇지 않은 경우에도 기형아 출산이나 시각장애를 초래하기도 한다. 근래에는 후천적 면역결핍증(Acquired Immune Deficiency Syndrome: AIDS)의 원인이 되는 인체면역결핍 바이러스(Human Immune deficiency Virus: HIV)도 태아에게 감염되는 비율이 점차 증가하고 있다. 이는 태반이나 출산과정을 통해 감염되는데, 감염된 태아는 비정상적으로 작은 두개골과 얼굴기형을 보이게 된다. 이러한 결함은 임신 초기에 감염될 경우 더욱 심하다. 한편, 모체에게 안전한 약물도 태반을 통해 태아에게 전달되는 경우에는 위험할 수 있다. 임신 초기에 신경안정제인 탈리도마이드를 복용했을 경우, 해표상기형(phocomelia) 결함을 지닐 수 있다. 주로 구개파열, 작은 귀, 골반탈구, 소화기, 심장, 비뇨기의 기형과 같은 신체적 결함이나, 팔다리가 없거나 손과 발이 몸통에 붙어 있는 것과 같은 결함을 초래한다.

임신상태에서 피임약을 복용한 경우에는 복용하지 않은 경우에 비해 태아의 염색체 이상을 보이는 비율이 높다. 경구용 피임약 외에 질좌약도 지속적으로 사용할 경우, 출산결함이나 유산의 비율이 증가한다. 이 외에도 항생제는 청각결함을, 아스피린은 태아의 혈관장애를 유발할 위험이 있다. 헤로인 등과 같은 마약류는 청각결함, 심장이나 관절의 결함, 구개파열, 사지기형이나 행동장애를 유발한다. 코카인을 사용했을 경우, 성장지체나 사산, 출산과정에서의 문제(태반 조기딱리 등), 뇌손상, 생식기 이상, 갑상선 이상, 뇌출혈, 급성 심장발작을 유발하는 확률이 증가하고, 환경자극에 대해 적극적인 반응을 보이지 않으며, 그 영향이 지속적인 것으로 보고되고 있다(정옥분, 2002). 약물복용이 기형아 출산의 원인이 되기도 하지만, 모든 약이 기형을 유발하는 것은 아니다. 태반을 통과하지 않는 약이나 통과하더라도 태아에게 별다른 영향을 주지 않는 약들도 많은데, 이러한 약들은 임신 중에라도 안전하게 복용할 수 있다. 오히려 약물복용에 대한 막연한 두려움으로 인해 정작 치료를 받아야 하는 병을 갖고 있으면서도, 그 시기를 놓쳐 모체와 태아의 생명에 큰 위험을 초래할 수 있으므로 주의해야 한다.

(4) 모체의 음주 및 흡연

술의 주성분인 에틸알코올은 빠른 속도로 태반에 침투하여 장시간 영향을 미친다. 태아는 알코올에 매우 민감하게 반응하며, 소량의 알코올이라도 비정상적인 발달을 야기할 수 있으므로 임신 중에는 가능한 한 음주를 삼가는 것이 바람직하다.

알코올에 중독된 모체의 태아는 태아알코올 증후군(fetal alcohol syndrome)에 걸려 정신지체, 행동장애, 안면기형, 심장기형, 뇌기형, 척추 · 사지 · 비뇨생식기 기형을 나타내기도 한다. 이런 증후군의 태아는 출생 후 눈이 작고, 코 밑의 인중이 없고, 윗입술이 아랫입술에 비하여 현저히 가늘며, 미간이 짧은 특징을 보인다. 이러한 위험은 알코올 섭취량이 많을수록 증가하며, 정신지체를 가질 확률도 높아진다. 흡연은 저체중아 출산에 영향을 미치는 가장 대표적인 요인이다. 그리고 뇌결함, 작은 두개골, 구개파열이나 조산아가 태어날 확률이나 질병에 걸릴 확률도 증가한다. 또한 모체가 흡연을 할 때 니코틴이 태아의 혈중으로 들어가 호흡을 방해하므로 태아는 무호흡과 과호흡을 반복하게 되어 태아기 호흡교란이 나타나고, 혈중 일산화탄소 헤모글로빈의 양이 급격히 증가되면서 태아의 산소결핍을 초래한다.

흡연 시 부신호르몬의 수준이 급격히 상승하여 자궁과 태반 간의 혈관을 좁게 만들어, 결과적으로 태아에게 산소와 영양공급이 원활하게 이루어지지 못하게 된다.

실제로 임신기간 동안 흡연한 산모에게서 태어난 아이들을 오랜 기간 추적한 연구결과에서 뇌의 성장과 기능이 저하되어 있음이 보고되었으며, 임신 중 흡연이 신생아에게는 젖을 빠는 능력을, 1~2세 영아들에게는 언어발달과 운동기능을, 4~7세 유아들에게는 주의력을 저하시키고, 7~11세 아동들에게는 학습장애를 유발하는 등의 부정적인 영향이 발표된 바 있다(Eliot, 1999).

(5) 모체의 정서상태

모체가 느끼는 분노, 공포, 불안과 같은 정서적 스트레스는 자율신경계에 영향을 미쳐 부신호르몬의 분비를 촉진시키게 되며, 이는 태반을 통해 태아에게 영향을 준다. 스트레스에 반응하기 위해 분비되는 호르몬은 혈관을 수축시키고, 혈액의 흐름을 어머니의 자궁으로부터 다른 신체기관으로 전환시키게 되며, 이로 인한 태반 내 혈액량이 감소되어 태아에게 산소나 영양공급의 부족을 초래할 수 있다. 모체의 스트레스 수준이 높을수록 태아의 심장박동률의 변화가 심하게 나타나며, 또한 모체의 불안은 신진대사율을 증가시켜 저체중을 유도하거나, 불안을 극복하기 위해 이들 호르몬의 분비를 촉진시킴으로써 조산을 유발시키는 요인이 되기도 한다(Azar, 1999).

어머니의 정서상태가 태아에게 미치는 영향은 스트레스의 정도나 어머니의 체질, 태아의 유전형질이나 스트레스를 받은 시기에 따라 상이하지만, 스트레스는 흡연이나 음주, 영양결점을 초래한다는 점에서 더욱더 문제가 된다. 정서적으로 안정되지 못한 임산부에게서 태어난 영아는 과잉행동을 보이고, 성급한 성격적 특성을 지니며, 소화기 장애를 보이는 것으로 보고된 바 있다(Omer & Everly, 1988).

(6) 환경호르몬과 전자파에의 노출

환경호르몬이란 인간의 산업활동을 통해 환경 속에서 인위적으로 만들어진 화학물질이 몸 안에 들어가 진짜 호르몬인 것처럼 역할을 한다고 하여 붙여진 이름이다. 이러한 환경호르몬은 생체호르몬의 분비나 분해를 방해하거나, 생체호르몬이 들어가야 할 자리를 차지하여 각종 기형, 암을 유발하고 면역체계를 무너뜨린다.

최근 환경호르몬이 태반을 통과한다는 보고가 나오면서 모체와 태아에 미치는 환경호르몬의 영향에 대해 우려의 목소리가 높다. 미국의 심리학자 Jacobson 부부는 미국의 5대호 지방에서 폴리염화비페닐(PCB)과 다이옥신 등에 오염된 호수의 물고기를 먹은 어머니에게 출생한 아이들의 지능이 낮다는 것을 발견하였고, 모체의 혈액에 녹아 있는 PCB의 농도를 조사한 결과, 태아의 신경계 기능장애와 상관이 있는 것으로 발표한 바 있다(이원섭, 2000).

한편, 현대인은 여러 가지 이유로 가정생활이나 업무나 사적인 이유로도 수많은 전자제품을 사용하게 되며, 모체도 알게 모르게 전자제품을 사용하면서 전자파에 노출된다. 최근 몇몇 연구자들은 다른 정상인보다 많은 전자파에 노출된 모체는 유산 가능성과 기형아 출생 가능성이 증가한다고 보고하였으나, 최종적인 결론은 아직 유보상대다.

(7) 아버지 관련 요인

남성은 매일 수백만 개의 정자를 만들어 내고, 한 번 만들어진 정자는 80일 정도 체내에 머물게 된다. 이 기간 동안 정자가 유해물질에 오염되면 손상을 입게 되는데, 아버지의 음주, 흡연, 화학약품에의 노출은 정자에 부정적 영향을 주는 요인이라 할 수 있다. 임질, 매독성 질환이 있는 아버지로부터 임신되면 태아는 유산되거나 기형아가 되기도 하므로, 아버지가 될 남성의 질환과 건강은 어머니 못지않은 중요한 태내환경이 될 수 있다(고승벽, 2002).

남성의 흡연은 방출되는 정자의 수를 감소시켜 생산능력을 떨어뜨리는 요인으로, 흡연 남성의 자녀는 비흡연 남성의 자녀에 비해 뇌수종, 안면마비 등의 결함이 생길 확률이나 뇌암, 임파종, 백혈병에 걸릴 확률이 더 높은 것으로 보고되고 있다. 수정 전 남성의 음주습관도 영향을 미치는데, 심한 음주는 남성 호르몬인 데스토스테론의 수준을 낮추며, 결과적으로 불임과 관련이 있다(Merewood, 1998). 그리고 아버지가 특정한 화학약품에 노출된 직업을 가진 경우, 사산, 조산, 저체중아를 출산하는 비율이 높은 것으로 나타나고 있다(Brooks, 1991).아버지의 연령 또한 태아의 연령과 관련되어 있어서, 아버지의 연령이 20세 이하이거나 55세 이상인 경우 다운증후군의 위험이 급격히 증가되는 것을 볼 수 있다.

CHAPTER 6

신생아기

1. 신체적 발달

1) 신생아의 특징

출생 직후부터 생후 약 4주 동안의 아기를 신생아라고 부른다. 사람에 따라서는 신생아기를 생후 약 2주까지로 한정하기도 하지만, 아기가 새로운 환경에 적응하기 위해서는 대략 1개월의 기간이 소요되기 때문에 생후 4주까지 확대시키기도 한다.

갓 태어난 아기의 모습은 그다지 예쁜 모습이 아니다. 신생아의 피부는 얇고 쭈글쭈글하고, 분홍빛을 띠며, 끈적끈적한 태지(vernixcaseosa)로 덮여 있다. 눈꺼풀은 퉁퉁 부어 있고, 몸 전체는 솜털로 덮여 있다.

며칠이 지나면 솜털이 빠지고, 끈적끈적한 태지는 매일 목욕시킬 때 닦아주면 일주일 후에는 깨끗이 없어지고, 피부도 건조해진다. 피부와 안구가 노래지는 신생아 황달이 생후 3~4일경에 나타날 수 있는데, 원인은 간 기능이 미숙하기 때문이고 일주일 정도 지나면 사라진다.

신생아의 평균 신장은 출생 시 남아가 50.1cm, 여아가 49.4cm로 남아가 약간 크다. 평균체중 역시 남아가 3.4kg, 여아가 3.3kg으로 남아가 여아에 비해 약간 더 나간다. 출생 시 체중은 2.6~4.1kg 정도이면 정상 범주에 속하며, 첫 아이는 다음에 출생하는 아이보다 체중이 가벼운 경우가 많다. 보통 출생 당시 체중의 5~10%가 감소되며 생후 2주 말경부터 체중이 증가되기 시작한다. 체중의 감소원인은 외부 환경에 대한 적응의 어려움 때문이기도 하지만 태내에서 흡수한 수분이 빠져나가는 것도 한 원인이 된다. 생후 5일경부터는 체중이 다시 증가하기 시작하여, 생후 10일 정도 지나면 다시 출생 시의 체중을 회복한다.

신생아는 출생 시 머리둘레가 약 34cm로 가슴둘레보다 크다. 신생아의 가슴모양은 원통형으로 앞뒤와 좌우의 폭이 거의 같다. 첫돌 무렵에는 머리둘레와 가슴둘레가 같아지며, 그 이후부터는 점차 가슴둘레가 커지게 된다. 또한 신생아의 머리크기는 신장의 1/4로 상당히 크다. 신생아의 머리모양은 길쭉하거나 일그러져 보기 흉한 경우가 종종 있다. 이는 어머니의 골반을 통과할 때 받은 압박 때문이며, 보통 3주가 지나면 제 모양을 갖추게 된다.

아직 뼈가 덜 자라서 두개골이 이어지지 않아 말랑말랑한 숫구멍(fontanel)들이 있는데, 그 중 이마 위쪽에 위치한 대천문과 머리 뒤통수 쪽에 있는 소천문은 팔딱거리는 것을 볼 수 있다. 대천문은 1~2년 사이에, 소천문은 1년 이내 두개골의 결합으로 막히게 된다.

출생 시 뇌의 무게는 350g 정도로 성인 뇌무게(1,350g)의 약 26% 정도지만, 첫돌 무렵에는 성인 뇌의 60%(800g)로 급격히 증가한다(정옥분, 2002). 이는 출생 초기가 두뇌발달의 결정적 시기임을 말해주는 것으로, 두뇌발달이 순조롭게 이루어지기 위해서는 적절한 영양공급이 필수적이다.

신생아의 피부는 대단히 얇고 햇빛에 탄 것처럼 불그스레하며, 피부의 색소도 발달되어 있지 않다. 주름지고 탄력성이 부족한 피부에는 가늘고 부드러운 털이 돋아나 있으며, 눈은 감겨져 있는 것이 보통이다. 새로운 환경에 적응해야 하는 신생아들은 신생아기 동안 오히려 체중이 감소되는 현상이 나타난다.

2) 신생아의 신체발달

신생아는 스스로 산소를 흡입하고 영양물질을 흡수하며 체온을 조절해야만 생존할 수 있다. 신체적 적응과정은 다음과 같다

(1) 호흡

호흡은 출생 직후에 그 기능을 시작하며, 처음 며칠 동안은 완전하게 기능하지는 못하지만 신생아는 빠른 속도로 외계의 환경자극에 작용한다. 출생 즉시 신생아는 허파벽에 있는 공기 주머니를 팽창시켜서 산소를 흡입한다. 신생아의 기침과 재채기는 기도로부터 점액과 양수를 제거하려는 반사적 행동이다.

만약 출산 직후에 신생아가 울지 않는다면, 아직도 호흡을 하지 못하고 있다는 신호이므로 호흡을 시작할 수 있도록 응급처치를 실시해야 하며, 아기의 등을 가

볍게 문지르는 것으로 충분히 호흡하게 할 수 있으나 액체와 점액이 기도를 막고 있을지도 모르기 때문에 거꾸로 들고 궁둥이를 때려주기도 한다.

그러나 최근에 와서 호흡을 시키기 위한 거친 행동들이 지양되어야 한다는 소리가 높아지면서, 산소 호흡기를 사용하여 호흡을 하게 하기도 한다. 만약 신생아가 울지 않는 상태로 방치된다면, 신생아는 산소부족에 기인된 대뇌손상을 입을 가능성이 크다.

(2) 혈액순환

신생아의 심장은 이제 더 이상 태반으로 혈액을 보내지 않는다. 그 대신 혈액은 산소를 얻고 탄산가스를 제거하기 위해 허파까지 순환해야 한다. 신생아의 맥박은 1분에 약 140회 정도로 빠르나 혈압은 낮다. 신생아의 혈액량은 체중의 10~20%이며 비교적 많은 수의 적혈구와 높은 혈색소치를 갖고 있다. 생리적 황달은 모든 신생아의 55~70%에서 나타나며, 생후 2~3일부터 시작된 후 수일간 증가되다가 7일 이후에는 소실된다.

(3) 소화와 배설

태반을 통하여 영양물질을 공급받았던 태아는 이제 스스로 소화체계를 기능함으로써 영양물질을 섭취해야 한다. 최초로 분비되는 젖을 초유라고 부르며, 그 속에는 신생아에게 적합한 고단백 물질과 각종 질병에 대한 항체가 함유되어 있다. 적은 양의 젖을 자주 먹는 신생아들은 한번에 30~60cc씩 하루에 12차례 정도로 젖을 먹는다.

또한 배설의 횟수도 많아져, 처음에는 초록빛이 도는 까맣고 찐득찐득한 소위 태변을 배설하며 차차 노란색의 변을 보게 된다. 태변은 어머니의 자궁 속에서 삼킨 양수나 점액을 포함하고 있기 때문에 정상적인 변과 차이가 있다. 출생 후 약 8주까지는 보통 하루에 4~7회 정도로 배설하나, 그 이후에는 2회 정도로 감소된다. 신생아는 하루에 10~20회 정도로 소변을 보며 1회 소변량은 적다.

(4) 체온조절

어머니의 자궁 내에서의 태아체온은 어머니 신체의 체온조절에 의해 36.5℃를 유지하였다. 출산과 함께 갑작스럽게 추운 환경에 노출된 신생아는 약간 낮은 체온을 유지하나 8시간 정도 지나면 다시 정상으로 회복된다. 아직 순환작용이 완전하지 못해서 손과 발은 다른 부분보다 더 차고, 피부에는 지방층이 거의 형성되어 있지 않기 때문에 성인들보다 훨씬 빠르게 열을 잃으며 효과적으로 체온을 조절하지 못한다.

(5) 대뇌의 기능

대뇌는 크게 피질 영역과 피질하 영역으로 나누어질 수 있다. 대뇌피질은 지각, 기억, 사고와 같은 고등정신 기능을 통제하는 반면, 피질하 영역들은 불수의적이고 생명을 유지하는 기능을 관장한다. 출생시 이미 대뇌피질은 형성되어 있으나 그 기능은 대단히 미숙하다. 그 결과, 신생아의 행동은 피질하 영역의 통제를 받는다.

(6) 수면

신생아들은 하루 시간을 대개 수면으로 보내며 평균 18~20시간 동안 잠을 잔다. 그렇다고 해서 18~20시간을 계속해서 자는 것은 아니며, 짧은 각성 기간으로 분리된 약 2~4시간의 선잠을 자는 성향이 있다

2. 반사행동

반사(reflex)란 밝은 빛을 비추면 눈을 깜박이는 것과 같이, 외부자극에 대한 무의식적이고 자동적인 반응을 말한다(Snow & McGaha, 2003). 신생아는 외부자극에 대해 여러 가지 반사행동을 보이는데, 반사행동에는 생존반사와 원시반사의 두 종류가 있다.

1) 생존반사(survival reflex)

생존반사는 신생아의 생존에 필요한 것으로 호흡반사, 눈깜박거리기반사, 빨기반사, 삼키기반사, 근원반사(먹이찾기반사), 동공반사, 위축반사 등이 있다. 생존반사는 유해한 자극에 대해 보호기능을 할 뿐만 아니라, 신생아의 기본 욕구를 충족시키는 기능도 한다(Bowlby, 1988). 대표적인 생존반사로는 다음과 같은 것들이 있다(강문화 외, 2004).

① **빨기반사** : 무엇이든 입술에 닿으면 힘차게 빨려고 하는 행동이다. 무의식적인 빨기반사는 생후 1년경부터 사라지기 시작하며, 이후에는 의식적으로 빨게 된다. 빨기반사는 삼키기반사와 호흡이 동시에 이루어져야 하는 상당히 복잡한 반사다.

② **근원반사**(먹이찾기반사) : 먹이찾기반사는 신생아의 볼과 입 주위를 자극하면 그 자극물을 향해 고개와 입을 돌리는 반사다. 입에서 먼 뺨에 자극물을 갖다 대어도 필사적으로 먹이를 찾아간다. 출생 시부터 존재하는 이 반사의 기능은 신생아가 젖꼭지를 찾을 수 있도록 하는 것이며, 생후 9개월경 사라진다.

③ **기침, 재채기, 하품반사** : 기침반사, 재채기반사, 하품반사 등은 호흡과 관련된 생존반사다. 기침반사와 재채기반사는 기도를 깨끗이 하는 기능을 하며, 하품반사는 한번에 다량의 산소가 요구될 때 산소를 공급하는 기능을 한다.

2) 원시반사(primitive reflex)

원시반사는 신생아의 생존과는 관계가 없는 반사로, 인류의 진화과정의 흔적으로 보인다. 원시반사는 대부분 수개월 이내에 사라지는데, 이는 대뇌피질이 발달함에 따라 신생아의 반사운동이 점차적으로 의식적, 자발적 행동으로 대체되기 때문이다. 원시반사가 기능적인 가치는 별로 없다 하더라도 발달상태를 평가하는 데에는 매우 유용하다. 만약 이러한 반사운동이 출생 시 나타나지 않거나, 수개월이 지나도 사라지지 않으면 신경계통에 어떤 문제가 없는지를 살펴보아야 한다. 신생아가 보이는 대표적인 원시반사에는 다음과 같은 것들이 있다(정옥분, 2002).

① **모로반사**(moro reflex) : Moro가 발견한 반사행동이다. 갑자기 큰 소리를 내거나, 신생아를 안고 있다가 갑자기 내려놓으면 팔은 활 모양으로 휜다. 또한 신생아를 똑바로 눕힌 채 누운 자리 근처를 양쪽에서 세게 두드리면, 팔을 쭉 벌리면서 손으로 무엇인가를 잡으려고 하는 것 같은 자세를 취한다.

② **바빈스키반사** : Babinski가 발견한 반사행동이다. 신생아의 발바닥을 발꿈치에서 발가락 쪽으로 간질이면 엄지발가락을 구부리는 반면, 다른 네 발가락은 부채처럼 쫙 펴는 반응을 보인다.

③ **수영반사**(swimming reflex) : 신생아를 물속에 넣으면 물 위에 뜨기 위해 적절한 팔다리 운동과 호흡을 한다.

④ **파악반사** : 신생아의 손바닥에 어떤 물건을 쥐어주면, 그것을 빼내기 힘들 정

도로 꼭 쥐는 반응을 보인다. 나무에 매달리는 원숭이의 파악행동을 예로 들면서 파악반사를 인류 진화과정의 잔존물로 해석하는 학자도 있다.

⑤ 걸음마반사(stepping reflex) : 신생아의 겨드랑이를 잡고 살짝 들어올려 바닥에 발을 닿게 하면 걸어가듯이 무릎을 구부려 발을 번갈아 땅에 내려놓는데, 이것을 걸음마반사라고 한다.

3. 신생아 돌보기

1) 안전유지

아기를 엎어 재우든 반듯하게 눕혀 재우든 모두 괜찮으나, 아기의 얼굴이 천정을 향하여 반듯하게 재울 경우, 아기가 토하거나 젖을 넘기면 기도로 흡인될 가능성이 있다. 이와 반대로 아기를 엎어 재우면 코와 입이 침요 같은 것으로 막혀 질식할 수 있다. 그러므로 아기를 옆으로 눕혀 재우는 것이 가장 이상적이다. 질식예방을 위해 베개와 푹신한 침구는 사용하지 말아야 한다.

수유 후에는 반드시 트림을 시키고 오른쪽으로 눕히며, 만약 젖을 토하거나 게워낼 때는 신생아를 엄마의 손바닥 위에 엎어놓고 신생아의 등을 살짝 두들겨(3~4회) 입안에 고인 것을 모두 뱉어 내게 한다.

1~2시간 간격으로 눕힌 위치를 바꾸어 주는 것이 신생아의 두개골을 균형 잡히게 한다. 이때는 귓바퀴의 모양도 살펴서 손으로 잘 펴주어야 한다. 신생아를 혼자 놔두거나 어린 아동들끼리만 한 방에 있도록 하는 일이 없어야 하며, 구토와 발열 증상은 조기에 발견해야 한다. 신생아를 안을 때는 머리에서 척추에 이르는 선이 일직선이 되도록 유지시키면서 안아야 안전하며, 신생아가 편안해 한다. 신생아가 자신의 얼굴을 할퀴지 않도록 손싸개를 씌우거나 옷소매를 길게 하여 가려 준다.

2) 목욕

신생아는 대소변을 자주 보며 신진대사가 활발하여 피부 분비물이 많으므로 하루에 1~2회 정도 따뜻한 물에 목욕을 시켜야 한다. 특히 밤에 울며 자주 보채는 아기는 잠자기 전에 목욕을 시켜주면 잠을 잘 잔다. 목욕물의 온도는 38~40℃ 정도가 적당한데, 물에 손목이나 팔꿈치를 담그어 보아 따스하다는 느낌이면 좋다. 아기에게 목욕을 시키는 장소는 아기의 체온보호를 위해 바람이 들어오지 않고 따뜻해야 하며, 목욕시간은 5분이 넘지 않는 것이 좋다. 아기를 목욕시키고 있는 상황에서는 전화 받는 행동이나 대문을 열어주는 행동 등 아기목욕 외의 일은 일체 하지 말아야 한다.

아기의 눈 속, 코 속, 귀 속, 입안은 닦지 않고 겉만을 닦아준다. 비누는 자극성이 없는 중성이나 약산성 비누를 사용하고 비누기가 없도록 깨끗이 헹구며, 피부 사이(목, 사타구니, 귓바퀴, 손·발가락)에 물기가 남지 않도록 잘 닦아준다.

목욕은 청결 외의 목적도 성취할 수 있는데, 아기를 목욕시키는 동안 엄마와 아기 사이에 애착과 결속이 잘 형성되고, 엄마는 아기의 신체에 어떤 이상이 있는지를 살펴볼 수 있다.

3) 손톱발톱 깎기

손·발톱은 손과 발을 움직이지 않도록 누르면서 조금씩 꼼꼼히 깎아 준다. 손·발들이 자라서 2~3mm 정도가 되었을 때 깎아 주고, 너무 바짝 자르지 않는다.

4) 제대관리

배꼽(탯줄)이 아직 안 떨어진 아기는 목욕 후 완전히 건조시킨 다음, 70% 알코올을 묻힌 솜으로 배꼽을 소독해 주어야 한다. 이렇게 배꼽을 닦아주면서 배꼽부위에서 이상한 분비물은 없는지, 피부가 빨갛게 되고 열감이 있는 것은 아닌지, 악취가 나지는 않는지 등을 확인해 보아야 한다. 위생관리를 잘 해준 배꼽은 생후 1~2주일쯤 되면 저절로 떨어지게 된다.

5) 모유수유

여러 가지의 이유로 아기에게는 모유가 가장 좋다. 모유에는 아기의 발육에 필요한 영양소가 골고루 들어 있다. 특히 출산 직후부터 약 1주일간 분비되는 초유에는 병에 대한 면역성분이 많이 함유되어 있으므로, 저항력이 약한 신생아에게 꼭 먹이는 것이 좋다. 엄마의 젖은 소독할 필요도 없으며, 경제적이고 시간적으로도 도움이 많다. 따라서 산모에게 병이 있거나 아기가 젖을 빨 수 없는 상태 등의 부득이한 경우를 제외하고는 아기에게 모유를 먹이는 것이 가장 이상적이다.

모유수유 시 산모는 비누로 손을 깨끗이 씻고 편안하게 앉아서 신생아를 안고 아기의 상체를 약간 올려 준다. 젖을 조금 문지른 후에 손가락으로 젖무리를 쥐고 젖을 짜서 신생아의 입술에 몇 방울 떨어뜨려 입안을 적신 후에, 유두를 입속에 넣어주고 젖을 먹는 동안에는 아기를 쳐다본다.

아기들은 보통 3시간 간격으로 15~20분간 빠는데, 아기마다 수유특성이 다르므로 아기의 요구에 맞추는 것이 좋다. 아기의 수유가 완전히 끝나면 아기를 안고 아기의 등을 부드럽게 쓸어 주어 트림을 시키고, 유방에 젖이 남아 있을 때에는 손으로 모두 짜내어 유방을 비움으로써 유즙분비를 촉진시킨다.

아기는 엄마 젖을 빠는 동안 빠는 요구나 성장발달에 필요한 정서적 요구를 충족할 수 있고, 엄마는 여자로서의 긍지와 자부심을 느끼게 되어 모아 애착형성도 쉽게 이루어질 수 있다. 모유수유 시 엄마가 약물을 복용하면 모유를 통해 아기에게 약물이 전달될 수 있으므로, 약물복용은 의료인과 상의하는 것이 좋다. 또 엄마가 전염병을 앓거나 유방에 염증이 있을 경우는 아기에게 모유를 먹이지 않는다.

6) 혼합영양 및 인공수유

여러 가지 피치 못할 사정으로 아기에게 모유를 먹이지 못할 때, 모유와 인공우유를 섞어 먹이거나 인공우유만을 먹일 수밖에 없다.

어머니가 직장생활을 하는 경우는 낮에는 우유를 먹이고 아침과 저녁에는 모유를 먹이는 방법이 있다. 그러나 이 경우에도 모유를 지속적으로 먹일 수 있는데, 어머니가 직장에서 모유를 짜서 냉장보관을 했다가 집에 가져가는 것이다. 모유를 냉장보관했을 경우는 48~72시간, 냉동보관했을 경우는 2주일까지 보관이 가능하므로 어머니가 직장에 있는 동안에도 집에서는 아기에게 모유를 젖병에 담아 체온 정도로 데워서 먹일 수 있다.

인공영양 시 가장 중요한 점은 아기가 설사하지 않도록 우유병 소독을 철저히 해야 한다는 것이다. 우유병과 젖꼭지는 우유 찌꺼기가 남지 않도록 깨끗이 세척하여 끓는 물에 20분간 소독해야 하는데, 이때 우유병과 젖꼭지가 끓는 물속에 잠겨야 소독이 제대로 된다.

7) 기저귀

소변이 잘 흡수되고 증발이 잘 되는 무명이나 가제로 된 기저귀가 좋다. 기저귀를 채울 때도 고무줄보다는 기저귀용 안전핀이 좋으며, 고무줄을 사용할 경우는 헝겊으로 싸여진 고무줄을 사용해야 한다. 기저귀 커버는 채우는 것보다 밑에 깔아 주는 것이 좋다.

대변 본 기저귀를 갈아 채울 때는 앞에서 뒤쪽 방향으로(특히 여아일 경우) 닦아 주는 것이 대변으로 인한 요도염이나 방광염을 방지할 수 있다. 회음부를 따뜻한 물로 적신 천으로 깨끗이 닦고 말려 준다. 이때 변의 상태를 살펴야 한다. 무명이나 가제로 된 기저귀를 세탁할 때는 기저귀에 묻은 대변을 떨어낸 후, 물에 담가 두어 소변기를 제거하고서 고형비누로 문지른 다음 삶아 맑은 물이 나올 때까지 헹구어 햇볕에 널어 말린다.

요즘은 일회용 기저귀가 많이 나와 있어 매우 편리해졌으나, 경제적인 이유로 소·대변을 여러 차례 볼 때까지 안 갈아주므로 아기의 피부가 빨갛게 되고 벗겨지는 기저귀 발진이 생기기 쉽다. 또 환경오염의 문제도 유발하므로 일회용 기저귀보다는 면 기저귀를 사용하는 것이 더 좋다. 기저귀 발진이 생겼을 경우에는 아기의 둔부와 회음부를 깨끗이 씻기고 잘 말린 다음, A&D 연고를 발라 주거나 기저귀를 채우지 않고 둔부를 공기 중에 노출시킨다.

8) 울음

갓난아기가 울게 되면 처음으로 아기를 키우는 엄마는 당황할 수도 있다. 그러나 아기가 운다고 언제든지 크게 걱정할 필요는 없다. 아기의 울음소리는 아기의 유일한 언어(말)이다. 기저귀가 젖어 있을 때, 위장에 가스가 차서 배가 아플 때, 물이 먹고 싶을 때, 배가 고플 때, 어딘가 아플 때 아기는 소리 내어 운다. 아기가 점점 더 자라나면 엄마는 아기의 울음소리만 들어도 아기가 아파서 우는지, 배가 고파서 우는 지를 분간할 수 있다.

아기가 울면 먼저 기저귀를 살펴보고, 그 다음에는 젖을 물려 보거나 끓여서 식힌 보릿물을 젖병에 담아 먹여 본다. 그래도 울음을 그치지 않으면 온몸을 벗기고 세심하게 살펴보고, 아기를 안고 다독거려 본다. 가스로 배가 아파 울 때는 엄마 손바닥 위에 아기의 배가 닿도록 엎어 눕힌 다음, 엄마의 상체에 밀착시킨 자세로 달래 준다.

9) 정서적 자극

아기를 품에 안고 젖을 먹이면서 다정한 미소로 어르거나, 눈을 맞추고 자장가를 불러 주는 등 아기의 감각을 적절하고 섬세하게 자극하는 엄마의 행동은 아기가 밝고 건강하게 자라는 데 매우 중요하다. 아기를 안아 주고 토닥거려 줌으로써 부모의 사랑이 피부를 통해 전달되어 아기가 정서적으로 안정감을 가지게 된다.

Part **3**

영유아기발달

CHAPTER 7

신체 및 운동발달

1. 신체적 발달

1) 신체발달의 특징

영아기는 일생 중에서 신체발달이 제일 급속하게 이루어지는 시기이며, 성장비율의 속도는 초기 6개월 동안이 가장 빠르다. 영아기의 급성장을 '성장급등현상'이라고 부르며, 일생 동안 영아기와 사춘기에 두 번 나타나기 때문에 영아기를 제 1성장, 급등기 사춘기를 제 2성장급등기라고 한다. 성숙관점에서 영아는 백일을 기짐으로 발날의 전환점을 맞게 된다. 이 무렵이 되면 영아는 신생아의 모습은 사라지고, 얼굴과 신체가 변화하면서 귀여운 아기의 모습이 나타나게 된다. 영아기의 신체발달은 먼저 머리에서 발끝으로 발달하는 두미의 원리와 몸의 중심부에서 말초부로 발달하는 근원의 원리에 따라 성장하게 된다. 따라서 두뇌와 몸통이 먼저 성장하고, 그 다음에는 팔다리, 그리고 손발의 순서로 발달이 진행된다. 다시 말해서, 아동의 신체기능발달은 세 가지 원리에 의해 진행된다.

(1) 상부에서 하부로의 발달(top-to-bottom development)

아기들은 먼저 머리를 발달시킨다. "Cephslocaudal principle"(그리스-라틴어원에서 나온 것으로 "머리부터 발끝까지"임)은 발달이 머리에서 신체의 더 낮은 부분으로 진행된다는 것을 가르킨다. 아기는 자기 몸의 상체부분을 사용하는 것을 배운 다음에 하제부분의 시용을 배운다. 아기들은 몸체를 조정할 수 있기 전에 사물을 볼 수 있다. 또한 손으로 무엇을 잡을 수 있게 된 후에야 걸을 수 있게 된다.

(2) 내부에서 외부로의 발달(inner-to-outer development)

아기는 손을 의도적으로 사용할 수 있기 전에, 팔을 아주 능숙하게 움직일 수 있다. 이것은 자궁 내에서 이미 시작되었던 것으로 발달의 두 번째 원리이다. "Proximodistal principle"(라틴어원 "가까이에서 멀리")에 따르면, 발달이란 신체의 중심부분에서 바깥 부분으로 진행된다. 그래서 태아의 머리와 몸은 손이나 발보다 먼저 발달하며, 팔과 다리가 발달한 뒤에 손가락과 발가락이 발달한다. 아기들은 먼저 그들의 상박과 대퇴부를 사용하는 능력을 발달시킨다. 그런 다음에 하박과 정강이를, 그리고 손과 발을, 마지막으로 손가락과 발가락을 사용할 수 있게 된다.

(3) 단순한 발달에서 복잡한 발달(simple to complex development)

발달의 세 번째 법칙은 명백하지만 심오한 것이다. 신체적이건 다른 것이건 간에 실제로 모든 기술을 획득하는 데 있어서, 우리는 단순한 것에서 복잡한 것으로 진행한다는 것이다. 성숙은 분명히 예정된 과정을 따른다. 비록 개개 아기들이 특정 이정표에 도달하는 시기는 매우 다를지라도, 아이가 서거나 말할 수 있게 되는 정확한 연령은 없다. 거의 모든 아이들이 보다 단순한 움직임과 활동에서 더 복잡한 활동이라는 일정한 순서로 진행한다. 그래서 발달은 우연하거나 특이한 것이 아니다. 오히려 모든 인간에게 유사한 어떤 논리적인 흐름을 따라 진행하는 것이다.

2) 신체적 발달의 성장

(1) 신장

영아의 신장은 영아의 체중에 비해 성장속도가 느리다. 영아는 첫 1년간 신장이 약 50% 증가하며 평균 25~30cm의 성장을 보인다. 만 4세가 되면 출생 시 신장의 약 2배가 되는데, 유전적으로 키가 작은 아이는 출생 시 키가 크다 하더라도 출생 후에 신장 증가율이 감소하는 편이며, 반면 출생 시에 키가 작았더라도 유전적으로 키가 큰 아이는 출생 후 신장 증가율이 오히려 증가하게 된다. 이러한 변화는 주로 출생 후 3~6개월 사이에 나타나게 되는데, 연령에 따라 일정한 형태를 갖추기는 하지만 유전적 요인이 영향을 미쳐서 개인별 차이가 있기도 하고, 영양소나 독성물질의 공급에 의하여 개인차가 나타나기도 한다. 현재 우리나라 남아의 신장평균을 52.0cm, 여아의 평균 신장은 51.0cm이다. 신장의 발육은 2세 안에 성장기가 특히 크게 나타나며, 나이가 낮을수록 그 정도가 크다.

(2) 체중

출생 직후에는 아기의 체중이 감소하는데, 이는 체액의 손실과 아기 몸 안의 일부조직에서 이화작용이 일어나기 때문이다. 현재 우리나라 남아의 평균 출생 시 체중은 3.5kg, 여아의 평균 체중은 3.3kg이다. 따라서 남아가 여아보다 무겁다. 약 10일 정도가 지나면 출생 시 체중으로 다시 회복되고 다시 빠른 체중증가가 일어난다. 그리고 보통 4개월경까지는 하루 20~25g씩, 그 이후 1세까지는 하루 15g의 체중증가가 일어나는 편이다. 따라서 4개월경에는 1.5배 정도 되고, 1살 정도 되면 3~3.5배 정도 증가한다. 2살이 되면 3.5~4배 정도가 된다.

즉, 신체발달의 결정적 시기인 생후 6개월을 포함한 영아기의 신체의 성장은 일생 중 가장 급속도로 이루어지는 시기로, 생후 1년이 되면 몸무게는 출생시의 3배가 되고 키는 1.5배가 된다. 출생 시 신생아의 키는 약 50cm이던 것이 1년이 되면 75cm가 되고, 2년이 되면 85cm 정도로 자라게 되어 성인키의 반이 된다. 4세가 되면 키가 출생 시 두 배가 된다. 이것은 다른 부분이 급속도로 성장하기 때문이다. 출생시 키의 1/3이던 다리가 성인이 되면 반이 된다. 몸무게는 태어날 때에 약 3kg이 조금 넘지만 3~4개월이 되면 출생시의 2배, 1년이 되면 3배, 2년이 되면 11~12kg으로 성인의 1/5내지 1/6이 된다.

신체의 모든 부위가 똑같은 비율로 성장하는 것은 아니기 때문에 영아의 신체비율은 급격히 변한다. 바꾸어 말하면, 신체의 각 부분은 다른 시기에 다른 비율로 성장한다. 수태에서 출생까지는 머리부분이 가장 빠른 속도로 성장해서 신생아의 머리크기는 성인의 70%에 이르고, 출생 후 첫 1년간은 몸통이 가장 빠른 성장을 보여서 이 기간에 증가한 신장의 60%에 해당된다, 출생 후 1년부터 청년기에 이르는 동안에는 다리가 가장 빠른 속도로 성장하여, 이 기간 동안 이루어진 신장 증가량의 60% 이상이 된다.

신생아는 머리크기가 신체에서 차지하는 비율이 1/4이나 되기 때문에, 얼른 보면 머리만 있는 것처럼 보인다. 출생 시 머리의 크기는 신장의 1/4를 차지하지만, 첫 2년간 신체의 다른 부분이 성장해서 두 돌 무렵에는 신체의 1/5이 되고, 성인이 되면 1/8이 된다. 출생 시에 신체에 비해 머리가 큰 것은 두미(cephalocadual)발달의 원칙 때문이다.

또한 근원(proximodistal)발달의 원칙에 의해서 몸통이 먼저 성장하고, 그 다음 팔다리, 그리고 손발의 순서로 발달이 이루어진다. 따라서 신체비율로 볼 때, 신생아의 신체에서 가장 작은 비율로 차지하는 부위는 머리와 신체 중심부로부터 가장 멀리 떨어져 있는 부위, 즉 발이다. 성인이 되면 발의 크기는 출생 시의 5배가 된다.

연령이 어릴수록 성인에 비하여 골격이 작으며 비율, 형태, 구성도 다르다. 영아기부터 뼈의 조직이 연골에서 점차 경골화되어 가며, 뼈의 크기와 수도 증가하며, 구성조직도 변화한다. 뼈가 단단해짐에 따라 외관도 튼튼해지고, 내부기관도 보호된다. 그리고 골격의 발달은 몸의 자세를 결정할 뿐만 아니라, 운동발달에도 중요하게 작용한다.

영아의 두개골에 있는 6개의 천문(또는 숫구멍)은 아직 경골화되지 않아 연한 조직으로 되어 있다. 그 중 외부에서 관찰할 수 있는 천문은 앞 이마 위에 위치하고 있는 대천문과 이마 뒷부분에 있는 소천문이다. 대천문은 팔딱팔딱 뛰고 만지면 말랑말랑하며 생후 18~24개월 사이에 닫히고, 대천문보다 훨씬 작은 소천문은 생후 4~8개월만에 닫힌다. 두개골뿐만 아니라 다른 뼈들의 경골화 작용도 12~13세경에는 거의 완료된다. 그러나 골격의 발달시기나 비율은 신체부위나 개인에 따라서도 차이가 있을 수 있다.

뼈의 수와 크기도 영아가 성장하면서 증가한다. 생후 12개월경 손과 손목은 3개의 뼈로 구성되어 있으나 성인이 되면 28개로 증가한다. 영아의 뼈는 유연하기 때문에 어떤 손상을 입어도 회복이 빠르고, 그것이 영구적이지는 않으나 연골은 압력에 대한 저항이 적어 모양이 쉽게 변형된다. 따라서 그대로 두면 변형된 상태로 고정되므로 주의해야 한다.

근육의 발달은 몸무게의 발달과 거의 같은 속도로 이루어진다. 출생 시 근육섬유의 수는 성인과 같지만 조직의 크기나 길이는 작아서 성인기까지 계속 발달한다. 생후 1년까지는 영아는 신체의 수의 근육(voluntary muscles)이 완전히 발달되지 않은 상태이므로, 신체활동에 빨리 피곤을 느끼지만 반면에 회복도 빠르다. 2세경이면 근육조절능력은 뇌의 발달과 연합되어 운동기능을 더욱 가속화시킨다.

근육에 따라 성장속도가 다르고 대근육이 소근육보다 일찍 발달하며, 근육의 신체비율도 남아가 여아보다 크다.

치아는 태아기부터 턱 속에 형성되며, 유치의 발생시기는 개인차가 있으나 일반적으로 출생 후 6개월경에 나타난다. 치아는 유치와 영구치가 있으며, 완성된 유치의 수는 20개이고 영구치는 32개이다. 유치는 제일 먼저 아래 가운데 앞니 2개가 먼저 나오고, 약 2~3개월 간격으로 가운데 윗니와 위아래 양쪽 간니 2개가 나온다.

생후 2년 6개월을 전후하여 20개의 유치가 모두 나와서 성인이 먹는 음식을 잘 먹을 수 있게 된다. 유치가 나오는 순서가 불규칙하거나 아랫니보다 윗니가 먼저 나오는 경우에는 턱의 위치를 바꾸어 놓기 쉬워, 얼굴 아랫부분의 형태에 영향을 주고 영구치를 치선 밖으로 나오게 한다. 유치는 크기가 작고 조직이 연할 뿐만 아니라, 뿌리도 얕게 박혀 있어서 영구치로 대치되기 전에 충치가 되기 쉽다. 따라서 그 보존관리에 주의를 기울여야 한다.

2. 생리적 기능

영아기 동안 수면시간이 극적으로 감소하고, 수면 상태에서도 변화가 나타난다. 영아기에는 젖을 떼고 이유식을 시작해야 하며, 배변훈련도 이때 시작해야 한다.

1) 수면

신생아는 하루 중 대부분의 시간 동안 잠을 자지만, 수면양상이 밤에 자고 낮에 깨어 있는 성인들과는 달리 하루 24시간을 밤낮의 구별 없이 일정한 간격으로 자고 깨고 한다. 그러다가 생후 6개월이 되면 대부분의 영아들은 점차 밤에는 자고, 낮에는 깨어 있는 성인의 수면 양상을 보이게 된다. 그래도 하루에 3~4회 정도는 낮잠을 잔다. 영아기 동안 수면시간도 극적으로 감소하는데, 생후 1개월간 하루 18시간의 수면에서 2세가 되면 12시간으로 감소한다. 이와 같은 수면시간의 감소는 출생 시 미성숙했던 뇌가 출생 후 첫 1~2년간 빠른 속도로 성장한 결과이다.

뇌가 성장한 결과는 수면상태의 변화에서도 볼 수 있다. 뇌의 성숙으로 인해 REM(Rapid Eye Movement) 수면의 비율이 감소한다. 신생아기 때 50%가 REM 수면이던 것이 3개월이 되면서 40%로 감소하고, 두 돌 무렵에는 30%로 감소하며, 성인이 되면 20% 정도가 된다. 많은 양의 REM 수면은 뇌의 발달을 촉진시킨다.

영아가 잠을 자지 않고 보챌 때에는 공복감, 복통, 질병, 기저귀가 젖었을 때와 같이 신체적으로 불편한 경우가 많으므로, 그 원인이 무엇인지 빨리 알아보고 대처하도록 해야 한다. 밤낮을 거꾸로 해서 낮에 자고 밤에 자지 않는 경우에는 낮에 잠을 자지 않도록 유도하고, 저녁에 잠자리에 들기 전에 목욕을 시키고 수유를 하거나, 이야기를 들려주는 방법도 효과적이다.

2) 수유와 이유

영아기의 빠른 신체적 성장은 영아가 섭취하는 영양소에 의한 것이다. 영양이 적절하지 않으면 영아의 신체발달뿐만 아니라, 인지적·사회적 발달 또한 순조롭게 진행되지 못한다. 모유는 신생아와 영아의 성장과 발달에 가장 적합한 식품으로, 영아에게 가장 좋은 음식은 모유라고 한다. 모유를 먹는 영아는 감염성 질병에 대한 면역을 갖게 하며, 비만을 예방하며, 알레르기에 대한 안전성을 갖는다. 또한 모유로 자란 아동은 건강한 치아를 가질 가능성이 더 높다.

생후 5~6개월이 되면 모유만으로는 아기의 발달에 충분한 영양을 공급해 줄 수 없으므로, 젖 이외의 음식을 제공해 주는 것이 필요하다. 젖을 떼고 젖 이외의 반고형 음식을 먹이는 것을 이유라 한다. 이유를 시도하는 시기는 아기의 발육이나 건강상태 등을 고려해야 하며, 강제로 젖을 떼거나 조급하게 서둘러서는 안 된다. 아기가 질병에 걸려 있거나 식욕이 없는 여름철에는 시작하지 않는 것이 좋다. 이유식은 젖을 먹은 후보다는 젖을 먹기 전에 먼저 주도록 하며, 이유식의 양은 점차 늘려가고 젖은 줄여 나가도록 한다. 이때 주의해야 할 점은 영아의 소화기관에 부담을 주는 이유식을 피하고, 영양소가 골고루 함유되어 영양실조가 되지 않도록 해야 한다는 것이다.

3) 배설과 배변훈련

검고 끈적끈적한 신생아의 태변은 3~4일이 지나면 누런색의 보통 변으로 변한다. 대변과 소변을 통제할 수 있는 근육과 신경의 미성숙으로 인해 생후 6~7개월 이전에는 직장이나 방광이 꽉 차면 반사적으로 대소변을 배설하게 된다.

6~7개월이 지나 대소변을 통제하는 근육이나 신경이 발달하더라도 뇌에서 이를 통제할 수 있는 것은 아니다. 대변은 약 13~15개월경이면 가리게 되고, 소변은 20개월 정도가 되어 가릴 수 있다. 대소변 가리기는 영아의 건강상태나 정서상태에 따라 차이가 나기 때문에 무리하게 강요하는 것은 좋지 않다. 아기가 혼자 일어서고, 앉고, 걸을 수 있을 때가 배변훈련을 하기에 적절한 시기이다. 말을 알아듣고 모방을 좋아하며, 배설활동에 흥미를 느낄 때가 효과적이다. 얼굴표정이나 행동을 세심하게 관찰하여, 대소변이 마려운 시점에 아기가 좋아하는 변기에 앉혀주는 것이 효과적이다. 잘한 경우에 칭찬을 해주는 것은 바람직하나, 실수를 했을 때 벌을

주는 것은 부작용을 유발할 수 있다. 특히 규칙적으로 대변을 보지 않거나 밤에만 대변을 보는 경우에는 일찍 배변훈련을 하는 것이 불가능하며, 2~3세경이 되어 말귀를 알아들을 수 있을 때까지 기다리는 것이 효과적이다.

비록 대소변을 가릴 수 있다 하더라도 4~5세까지는 실수를 하는 경우가 많다. 특히 소변의 경우 낮에는 2세 55%, 3세 84%, 5세경에는 95% 정도의 성공률을 보이나, 밤에도 통제가 가능한 비율은 2세경에는 41%, 3세경에는 66% 정도로 낮으며, 7세경이 되어서야 90%까지 통제가 가능하다. 피곤하거나 긴장하였을 때, 잠들기 전에 수분이 많은 과일이나 음료수를 마셨을 때는 실수를 하기 쉽다. 그러므로 잠들기 전에는 가능한 한 음료수를 자제하고, 미리 용변을 보고 편안한 마음으로 잠들 수 있게 해주어야 한다. 또한 동생을 보았을 때에는 퇴행현상으로 대소변 가리기를 거부하는 경우도 있다. 이러한 퇴행행동은 어머니가 미리 충분한 관심을 보여 줌으로써 해소할 수 있다.

3. 운동기능의 발달

영아가 신체가 성장함에 따라 환경을 조작하는 능력도 급속하게 성장한다. 신체 조작의 성숙과 감각기능의 발달의 신생아기에 나타나던 단순한 반사운동이 사라지고 머리와 몸통의 통제, 손의 조절능력, 보행운동능력이 발달한다. 영아기의 운동발달은 영아가 자신의 움직임을 자발적으로 통제하는 것부터 시작한다. 원칙적으로 영아의 초기의 앉고, 서고, 기는 등의 운동발달은 주로 중추신경, 골격 및 근육의 성숙과정에 의존하지만, 또한 환경과 상호작용적 요인도 영향을 미친다. 영아가 특정 행동을 수행하기 위해서는 먼저 생리학적으로 그 행동을 해낼 수 있는 능력이 갖추어져야 하며, 또 그 행동을 표현할 수 있는 환경이 필요하다. 운동발달은 주위 환경 속에 있는 여러 가지 사물에 접하고 탐색하며, 경험하는 세계를 더욱 넓혀나갈 수 있다. 그리고 다른 사람과 관계를 맺으며 사회생활을 전개시켜 가는 데 중요한 역할을 한다.

1) 이행 운동

영아기의 이행발달은 대부분 머리를 들어올린 다음 가슴 들기를 하고, 그 다음 단계로 구를 수 있게 된다. 또한 팔은 다음에 쥐는 것이 가능하다. 또한 앉기, 기기, 서기의 순서로 발달한다. 부모는 영아의 운동발달을 촉진시키기 위해 자극하여 줌으로써 운동기술발달을 가속화할 수 있다. 이 시기 영아의 운동발달은 지각, 인지 및 사회기능의 발달과 병행된다. 출생 초기 아이는 근육이 매우 약하며 운동능력은 잘 분화되진 못하며 통합되어 있지 않다. 그러나 빨기, 붙잡기, 발로 차기, 입으로 가져가는 기능들은 점차 분화, 통합되어 가는데 일정한 발달원칙을 따라간다. 첫째는 전체의 일부법칙으로 미분화 덩어리 운동으로부터 점차 분화해 특수화한 반응운동으로 이행한다. 다음으로 머리의 법칙으로 눈, 머리, 목의 운동에서 시작해서, 팔, 상반신, 하반신, 다리운동으로 발전한다. 셋째 법칙으로 신체의 중심부분에서 시작해서 말초신경 쪽으로 전파된다. 이런 발달법칙에 따라 다음 단계로 발달되어 간다.

2) 대근육 운동

영아기의 가장 주목할 만한 대근육 운동기능은 고개도 못 가눌 정도로 전적으로 의존적이던 인물에서 뒤집기, 기기, 서기, 걷기, 달리기 등을 할 수 있는 기동성 있는 인물로 영아를 바꿔놓는 것이다. 출생 시 신생아는 고개도 못 가누지만, 생후 1개월이면 엎드린 자세에서 고개를 들 수 있다. 2개월경에는 가슴을 들 수 있으며, 3~4개월경에는 뒤집기를 할 수 있다. 7개월경에는 혼자 앉을 수 있고, 12~14개월경에는 혼자 설 수 있다. 12개월경에는 붙잡고 걸을 수 있으며, 15개월경에는 혼자 걸을 수 있다. 18개월경에는 계단을 오를 수 있고, 자전거 타기를 할 수 있다. 18~24개월경에는 달리기, 뒤로 걷기, 공차기, 공 던지기, 뜀뛰기를 할 수 있다.

3) 소근육 운동

소근육 운동은 쥐기, 조작하기, 손뼉치기, 열기, 당기기, 끄적거리기와 같은 손의 조작과 관련되어 있다. 생후 4개월이면 자신의 의지에 따라 두 손을 맞잡는 것을 할 수 있고, 딸랑이를 쥘 수 있다. 생후 8개월이면 물체를 손으로 쥐어 다른 사람에게 전해 줄 수 있을 만큼 발달한다. 생후 12개월이면 양말이나 모자를 벗고, 16개월에는 공을 던지며, 18개월에는 컵에 입을 대고 물을 마신다. 24개월이면 숟가락을 사용하고, 옷을 벗을 수 있으며, 대소변 통제가 가능하다. 생후 25개월이 되면 스스로 끄적거리를 할 수 있을 만큼 분화된다.

4. 운동기능의 발달에 관한 세 가지 관점

운동기능의 발달시기와 순서를 설명하는 데 세 가지 견해가 있다. 첫째, 성숙론적 관점에 의하면, 신경계와 근육의 성숙이 이루어지면 운동기능의 발달은 유전적으로 프로그램된 순서대로 나타난다고 한다. 영아기의 초기 경험이 매우 다름에도 불구하고 세계 모든 영아들의 운동기능발달이 비슷한 순서로 진행된다는 비교문화연구 결과는 성숙이 운동기능의 발달에 매우 중요한 요인임을 뒷받침해 준다. 둘째, 운동기능의 발달에 있어서 성숙이 중요한 요인이라는 사실을 부정하지는 않지만, 학습론자들은 운동기술을 연습할 기회 또한 중요하다고 믿는다. 생후 2년간을 대부분 고아원 침대에서 누워 지낸 이란의 고아들을 대상으로 한 연구에 의하면, 운동기능의 발달에서 성숙이 필요조건이지만 충분조건은 아닌 것으로 보인다. 이 연구에서 고아들은 2세가 되어도 걷지 못했고, 3~4세가 되었을 때 15%만이 혼자서 걸을 수 있다. 셋째, 성숙론이나 학습론의 설명보다 훨씬 더 흥미롭고 복잡한 목표지향적 체계이론에 의하면, 생후 2년간의 운동기능의 발달은 단순히 성숙과 학습에 의해 자연의 웅장한 계획의 일부분으로서 전개되는 것이 아니라고 한다. 체계이론은 이것을 새로운 운동기술을 습득하고자 하는 영아의 의지에 의한 것이라고 본다. 즉, 특정한 목표를 염두에 두고 있는 호기심 많고 능동적인 유아가 그 목표를 달성하는 데 필요한 새로운 운동기술을 습득하기를 원한다는 것이다. 따라서 자신이 이미 가지고 있는 운동기술을 적극적이고도 복잡하게 재조직함으로써 새로운 운동기술을 창출하게 된다는 것이다.

CHAPTER 8

감각 및 지각발달

1. 시각

인간은 환경을 탐색할 때 다른 어떤 감각기관보다 시각에 더 의존한다. 즉, 감각정보의 80%가 시각을 통해서 들어온다. 그럼에도 불구하고 시각은 인간의 감각능력 중 가장 늦게 성숙한다. 출생 시 시각조절에 필요한 뇌 회로가 충분히 성숙해 있지 않아 신생아의 시각은 비교적 발달되지 않은 상태에 있다. 눈의 크기가 작고 망막구조가 불완전하며, 시신경도 덜 발달되어 있다. 출생 직후 영아는 물체에 초점을 고정시키지 못하고 가시거리도 극히 제한되어 있으나, 1개월경에는 사물에 초점을 맞추고 응시하는 것이 가능하다. 2개월경에는 180도 각도에서 물체를 추적하는 수평추시가 가능하고, 이후 점차 수직, 원형으로 물체를 추적하는 것이 가능하다.

출생 후 몇 개월 동안 심한 근시현상을 보이지만, 첫돌 무렵에는 시력이 1.0에 가까워져서 정상시력을 갖게 된다.

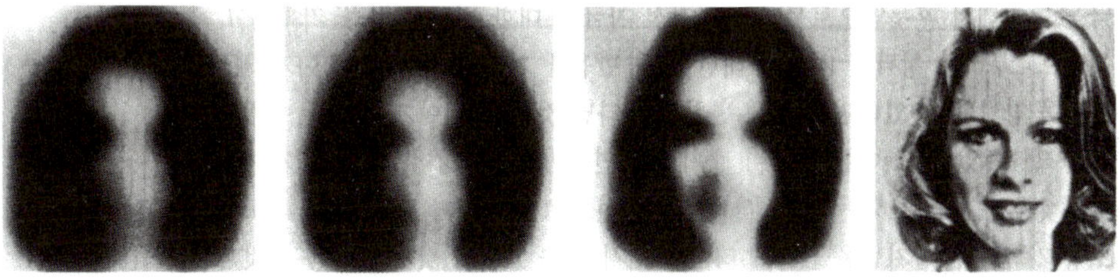

1개월 영아 2개월 영아 3개월 영아 성인

[그림 8-1] 영아의 얼굴에 대한 시각

위의 그림은 생후 1~3개월 된 영아와 성인이 1m 정도 떨어진 거리에서 본 사람의 얼굴 모습이다. 아래의 그림은 시력이 약한 영아의 눈에 비친 물체의 모습이다.

1) 색지각

영아는 색깔의 이름을 알기 훨씬 전부터 이미 색을 지각할 수 있다. 즉, 색채를 구별할 줄 안다. 습관화 연구에 의해, 연구자들은 신생아가 이 세상을 흑백이 아닌 천연색으로 지각한다는 것을 발견하였다. 출생 시부터 녹색과 적색을 구분할 수 있으며, 2개월이 되면 삼원색의 기본 색깔 대부분을 구별할 수 있다고 한다. 그러나 색지각의 수준이 성인과 유사한지는 알 수 없다. 성인의 경우 파랑, 빨강, 초록의 세 가지 색 수용체가 있다. 그런데 색깔을 구별하는 데는 단지 두 개의 수용체만 필요하기 때문에, 영아가 세 개의 수용체를 다 갖고 있는지, 아니면 두 개의 수용체만 갖고 있는지는 불분명하다. 3개월 무렵에 영아는 푸른색이나 초록색보다 파란색과 빨간색을 더 좋아하는 것으로 보인다. 생후 4~5개월이 되면 색조가 약간 다른 색을 성인들이 하듯이 붉은 계통 또는 푸른 계통의 기본 색깔별로 묶을 수 있다.

2) 형태지각

Fantz가 영아기의 지각을 연구하기 위해 고안해 낸 실험장치를 이용한 선호도 측정법에 의하면, 영아는 전체보다는 부분을, 정지된 것보다는 움직이는 물체를, 흑백보다는 컬러를, 직선보다는 곡선을 선호한다. 출생 초기에는 단순한 도형을 선호하지만 점차 복잡한 도형을 더 선호하며, 특히 형태가 색깔이나 명암보다 영아의 주의를 끄는 데 더 큰 영향을 미친다. 다른 사물에 비해 인간의 얼굴을 선호하며, 사람의 얼굴 가운데서도 흑백의 대조를 이루는 눈을 가장 선호한다. 신생아의 생존에 필수적인 인간의 얼굴을 다른 물체보다도 먼저, 그리고 오래 응시한다는 것은 흥미로운 일이다. 이것은 인류의 진화 역사상 적응기제의 잔존물로 볼 수 있는데, 왜냐하면 아기로 하여금 어머니(또는 양육자)와의 사회적 상호작용을 촉진시키기 때문이다.

영아는 사람의 얼굴을 어떻게 지각하는가? 한 연구에서 영아에게 사람의 얼굴을 보여주고, 특수거울장치를 통하여 영아의 눈의 움직임을 사진으로 촬영하였다. [그림 8-2]에서 보는 바와 같이, 1개월 된 영아는 전체 얼굴 중에서 턱부분과 머리부분으로만 눈이 움직였다. 그러나 2개월된 영아는 입, 눈, 그리고 머리부분 등 좀 더 다각도로 눈이 움직였다. 즉, 1개월된 영아는 얼굴의 윤곽에 시선을 집중하는 데 반해, 2개월된 영아는 이목구비를 더 오래 응시하는 것으로 보인다.

Gibson은 영아가 얼굴을 지각하는 순서에 대해 설명했는데, 생후 1개월에는 얼굴 중에서 눈을 가장 좋아하는 것으로 나타났다. 그러나 눈을 눈으로 지각하기보다는 단순히 점과 원과 각으로서 지각하였다. 1~2개월에는 윤곽을 지각할 수 있으며, 2개월이 되면 눈, 코, 입을 구별하고, 특히 입의 움직임에 주의를 기울이는 것으로 보인다. 6개월경에는 낯익은 얼굴과 낯선 얼굴을 구별할 수 있으며, 남녀의 얼굴도 구별할 수 있다고 한다.

Fantz(1961)의 연구에서는 [그림 8-2]에서 보듯이, 영아에게 사람 얼굴(A) 눈, 코, 입이 뒤섞여 있는 얼굴(B), 그리고 눈, 코, 입이 전혀 없는 얼굴(C)을 제시하였다. 연구 결과, 영아는 사람 얼굴을 가장 오래 응시하였고, 눈, 코, 입이 없는 얼굴을 가장 짧게 응시하는 것으로 나타났다.

[그림 8-2] 영아의 얼굴에 대한 지각

3) 깊이지각

영아가 몸을 움직일 수 있게 되면 그만큼 위험에 처할 가능성도 커진다. 그중에서도 특히 높은 데서 아래로 떨어지는 위험이 가장 크다. 생후 6개월경에 발달하는 것으로 보이는 깊이지각은 영아가 가구에 부딪치거나, 침대나 계단에서 굴러 떨어지는 것을 막는 데 도움이 된다. 만약 영아가 깊이를 지각할 수 없다면 그들의 생존은 크게 위협을 받을 것이다.

[그림 8-3] 영아의 얼굴에 대한 깊이지각

Gibson과 Walker(1960)가 고안한 시각벼랑 실험에서 6개월된 영아는 길이지각을 할 수 있는 것으로 나타났다. Campos와 그의 동료들(1970)은 생후 2개월된 영아를 대상으로 시각벼랑 실험을 하였다. 이들은 아직 기지 못하기 때문에 심장박동 수로 깊이지각을 할 수 있는지 없는지를 알아보았다. 연구 결과 얕은 쪽에서는 영아들의 심장박동 수에 변화가 없었지만, 깊은 쪽에서는 심장박동 수가 감소하였다. 우리가 두려움을 느낄 때는 일반적으로 심장박동 수가 빨라진다. 그런데 시각벼랑 실험에서 영아들의 심장박동 수가 감소한 것은 그들이 깊은 쪽과 얕은 쪽의 차이를 감지했지만, 깊이지각을 한 것이 아니고 무언가 흥미로운 것을 발견했다는 의미로 해석할 수 있다.

깊이지각은 영아가 길 수 있게 되어 가끔 넘어지거나 떨어져 본 경험이 있는 경우에 획득되는 것으로 보인다. Campos와 동료들(1992)의 또 다른 연구에서, 같은 또래라도 길 수 있는 영아가 그렇지 못한 영아보다 시각벼랑실험에서 더 많이 두려워하는 것으로 나타났다.

2. 청각

우리 주위의 환경으로부터 상당수의 정보가 소리를 통해서만 들어오기 때문에 청각은 매우 중요한 감각이다. 전화벨 소리, 등 뒤에서 달려오는 차소리, 라디오에서 들려오는 음악소리, 인간의 말소리, 이 모든 것들은 청각을 통해서 우리가 느낄 수 있는 것들이다. 헬렌 켈러에 의하면 듣지 못하는 것이 보지 못하는 것보다 훨씬 더 불편하다고 하는데, 왜냐하면 장님은 사물로부터 고립되지만 귀머거리는 사람으로부터 고립되기 때문이다(Goldstein, 1999). 듣는 것과 보는 것은 둘 다 모두 인간의 의사소통에 있어서 매우 중요하다. 그러나 소리는 본질적으로 움직임과 관련이 있으므로 특별한 역할을 한다. 모든 소리는 움직임에서 비롯된다. 소리를 탐지하는 능력은 출생 전부터 어느 정도 가능하다. 출생 후에는 인간의 음성이 영아의 감정을 움직이고, 언어와 관련된 정보를 전달하기 시작한다.

소리가 나는 근원을 찾으려는 반응처럼 영아의 듣는 능력은 보는 능력과 동시에 발달하며, 양자를 협응시키려는 반응을 보인다. 또한 듣는 능력에 문제가 있으면 이는 이후의 언어발달에도 영향을 미치게 된다.

뇌파 측정법을 이용해서 신생아의 청력을 연구한 결과, 신생아는 작은 소리는 잘 듣지 못하는 것으로 나타났다. 그 이유는 출산과정에서 내이도로 침투된 양수 때문인 것으로 보인다. 그러나 양수가 제거되면 신생아도 소리의 크기나 음조, 지속시간, 소리가 나는 방향, 주파 수 등을 구별할 수 있는 것으로 보인다(Bower, 1982). 특히 높고 강한 소리에 대해 민감하게 반응한다. 신생아가 들을 수 있는 소리의 크기는 성인보다 10-25데시벨 높고, 음의 강도가 강할수록 심장 박동률이나 몸동작이 증가한다.

Werner와 Marean(1996)은 출생 전과 출생 후의 영아의 소리에 대한 반응에 영향을 미칠 수 있는 해부학적・생리학적 요인에 대한 고찰을 하였다. 외이, 이도, 고막, 중이강, 그리고 중이에서 인후로 통하는 유스타키오관 등은 출생 편에 형성되기 시작해서, 아동기 동안 크기와 모양이 계속해서 변하는 것으로 보인다. 한편.

이소골은 매우 빠르게 성장하는데, 임신 15주경이면 성인의 크기에 달하고 골격의 형성은 25주경에 완성된다. 달팽이관 역시 25주에 크기가 완성되고, 25주에는 감각 세포의 유형이 성인의 것과 유사해진다. 출생할 무렵이 되면 달팽이관의 해부학적 구조와 신경분포가 완성된다.

신생아는 단순히 소리의 크기나 음조뿐만 아니라 말소리도 구분할 수 있다. 생후 2주경에는 사람의 목소리와 다른 소리를 구분할 수 있으며, 3주경에는 낯선 사람이나 아버지의 목소리보다 어머니의 목소리에 민감하게 반응한다.

출생 후 1개월경에는 '바'음과 '파'음 같은 음소의 구별이 가능하며, 2개월경에는 서로 다른 목소리에 다르게 반응하고 같은 사람이 내는 다른 음색의 목소리를 구분할 수 있다. 4~6개월이 되면 소리가 나는 방향을 정확하게 알아볼 수 있으며, 낯익은 목소리를 구별할 수 있고 음악을 들으면 좋아한다.

한 연구에서 영아에게 같은 소리를 반복해서 들려주었는데, 영아가 그 소리에 흥미를 잃으면 다른 소리로 바꾸어 들려주었다. 이때 영아가 새로 바뀐 소리에 반응을 보이면, 영아가 소리의 변화를 감지한 것으로 결론지었다. 연구 결과, 6개월 된 영아는 10데시벨 정도의 차이도 구분할 수 있는 것으로 나타났다.

소리에 대한 민감도는 소리의 높낮이에 따라 다르다. 6개월경의 영아는 낮은 소리나 중간 소리보다 높은 소리를 더 잘 듣는 것으로 보인다. 성인들이 영아에게 알일 때 높은 소리로 말하는 이유가 이 때문인지 모른다. 고주파수의 음에 대한 민감도는 4~5세경에 절정에 달한다. 영아는 사람의 목소리, 특히 여성의 높은 목소리를 좋아하는 것으로 보인다.

빨기 반응 측정법에 의하면, 영아는 낯선 여자의 목소리보다 어머니 목소리를 들었을 때, 그리고 외국어보다는 모국어를 듣고서 젖꼭지를 더 많이 빠는 것으로 나타났다. 이러한 연구결과는 태내에서의 정상적 경험이 출생 후 영아의 듣기 선호에 영향을 준다는 것으로 매우 흥미로운 결과이다.

3. 후각

후각은 다른 동물에 비해서는 덜 발달되어 있으나, 출생 초기부터 상당히 발달되어 있다. 생후 며칠 이내에 독특한 냄새들 간의 차이를 구분하는 것이 가능하며, 어머니와 다른 여성의 젖 냄새를 구분할 수 있고, 암모니아와 같은 독한 냄새에는 고개를 돌리는 반응을 보인다. 여러 가지 냄새를 묻힌 면봉을 영아의 코에 갖다 대고서 영아의 얼굴표정과 신체의 움직임으로 영아의 반응을 알아본 연구(Crook, 1987, Steiner, 1979)에서, 바나나 냄새나 딸기 냄새에는 기분 좋은 표정을 짓고, 생선, 냄새는 약간 싫어하며, 썩은 달걀 냄새에는 고개를 돌리거나 얼굴을 찡그리는 반응을 보였다.

더욱 놀라운 사실은 모유수유를 하는 영아는 어머니가 가까이 왔다는 것을 엄마의 젖 냄새를 통해서 안다는 것이다. 심지어 신생아의 경우도 모유를 먹는 경우 엄마 젖 냄새를 알아보는 것으로 보인다. 한 연구에서 생후 6일된 신생아에게 엄마 젖냄새를 묻힌 수건과 한 번도 사용하지 않은 깨끗한 수건을 양쪽에서 제시했더니, 신생아는 엄마 젖냄새가 나는 쪽으로 고개를 돌렸다.

4. 미각

미각은 태내에서도 어느 정도 기능을 하며, 출생 시에도 여러 가지 맛의 액체를 구분하는 것이 가능하다. 쓴맛, 신맛, 짠맛보다는 단맛이 나는 액체를 더 오래 빨며, 맹물과 단맛이 나는 포도당액을 구분할 수 있다. 단맛이 나는 액체를 주면 마치 단맛을 즐기는 것처럼 더 천천히 빠는 반응을 보이며, 단순히 빨기만 하는 것이 아니라 웃으면서 윗입술을 날름거리는 반응을 보인다.

신생아도 단맛, 신맛, 쓴맛, 짠맛을 구별하고, 2~3개월경에는 특정한 맛에 대한 기호가 생길 정도로 발달되어, 특정한 맛에 대한 거부현상도 보인다. 4개월이 되면 신생아기 때에는 싫어하던 짠맛을 좋아하기 시작하는데(Harris, Thomas, & Booth, 1990), 이것은 아마도 이유식(고형음식)에 대한 준비를 하는 것인지도 모른다.

영아기 말이 되면 미각은 매우 예민하게 된다. 소아과 의사들은 영아에게 다양한 음식을 제공할 것을 추천하는데, 이것은 영양적인 측면에서뿐만 아니라 영아기에 음식에 대한 선호가 급격히 발달하기 때문이다. 따라서 영아기 이후에는 새로운 음식을 잘 먹으려 하지 않는다(Berger, 1991). 우리 전통사회에서는 삼칠일된 아기에게는 미역국을, 백일에는 밥과 국을, 그리고 첫돌에는 떡과 과일의 맛을 보여줌으로써 영아의 미각의 발달을 도와주었다.

5. 촉각

Harlow(1951)의 유명한 원숭이 실험에서 사회적 애착의 발달에 중요한 것은 먹이를 제공하는 것보다 신체적 접촉인 것으로 밝혀졌다. 쥐를 대상으로 한 연구에서도 어미 쥐가 새끼 쥐를 핥아주는 것은 새끼 쥐의 생존뿐만 아니라, 성장에도 크게 관련이 있는 것으로 보인다(Kuhn & Schanbera, 1998). 인간의 신생아와 부모자녀간의 신체접촉을 통한 자극 또한 신생아의 생존에 필수적일 뿐만 아니라, 사회정서 발달에도 이바지한다. 신생아는 주로 촉각에 의존하여 주변 환경을 인지한다. 촉각의 발달이 잘 이루어질 때 소화기능도 원활하게 이루어지고, 순조롭게 주변 환경에 적응해 나가게 된다. 안아주고 얼러주는 신체적인 접촉은 다른 양육행동 못지않게 영아의 발달에 도움을 준다. 아기를 쓰다듬어 주거나 아기의 가슴에 가만히 손을 올려놓으면 우는 아기를 달랠 수 있고, 등을 토닥토닥 두드려주면 아기를 재울 수 있다.

출생 시 촉각은 입술과 혀를 제외하고는 그다지 발달되어 있지 않다. 생후 6개월이 지나면 영아는 촉각을 이용해서(처음에는 입과 입술을 사용하고, 나중에는 손을 사용한다) 주위 물체를 탐색하기 시작한다. 따라서 촉각은 영아가 자신의 환경에 대한 지식을 습득하는 주요한 수단이 된다. 이것은 초기 인지발달에서 매우 중요한 것이다. 첫돌 무렵에 영아는 손의 감촉만으로도 익숙한 물체를 알아볼 수 있다.

영아는 온도변화에 대해서도 민감한 반응을 보이는데, 체온보다 높은 온도보다는 낮은 온도에 더 민감하다. 방안 온도가 갑자기 떨어지거나 영아의 옷을 갈아입히기 위해 옷을 다 벗겨 놓으면, 울면서 불편함을 호소하거나 체온을 유지하기 위해 몸을 활발하게 움직인다.

출생 시에 통각도 이미 발달되어 있다. 신생아기나 영아기에 남자아이의 포경수술을 할 경우, 진통제가 초래할 위험 때문에 또는 신생아는 통증을 느끼지 못한다는 생각으로 마취제를 사용하지 않고 수술을 하는데, 이때 영아의 심장박동 수와 혈압이 증가하고, 영아는 통증 때문에 높은 소리로 운다.

6. 감각

우리가 눈을 가리고 어떤 물체를 만져만 보고서 그 물체의 이름을 알아맞히는 게임을 한다고 가정해 보자. 내 손에 작고 동그란 물체가 놓인다. 이 물체는 직경이 3.2cm 정도 되고, 무게는 50g 정도 되며, 단단하고, 보조개처럼 작은 홈이 여러 개 파져 있다. 이 물체는 과연 무엇일까? 대부분의 사람들은, 심지어 골프공을 한 번도 만져본 적이 없는 사람들도 이 물체가 골프공이라는 것을 알아맞힌다. 이런 것이 통합감각 또는 감각 간 지각(intermodal perception)의 한 가지 예이다. 통합감각은 어떤 감각(시각)을 통해 익힌 물체를 다른 감각(촉각)에 의해 알아보는 능력을 일컫는 말이다. 영아는 언제 처음으로 이러한 능력을 보이는 것일까?

Piaget의 통합이론(enrichment theory)에 의하면, 여러 가지 감각은 출생 시 분리되어 있기 때문에, 감각기관이 독립적으로 성숙해야만 여러 감각기관으로부터 정보를 비교해서 통합할 수 있다고 한다. 따라서 어떤 물체가 어떤 모습으로 보이고, 어떤 소리가 나며, 만졌을 때 느낌이 어떠한지에 대한 경험이 쌓인 후에라야 감각간의 지각이 가능하다는 것이다. 그 전에는 영아가 손으로 만져보지 않고, 단지 눈으로만 보았던 물체를 어두운 곳에서는 감촉에 의해 그 물체를 인식할 수 없다는 것이다.

한편, Gibson(1969, 1992)의 분화이론(differentiation theory)에 의하면, 감각은 출생시 통합되어 있기 때문에 감각간 지각이 출생 시부터 가능하다고 한다. 따라서 영아들은 어떤 자극이 제시되었을 때 모든 감각기관을 사용하여 그 자극을 탐색한다는 것이다.

서로 상반되는 두 이론 중 어느 입장이 더 옳은 것인가 여러 연구에 의하면 분화이론이 더 설득력이 있는 것으로 보인다. 6개월된 영아를 대상으로 한 Melzoff와 Borton(1979)의 실험에서는 [그림 8-4]에서 보듯이, 매끄러운 젖꼭지 또는 울퉁불퉁한 젖꼭지를 보여주지는 않은 채 그중 하나만을 빨게 한 후, 두 개의 젖꼭지를 함께 보여주었더니 영아는 자신이 빨았던 젖꼭지를 더 오래 바라본다는 사실을 발견하였다. 이러한 사실은 영아에게 시각과 촉각이라는 감각 간 지각능력이 있다는 것을 발해수는 것이다.

[그림 8-4] 감각간 지각능력을 측정하기 위한 젖꼭지 모형

또 다른 실험(Wagner, Winner, Cicchetti, & Gardner, 1981)에서 생후 1년쯤 된 영아들에게 각기 분절음 또는 계속음을 들려준 후 점선과 실선을 보여주었다. 분절음을 들었던 영아들은 점선을 더 오래 바라보았고, 계속음을 들었던 영아들은 실선을 더 오래 바라보았다. 이보다 더 어린 영아를 대상으로 한 연구에서도, 3개월 된 영아가 어머니 목소리가 들릴 때는 어머니를 더 오래 쳐다보았고, 아버지 목소리가 들릴 때는 아버지를 더 오래 쳐다보았다. 이러한 연구결과들은 생의 초기에 시각과 청각이 통합되어 있다는 것을 의미한다.

이상의 실험에서 보듯이 감각간 지각능력은 출생 시부터 존재하는 것으로 보인다. 그러나 이러한 능력은 경험을 통해 상당한 정도로 발달하므로, 모든 발달에서와 마찬가지로 여기서도 성숙과 학습이 서로 상호작용하는 것임을 알 수 있다.

CHAPTER 9

뇌와 인지발달

인간의 신체부위 중 가장 중요한 부분은 뇌이며, 뇌의 발달은 영유아기에 급속도로 이루어진다. 두미발달의 원칙에 의해 출생 시에 머리와 뇌의 크기는 다른 신체의 다른 어떤 부위보다도 성인의 크기에 가깝다. 그리고 영유아기에 매우 빠른 속도로 성장을 계속한다(정옥분, 2008). 인간의 두뇌 성장은 다음과 같은 특징들이 있다.

1. 인간 두뇌 성장의 특징

1) 인간의 뇌의 중량

뇌의 발달은 영아기에 급속도로 이루어진다. 두미발달의 원칙에 의해 출생 시에 머리와 뇌의 크기는 신체의 어떤 다른 부위보다도 성인의 크기에 가깝다. 그리고 영아기에 매우 빠른 속도로 성장을 계속한다. 출생 시 뇌의 무게는 평균 300~400g으로 성인 뇌무게의 1/4이고, 출생 후 6개월경에는 1/2이 된다. 두 돌 무렵에는 성인의 뇌무게의 3/4에 이르고, 5세경에는 90%에 달한다. 따라서 영아기를 뇌의 성장 급등기(brain growth spurt)라고 부른다. 머리둘레가 가끔 뇌성장의 대략적인 지표로 사용된다. 출생시 머리둘레는 평균 34cm이고, 첫돌 무렵에는 46cm, 그리고 성인의 머리둘레는 평균 55cm이다. 영아기만큼 빠른 속도는 아니지만, 뇌는 유아기에도 계속해서 성장한다.

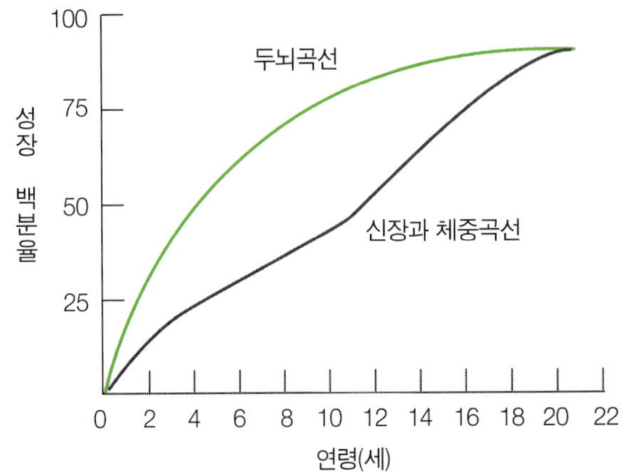

[그림 9-1] 두뇌곡선과 신장/체중곡선

2) 뇌의 구조와 기능

영아기에 뇌 크기의 놀라운 성장은 뇌의 구조적·기능적 발달과 관련이 있다. 뇌의 각 부위는 발달하는 시기가 각기 다르다. 반사운동과 신체기능을 통제하는 뇌간은 출생 시 이미 완전한 기능을 한다. 뇌간의 가장 기본적인 기능은 호흡, 심혈관 활동, 수면, 의식에 관계되는 것이다. 뇌의 또 다른 부위는 출생 시에도 기능을 하지만, 출생 후 계속해서 발달하고 재편성된다. 감각정보가 대뇌피질에 전달되도록 하는 시상, 운동기능과 자세조정을 관장하는 소뇌, 기억을 관장하는 해마 등이 여기에 속한다. 시상은 감각정보를 연결하는 정거장과 같으며, 통증의 지각에도 중요한 역할을 한다. 사고나 추론 같은 복잡한 인지능력을 관장하는 대뇌피질은 출생 시에 발달이 가장 덜 된 부위이다.

출생 후 대뇌피질은 다음과 같이 발달을 계속한다. 첫째, 뉴런의 크기가 증가하고 구조가 점점 복잡해진다. 둘째, 신경섬유 주위에 미엘린이라 불리는 지방물질이 형성된다. 셋째, 뉴런 간의 시냅스의 수가 증가한다. 이것은 각기 다른 시기에 각기 다른 대뇌피질의 부위에서 일어난다. 시각과 청각의 영역에서는 시냅스의 증가가 출생 후 3~4개월에 절정을 이루고, 고등 인지기능을 담당하는 영역은 영아기 후반부에 절정을 이룬다. 필요 이상의 시냅스가 형성되면 과잉 시냅스는 제거된다. 넷째, 대뇌피질과 뇌의 다른 영역-특히 시상, 소뇌, 해마-간의 연결이 증가한다. 다섯째, 대뇌피질의 여러 영역이 점점 세분화된 기능을 맡게 된다. 대뇌피질의 발달에 관해서는 나중에 좀 더 자세하게 살펴보기로 한다.

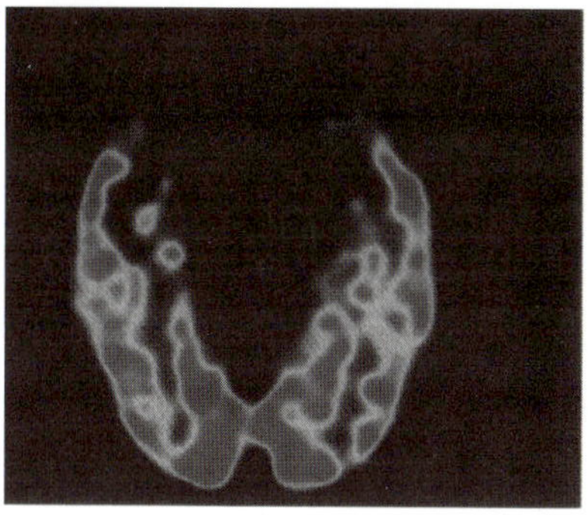

건강한 뇌

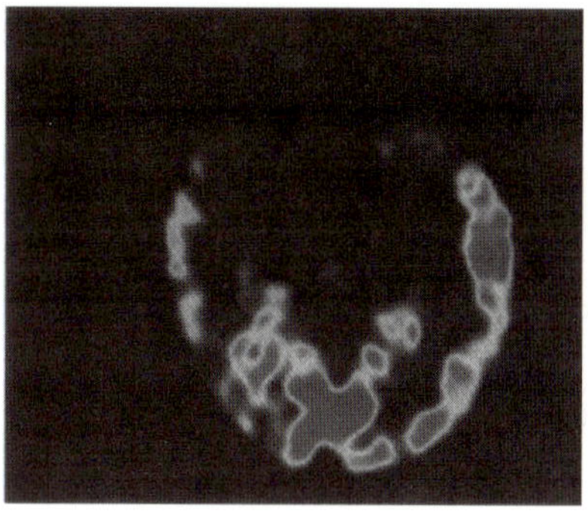

건강하지 못한 뇌 사진

영아기 뇌의 발달은 전적으로 생물학적 프로그램에 따른 것이 아니고, 환경의 영향에도 민감하게 작용한다. 예를 들면, 영아기 동안의 심한 영양실조는 뉴런의 수, 크기, 구조, 수초화의 속도, 시냅스의 형성에 영향을 미치고, 심각한 뇌손상을 초래한다.

뇌의 구조는 또한 환경으로부터 받는 자극의 양과 종류에 의해서도 영향을 받는다. 영아의 뇌는 경험에 의해 구조나 기능이 수정될 수 있는 유연성 또는 가소성이 뛰어나다. 예를 들면, 영아의 감각경험은 뉴런의 크기와 연결구조에 영향을 미친다. 결과적으로 지적 자극과 사회적 자극이 풍부한 환경에서 성장한 영아와 이들 자극이 결핍된 환경에서 성장한 영아를 비교해 보면, 뇌의 구조와 무게에서 큰 차이를 보인다. 불행히도 영양실조의 아동이 환경적 자극도 덜 받는 경우가 많다.

2. 신경계의 발달

신경계는 신경원과 신경교라는 두 종류의 기본 세포로 구성되어 있다. 신경교 세포는 신경원 세포에 영양을 공급하고, 신경계를 결합시키는 접착제 역할을 한다. 신경원 세포, 즉 뉴런은 뇌의 한 부분에서 다른 부분으로, 또는 신체의 한 부분에서 다른 부분으로 정보를 받아들이고 전달하는 역할을 한다. 뉴런은 세포체, 수지상돌기, 축색돌기, 그리고 말초신경섬유로 구성되어 있다. 나뭇가지 모양의 수지상돌기는 신경전류를 받아들이는 역할을 한다. 세포체에 연결되어 있는 관모양의 축색돌기는 그 길이가 1m나 되며, 전선의 절연재처럼 미엘린이라 불리는 지방성 물질이 그 둘레에 막을 형성한다. 미엘린은 뉴런을 보호할 뿐만 아니라 신경전류의 전달속도를 증가시킨다. 미엘린은 뇌의 발달에 있어서 매우 중요한 역할을 한다. 미엘린이 파손될 경우 축색돌기는 절연재가 벗겨진 전선과 같아서 신경전류가 흐르지 못하고 주위로 새어나가 버리며, 다발성 경화증 같은 장애가 발생하기도 한다. 축색돌기 끝 부분에 위치해 있는 말초신경섬유는 정보를 전달하는 역할을 한다. 두 개의 뉴런이 연결되는 지점, 즉 뉴런의 말초신경섬유와 또 다른 뉴런의 수지상돌기가 연결되는 부분을 시냅스라고 부른다. 대부분의 시냅스는 출생 후에 형성되며 그 수는 대단히 많다. 영아는 성인보다 더 많은 수의 뉴런과 시냅스를 갖고 있다. 그 이유는 다른 뉴런과 성공적으로 연결되는 뉴런은 그렇지 못한 뉴런을 밀쳐내기 때문이다. 그렇게 해서 뉴런의 약 절반 가량이 소멸된다. 이때 살아남은 뉴런은 수백 개의 시냅스를 형성하는데, 이 과정에서도 역시 뉴런이 적절한 자극을 받지 못하면 소멸된다. 이 과정은 농부가 크고 좋은 과일을 얻기 위해 불필요한 가지를 잘라내는 '가지치기' 작업에 비유할 수 있다. 즉, 불필요한 뉴런이 제거됨으로써 신경계의 효율성이 증대된다. 성장 및 그 밖의 측면과는 달리 신경계의 발달은 불필요한 세포의 소멸을 통해 효율적으로 진행된다. 흥미롭게도 인간이 평생 갖게 될 1,000~2,000억 개의 뉴런은 뇌의 성장급등기가 시작되기 전인 임신 6개월 경에 이미 다 형성된다. 뉴런이 출생 후 더 생성되지 않는다고 한다면, 뇌의 급속한 성장은 무엇에 의해 이루어지는가?

첫째, 글리아(신경교)라고 불리는 두 번째 신경세포의 발달에 의해 이루어진 것이다. 글리아는 뉴런의 수보다 훨씬 많으며 일생을 통해 계속 형성된다. 둘째, 글리아의 가장 중요한 기능은 수초화인데, 수초화는 미엘린이라 불리는 지방성 물질이 축색돌기 둘레에 막을 형성하는 현상을 말한다. 수초화 또한 뇌의 빠른 성장에 영향을 미친다. 수초화는 영아기 동안 급속도로 진행되지만, 뇌의 어떤 부분에서는 수초화가 청년기나 성인기까지 완성되지 않는 경우도 있다. 예를 들면, 한 주제에 장시간 정신을 집중하는 능력을 관장하는 뇌부분인 망상체나 전두피질은 사춘기에도 수초화가 완전히 이루어지지 않는다. 이것이 청년이나 성인에 비해 유아나 아동의 주의집중 시간이 짧은 이유이다. 셋째, 뉴런과 뉴런을 연결해 주는 시냅스의 형성이 뇌의 성장 급등기 동안 급속하게 이루어지기 때문이다.

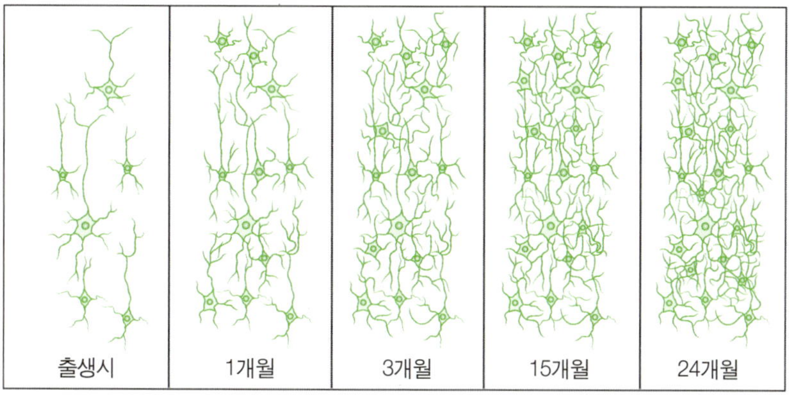

[그림 9-2] 시냅스 발달

3. 대뇌피질의 발달

대뇌피질은 인간 고유의 정신기능을 관장하는 곳으로 뇌무게의 80% 이상을 차지하고, 뇌구조 중 가장 많은 수의 뉴런과 시냅스를 가지고 있다. 대뇌피질은 계속해서 성장하기 때문에 뇌의 어떤 부위보다도 환경의 영향에 민감하다. 대뇌피질은 네 영역으로 구분되어 각기 세분화된 기능을 담당한다.

전두엽은 사고와 운동기능을 관장하고, 후두엽은 시각, 측두엽은 청각을 관장하며, 두정엽은 신체감각을 관장한다. 연구에 의하면 대뇌피질이 발달하는 순서는 영아기에 나타나는 여러 가지 능력과 일치한다. 예를 들면, 시각과 청각을 관장하는 피질의 시냅스의 성장과 미엘린의 형성은 시각과 청각의 발달이 급속히 이루어지는 출생 후 3~4개월에 시작해서 첫돌까지 계속된다. 운동기능을 관장하는 피질에서는 머리, 가슴, 팔 등을 통제하는 뉴런이 몸통과 다리 등을 통제하는 뉴런보다 시냅스의 연결이 더 빨리 이루어진다. 언어를 관장하는 피질은 영아가 언어를 습득하는 시기인 영아기 후기에서 학령전기까지 발달이 급속도로 이루어진다. 시냅스의 연결과 미엘린의 형성이 가장 늦게 이루어지는 부분은 사고와 행동을 통제하는 전두엽이다. 출생시 미성숙 상태에 있던 전두엽은 영아기 후반부터 효율적으로 기능하기 시작해서, 청년기를 지나 성인기까지 성장이 계속된다.

대뇌피질은 두 개의 반구로 나뉘어진다. 두 개의 반구는 모양은 똑같지만 좌반구와 우반구는 각기 다른 기능을 하고, 신체의 각기 다른 영역을 통제한다. 좌반구는 신체의 오른쪽 부분을 통제하는데, 언어능력, 청각, 언어기억, 의사결정, 기쁨과 같은 긍정적 정서의 표현 등을 관장한다. 반면 우반구는 신체의 왼쪽 부분을 통제하는데, 공간지각 능력, 촉각, 음악과 같은 비언어적 소리, 슬픔과 같은 부정적 정서의 표현 등을 관장한다. 이러한 구분은 왼손잡이의 경우 반대가 될 수 있다. 편측성이란 용어는 한 반구의 세분화된 기능을 묘사하기 위해 사용되는 용어이다. 뇌의 편측성은 효율적 가치가 있는데, 두 개의 반구가 똑같은 방식으로 정보를 처리하는 것보다 좌반구와 우반구가 각기 세분화된 상이한 정보를 처리하는 것이 훨씬 효율적이기 때문이다.

1) 뇌의 편측성

우리의 뇌는 두 개의 반구로 나뉘어져 있다. 유아기에 이미 뇌의 편측성이 나타나기 시작하는데, 뇌의 편측성이란 뇌의 좌반구와 우반구가 각기 다른 기능을 맡아 하는 것을 말한다. [그림 9-3]은 좌반구와 우반구의 기능에 관한 설명이다.

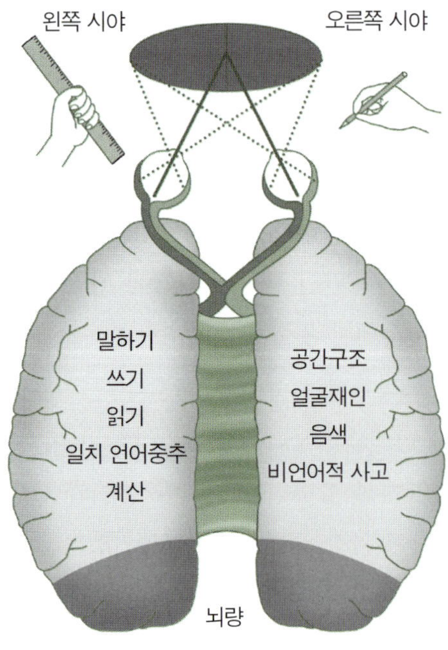

[그림 9-3] 좌반구와 우반구의 기능

좌반구는 논리적이고 분석적이며 언어에 기초를 둔 사고를 한다. 그리고 명료하고 논리적인 사고를 선호하여 애매한 것을 단순화시키는 기능을 한다. 우반구는 시각적 · 공간적인 정보를 선호하고 한 번에 전체의 사물을 보고 들어온 정보를 즉각적으로 처리한다. 우반구는 이미지기억(image memory) 또는 사진기억(photo memory)에 강한데, 오케스트라 지휘자가 악보를 보지 않고 지휘를 하는 것이나 암산 등에 활용되어 온 머릿속에 주판을 그리고 연산을 하는 것 등이 그 예이다.

뇌량은 두 개의 반구를 연결하는 구조를 말하는데 2~8세 사이에 뇌량의 수초화가 이루어지면, 두 개의 반구 간에 정보교환과 협응이 원활해진다. 좌반구와 우반구 간의 협응은 여러 가지 운동기술을 증가시킨다. 예를 들면, 5세경에 눈과 손의 협응이 증가하여 자신이 보는 글자나 숫자를 그대로 따라 쓸 수 있게 된다.

2) 왼손잡이

뇌의 편측성이 가져온 한 가지 결과가 주로 오른손을 사용하는 오른손잡이인가 아니면 왼손을 사용하는 왼손잡이인가 하는 점이다. 아동의 90%가 오른손잡이이고, 나머지 10%가 왼손잡이이다. 그리고 남아가 여아보다 왼손잡이인 경우가 약간 더 많다.

일반적으로 유아가 글을 쓰기 시작하면 왼손잡이인가 오른손잡이인가를 알 수 있게 된다. 언어를 관장하는 뇌의 좌반구는 오른손잡이에게서 우세하다. 왼손잡이 유아의 경우 언어는 두 개의 반구가 함께 작용하는데, 이것은 왼손잡이의 경우 뇌의 편측성이 덜하다는 것을 의미한다. 왼손잡이는 유전적인 것인가 아니면 학습된 것인가? 입양아를 대상으로 하여 주로 어느 쪽 손을 사용하는지를 알아본 연구(Carter-Saltzman, 1980)에 의하면, 입양아와 양부모 간에는 상관이 없으나 입양아와 친부모 간에는 상관이 있는 것으로 나타났다. 쌍생아를 대상으로 한 또 다른 연구에서는 쌍생아 중 하나는 왼손잡이이고, 다른 하나는 오른손잡이인 경우가 많은 것으로 나타났다. 태내에서 대부분의 태아는 왼쪽으로 돌아누워 있는데, 이 자세는 오른편을 좀 더 자유롭게 사용할 수 있게 해 준다. 흥미롭게도 쌍생아는 자궁 내에서 서로 반대편에 누워 있는데, 이 때문에 왼손잡이는 태내에서의 자세와 연관이 있는 것으로 보인다.

대부분의 사회는 왼손잡이에게 불리한 환경으로 구성되어 있다. 한 가지 예로 모든 물건은 오른손잡이 위주로 제작되어 있기 때문에, 왼손잡이의 경우 물건사용이 불편할 뿐만 아니라 사고의 위험이 높고 치명적 상해를 당할 가능성이 많다(Graham, Dick, Rickert, & Glenn, 1993). 따라서 많은 부모들은 자녀의 왼손잡이를 교정하고자 시도하는데, 지나치게 강제적으로 하면 유아가 부적응 현상을 보이므로 양손을 다 사용하게 유도하는 것도 한 가지 방법일 것이다.

그 외에도 왼손잡이에게는 수면장애, 앨러지, 말더듬이, 주의집중장애, 난독증, 약물남용의 문제가 더 많은 것으로 나타났다. 반면, 미국의 수능고사에서는 상위 20%가 왼손잡이인 것으로 나타났는데, 이것은 왼손잡이와 지능(특히 우반구와 관련 있는 수학분야) 간에 관련성이 있음을 암시하는 것이다.

우리나라의 아동들도 대부분 오른손을 주로 우세손으로 사용하고 있으며, 이러한 현상은 연령이 증가할수록 더 두드러지게 나타난다. 2세 미만의 경우 75~80% 정도가 오른손을 사용하고, 20% 미만이 왼손을 쓰고 있으나 초등학생이 되면 90% 이상이 오른손을 사용한다.

4. 영아기 두뇌발달

1) 두뇌발달

뇌는 생의 초기에 놀라운 속도로 성장・발달한다. 출생 직후 신생아의 뇌 무게는 400g 정도로 성인 뇌의 25~30% 정도에 불과하다. 그러나 만 2세경이 되면 성인 뇌 무게의 75%까지 증가한다. 대뇌학자들은 태아기의 마지막 3개월부터 생후 첫 2년까지를 두뇌성장급등(brain growth spurt)의 시기라고 부른다.

인간의 뇌는 1조 개 이상의 고도로 분화된 뉴런이라는 신경세포로 구성된다. 신경세포들은 시냅스(synapse)로 연결되어 있다. 시냅스란 세포와 세포 사이의 신경신호를 전달하는 신경세포의 연접 부위를 말한다(Bruce et al., 1994). 신경세포들은 수조 개의 시냅스 혹은 세포간의 연결공간을 통해 전기적・화학적 신호들을 전달한다. 최초의 뉴런들은 태아의 신경관에서 생성된다. 그 곳에서 생성된 뉴런은 정해진 경로를 따라 이동해 어느 지점에 자리 잡고 뇌의 주요 부분이 된다. 주목할 점은 인간이 가질 수 있는 모든 뉴런은 약 1,000억~2,000억 개로, 이미 임신 6개월경에 형성된다는 것이다(Kolb & Fantie, 1989 ; Rakic, 1991).

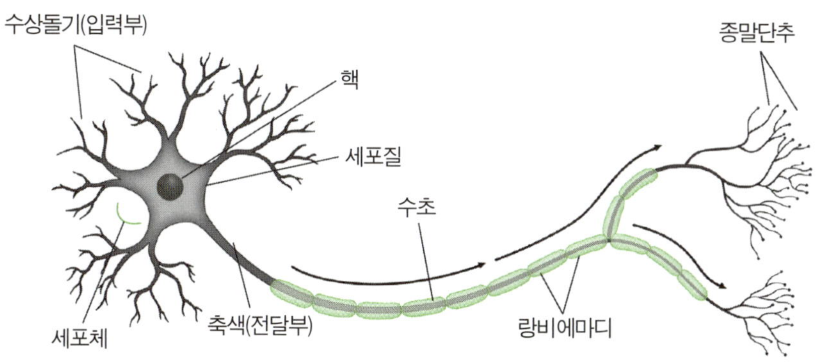

[그림 9-4] 뉴런의 구조

그렇다면 출생 후 두뇌 급등은 무엇에 의해 이루어지는가? 이에 대해 뇌를 구성하는 또 하나의 세포인 '신경교(glia)'의 발달이 두뇌 성장을 급속하게 하는 데 작용한다고 한다. 지금까지 알려진 신경교 세포의 기능은 신경충동의 전달을 촉진하는 수초(myelin)로 뉴런을 지지하는 뼈대, 신경세포에 대한 영양공급원, 또는 여분의 이온이나 신경전달물질을 흡수하여 제거하는 역할만을 한다고 알려져 왔었다. 그러나 신경교 세포가 뉴런 간의 시냅스 형성을 지시하는 매우 중요한 역할을 한다고 한다. 뇌의 급성장은 이러한 신경교 세포의 발달에 크게 영향을 받는다. 신경교 세포는 성인 뇌의 90%를 차지하고 있으며, 일생 동안 계속 생성된다(Tanner, 1990).

2) 뇌의 발달과 분화

성인의 경우 뇌의 크기는 1,200~1,800cc 정도이며, 무게는 1.4kg 정도이다. 이렇게 작은 뇌이지만 산소 소비량은 전신 소비량의 20%, 포도당 소비량은 전신의 25%를 차지한다. 뇌의 외부를 감싸고 있는 것을 '대뇌피질'이라고 한다. 대뇌피질의 무게는 뇌 전체의 약 80%이며, 표면이 주글주글하게 주름져 있으며, 좌우 대뇌반구로 나누어져 있다. 이곳에 가득 차 있는 뉴런(신경세포)은 신체 각 부위에서 전달될 정보를 인출하여 몸의 말단으로 명령을 보내는 역할을 한다. 대뇌피질은 각 부분별로 몸의 특정 부위에 반응하므로 뇌파의 기록을 통해 어떤 정신활동을 하는지 알 수 있다.

[그림 9-5]에서 보듯이, '인간'의 뇌는 크게 나누어 3중의 구조로 되어 있다. 원시의 뇌라 불리는 뇌간은 인간의 식욕과 성욕 등의 본능과 숨쉬고 심장을 뛰게 하는

등의 자율신경을 관장한다. 파충류와 같은 동물은 원시 뇌만 있어서 감정이나 정신의 작용 없이, 오직 생존을 위한 본능만으로 먹잇감을 찾고 번식한다.

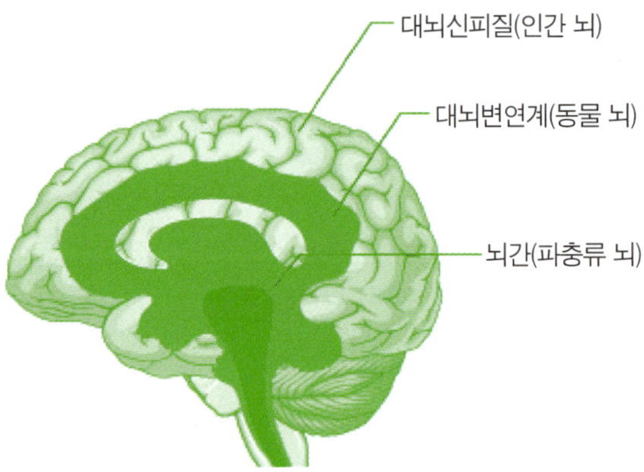

[그림 9-5] 뇌 구조

두 번째 뇌는 원시 뇌를 감싸고 있는 '대뇌 변연계(limbic system)'이다. 변연계가 어디에서부터 시작하여 어디에서 끝나는지, 그리고 변연계에 포함되는 기관들이 정확히 무엇인지에 대해서는 과학적 증거가 아직 부족하다. 대개 '사상하부' 편도체, 해마회로 등을 변연계에 포함시키고 있는데, 이들 기관에서 감정과 욕구조절, 공격성, 단기기억 등을 담당한다. 변연계는 일명 동물의 뇌 혹은 감정의 뇌라고 불리며, 원시 뇌가 할 수 없는 감정의 작용을 처리해 준다.

세 번째 뇌는 가장 바깥쪽을 감싸고 있는 '대뇌피질(cerebral cortex)'이다. 인간을 만물의 영장이라 할 수 있는 것은 대뇌피질의 사고력 때문이다. 원숭이나 돌고래 등도 대뇌피질이 발달하여 사고작용을 할 수 있다. 그러나 인간만큼 발달되지 않아 3~4세 유아의 지능수준에 머문다. 코끼리 같이 큰 동물은 뇌도 커서 지능이 높을 것 같은데도 저능한 상태에 머무는 것은 대뇌피질이 발달되지 않았기 때문이다.

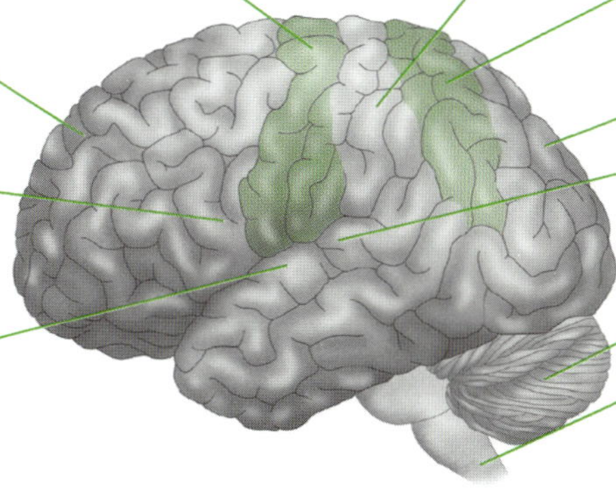

[그림 9-6] 대뇌의 부위의 명칭 및 역할

인간의 대뇌피질은 거대한 조직으로 왼쪽 · 오른쪽으로 나뉘어져 있다. 나뉘어진 인간의 두뇌는 좌뇌와 우뇌에 따라 각기 다른 사고를 한다. 즉 좌뇌는 말, 계산, 논리 등의 기능을 맡고, 우뇌는 감정과 직감, 공간지각 등의 사고기능을 맡아 분업화하고 있다. 그러나 좌뇌와 우뇌는 뇌량이라는 신경다발의 연결고리로 연결되어 각각의 뇌의 기능을 통합해 기억이나 논리적인 사고, 창조적 문제해결력 등을 가능하게 해 준다.

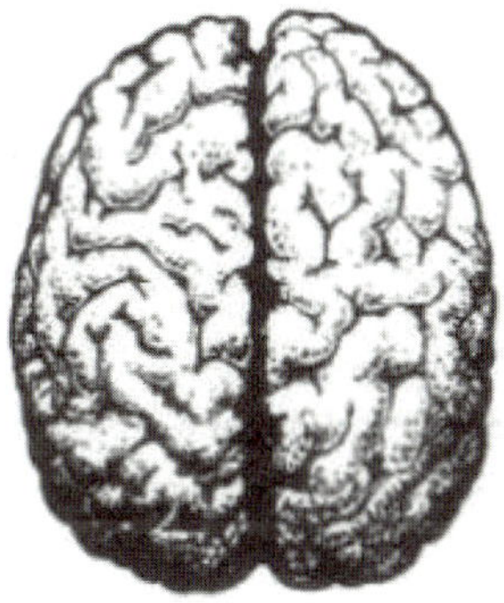

[그림 9-7] 좌우 뇌

3) 움직임과 자극에 의한 뇌의 발달

뇌는 왜 식물에게는 없고 동물에게만 있는 것일까? 지구상의 많은 생물들을 살펴보면 뇌는 움직이는 동물에게만 있다는 것을 알 수 있다. 움직이지 않는 식물에게는 뇌가 필요 없는 것이다. 이와 같은 점은 태어난 아기에게 음직임을 많이 제공해 주는 것이 두뇌발달에 유익하다는 것을 말해 준다. 성장기 아동이 신체적으로 활발히 움직이고 운동하는 것은 운동기능을 익힌다는 점 외에도 두뇌에 영양을 공급하고, 뇌신경 전달물질을 촉진시켜 아동의 두뇌기능을 향상시킨다.

또 두뇌는 아기가 경험하는 다양한 감각적 자극에 의해 발달한다. 엄마가 들려주는 이야기와 피부 접촉에 의한 청각·촉각자극은 두뇌의 감각피질의 뉴런과 연결되어 하나의 회로를 만들기 시작한다. 감각적 자극과 운동에 의해 잘 발달된 뇌는 성인이 될 무렵 1천억 개 이상의 뉴런으로 복잡하게 얽히게 된다. 이러한 얽힘으로 인해 두뇌는 무한한 잠재능력을 갖게 된다.

5. 인지발달

1) 기본개념

(1) 인지구조의 기본단위 : 도식

Piaget의 인지발달이론에 의하면 아기는 환경적 요구에 적응하려는 성향을 타고나기 때문에, 태어나면서부터 반사적·감각적 또는 운동적인 능력을 기초로 주변 환경에 대한 지식을 능동적으로 구성해 간다. 나아가 환경을 탐색함으로써 형성하게 된 기본적인 인지구조인 도식은 어린아이가 어떤 활동이나 행동을 하게 하거나 사고하는 과정에 활용된다.

특히 아기의 경우에는 이러한 도식이 정신적인 사고과정에 쓰이기보다는 활동적, 또는 행동적인 유형으로 나타난다. 예를 들어, 아기들은 어머니의 젖을 빠는 경험을 통해 빠는 도식, 손으로 어머니의 젖을 쥐는 도식, 어머니를 쳐다보는 도식을 갖게 된다. 도식은 여러 가지 경험을 통해 점점 분화되기 때문에, 아동이 성장함에 따라 환경과 상호작용 시 수많은 도식들이 이용된다. 또한 사고능력이 발달함에 따라 행동적인 도식은 정신적인 도식으로 바뀌어 간다.

(2) 인지발달의 원리 및 기제 : 조직, 적응, 평형

인간의 인지구조가 어떤 원리 때문에 단순한 행동적 도식에서 추상적인 정신적 도식으로 진보해 가는가? 이를 설명하기 위해 Piaget는 서로 관련된 세 가지 원리 즉, 조직, 적응, 평형의 원리를 제안하였으며, 이러한 원리들은 타고난 성향으로 보고 있다.

① 조직

인간이 환경에 대한 모든 지식을 종합하여 체계화하려는 성향을 말한다. 아동의 연령이나 경험에 따라 그 조직의 수준은 다르겠지만, 어떤 수준에서든 아동은 나름대로 자신의 지식을 체계적으로 조직함으로써 세상을 이해한다. 따라서 발달이란 새로운 경험이나 정보를 얻게 됨에 따라 단순한 조직구조에서 점점 더 복잡한 조직구조로 진보하게 된다. 예를 들어, '입으로 빨기' 도식은 '손으로 쥐기' 도식과 통합되어 '손으로 쥐고 입으로 가져와 빨기'라는 행동으로 조직된다.

② 적응

환경과의 효율적인 상호작용을 뜻하며, 환경으로부터 얻은 정보를 동화하고 조정하는 이중적인 과정을 통해 일어난다. 동화란 현재 가지고 있는 인지구조에 새로운 정보를 맞추려는 시도이며, 조정이란 새로운 정보에 맞추어 기존의 인지구조를 수정하는 과정이다. 이러한 동화와 조정의 보완적 과정은 또 다른 타고난 기능적 성향인 평형의 원리에 의해 유도된다고 할 수 있으며, 이러한 과정을 통해 아동은 환경을 이해하고 환경에 대처하는 방법에서의 진보 즉, 인지적인 발달이 일어난다.

③ 평형

유기체와 외부환경 간, 또는 유기체 내에서 경험하는 인지적인 요소들 간에 균형상태를 애써 유지하려는 성향을 말한다. 이러한 평형원리로 인해 인지적인 불균형을 경험하게 되는 아동은 균형상태를 유지하기 위해 새로운 인지적 요소 또는 정보를 기존의 인지구조에 '동화'하는 대신, 새로운 정보에 맞추어 기존의 인지구조를 바꾸는 '정'을 하게 된다. 다시 말하면 평형의 원리에 의해 '동화' 와 '정'이 일어난다고 할 수 있다. 예를 들어, 집에서 강아지와 즐겁게 놀았던 경험만을 갖고 있는 영아는 '강아지는 귀엽다'는 인지구조 즉, 도식을 갖고 있다. 그러나 어느 날이 영아는 다른 강아지를 보자 귀여운 강아지'에 대한 생각을 갖고(동화) 그 강아지에게 다가가는데, 갑자기 사납게 짖어대는 강아지 모습에 놀라는 경험을 하게 된다고 하자. 이때 영아는 인지적인 혼란 또는 불균형을 경험하며, '강아지는 귀엽다'라는 기존의 생각을 바꾸어 '강아지는 무섭다'라는 인지구조를 형성하게 된다(조정).

결국 아동이 현재 가지고 있는 인지구조로 새로운 경험을 처리할 수 없을 때, 아동은 환경적인 요구에 맞출 수 있는 새로운 정신적 유형을 조직함으로써 평형을 찾게 되고, 인지적 진보가 일어난다.

[그림 9-8] 동화와 조정

2) Piaget의 인지이론

Piaget의 이론은 아동의 인지발달은 감각운동기, 전조작기, 구체적 조작기, 형식적 조작기의 단계를 거치면서 단계마다 질적으로 서로 다른 사고를 한다. 그 첫 번째는 영아기로서 감각운동단계이며, 그는 이 감각운동기를 다시 다음과 같은 여섯 단계로 나누어 설명하고 있다(Flavell, Miller, & Miller, 1993).

(1) 반사활동기(Reflex activity, 출생~약 1개월)

신생아가 학습되지 않은 생득적 반사로써 그 주위의 환경에 적응하려는 시기이다. 환경으로부터의 자극에 빨고, 울고, 숨쉬고, 재채기하는 등의 자연적인 반사로 대처한다. 반사운동을 통해 여러 가지 도식을 만들어가므로, 반사운동(reflex exercise) 시기라고도 한다. 동화가 환경적응에 대부분을 차지하지만 조절도 볼 수 있다. 예를 들어, 젖을 빠는데 젖꼭지와 가슴을 구별하는 것이 조절의 예다.

(2) 일차 순환반응기(Primary circular reactions, 1~4개월경)

순환반응이란 우연히 일어났던 흥미를 끄는 행동을 반복한다는 의미에서 붙여진 이름이며, 일차적이란 이러한 행동이 생물학적인 반사에 그 근원이 있기 때문에 붙여졌다. 흥미를 끄는 행동은 아동의 신체를 중심으로 반복해서 나타나는 매우 단순한 것이다. 자신의 신체를 제외한 외부적인 사건에 흥미를 느낄 능력은 없다.

반사활동기에서는 Piaget의 동화와 조절의 기능 간에 차이를 보이지 않으나, 유아가 그의 감각운동 유형을 변화시키기 시작하는 두 번째 단계에서는 조절과 동화의 기능이 분리된다.

예를 들어, 유아가 그의 엄지손가락을 반복해서 빤다면 이것은 우연적인 행위가 아니라 손과 입간의 협음을 통해서 이루어진 행동이다. 그러나 엄지손가락을 빠는 행동은 우연히 시작된 것으로 재미있기 때문에 반복하는 것이다. 따라서 반복해서 나타나는 이 행동은 획득된 적응행위로 볼 수 있다. 이 단계에서 반사활동에 의해 형성된 도식은 습관으로 나타난다. 요약하면, 일차 순환반응은 환경이 주어지는 대로 학습하거나 획득하는 것이 아니라 유아 스스로 발견하고, 창조된 자신의 신체에 대한 탐구과정이며 이해과정인 것이다.

(3) 이차 순환반응기(Secondary circular reactions, 4~8개월경)

이 단계의 특징은 순환반응이 유아 자신의 신체에 한정된 것이 아니라, 주위에 존재하는 물체에까지 확대된다는 것이다. 예를 들어, 유아가 딸랑이를 우연히 흔들어 딸랑이가 낸 소리가 즐거우면 또 다시 딸랑이를 흔들어 봄으로써 아름다운 소리에 만족을 느낄 것이다. 일차 순환반응기에도 딸랑이를 흔들어 반복할 수 있으나, 이때는 활동자체에 흥미를 느껴 반복하는 것이다. 즉, 딸랑이를 흔드는 근육자극에 흥미를 느끼나, 이차 순환반응기에는 활동이 일으킨 변화에 흥미를 갖는다. 딸랑이를 흔들어 나는 소리에 관심이 있는 것이다. 이런 유아의 행동은 주변 물체를 인식한 의도적이고 목적을 지닌 행위라 할 수 있다. 그러나 이 의도적 행위는 행동 이전에 목표를 갖고 계획하지는 못한다. 또한 이 시기에는 이전 단계에서 보였던 개별행동이 통합되어 여러 형태의 협응활동이 나타난다. 앞서 말한 딸랑이를 흔든다는 것은 소리를 듣기 위한 것이므로, 손과 귀의 협응이며 공을 잡는다는 것은 손과 눈의 협응이다.

(4) 이차반응의 협응(Co-ordination of secondary reactions, 8~12개월경)

이 시기는 특별한 목적을 달성하기 위해 획득된 여러 가지 도식을 새로운 상황에도 사용하게 된다. 예를 들어, 장난감을 꺼내기 위해 막대기를 사용하는 것은 목적을 위한 수단의 선택이 된다. 세 번째 단계에서의 도식의 협응은 완전히 의도적이지도 않고 목적에 직접적이지 않다. 그러나 네 번째 단계에서 수단과 목적이 분리될 수 있는 의도성(intentionality)이 역력하다. 이제 유아의 행동은 완전히 의도적이고 기존의 도식을 목표성취를 위해 협응시킨다.

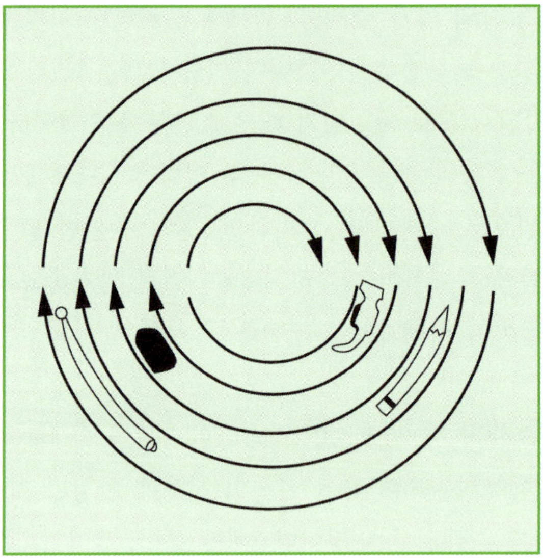

[그림 9-9] 삼차 순환반응기

(5) 삼차 순환반응(Tertiary circular reactions, 12~18개월)

일차 순환반응은 흥미를 끄는 단순한 행동을 반복하는 단계이며, 이차 순환반응은 이전에 만족을 주었던 행위를 목적을 갖고 반복을 계속하는 것이다. 이것에 비해 삼차 순환반응은 단순한 목적을 지닌 반복이 아니라, 새로운 행동이 어떤 결과를 가져올 것인가를 알아보기 위해 다양하게 시도해 보는 것이다. 외부세계를 이해하기 위해 새로운 반응을 시도하는 시행착오의 학습을 도모한다. Piaget는 이런 시도를 인간이 지니고 있는 선천적인 호기심 또는 새로운 것에 대한 흥미의 시작으로 보았다.

5단계 이전에는 새로운 사건을 조절하여 이미 획득된 도식에 동화시키는 것이 전부이다. 그러나 5단계의 유아는 자신의 현재 정신구조와 다른 새로운 사물과 사건에 대해 관심을 갖고 동화의 과정을 거친다. 이 과정은 기존의 인지구조가 분화되어 더 적당한 새로운 도식을 만들기 위해 조절하는 재생산적 동화이다.

(6) 사고의 시작(Mental combination, 18~24개월경)

감각운동기의 마지막 단계에 아동은 문제를 해결하기 위해 실재의 물체뿐 아니라, 상징이나 이미지를 인지적으로 조합하고 조정하기도 한다.

즉, 상징을 통해 새로운 인지구조를 생각하기도 하며, 이러한 인지구조들을 결합시켜 새로운 수단을 발생하는 사고를 시작한다. 예를 들어, 이 단계의 아동은 컵을 들고 가다가 문에 도달하면 문을 열어야 한다는 상황을 판단하여 손에 들었던 컵을 다른 데 놓는다. 즉, 문을 열기 위해 손을 비운다. 이것은 손의 컵이 문을 여는 데 방해가 된다는 것을 깨닫기 때문이다. 컵을 손에 들고 문을 열려고 하다가 실패하여 시행착오 과정을 통해 다른 행동을 취하는 것이 아니라, 머릿속에 생각을 한 후 행동을 한다.

3) 대상영속성

감각운동기의 아동이 획득하는 중요한 개념의 하나가 대상영속성(object permanence)이다. 대상영속성 개념은 자신과 주변 세계에 대한 두 가지의 논리적인 사고를 할 수 있어야 획득된다. 첫째, 자아는 주변 세계와는 물리적으로 분리된 독립된 존재이며, 둘째, 주변의 물체는 시야에 있지 않다 하더라도 계속적으로 존재한다는 것이 그것이다. 감각운동기가 끝나는 2세 정도의 아동은 분명한 대상영속성 개념을 지니고 있다. 이차 순환반응기에는 대상영속성 개념이 서서히 나타나기 시작한다.

감각운동기의 첫 번째와 두 번째 단계에서는 유아 앞에 놓인 흥미로운 물체를 감추어 버린다면, 그 물체는 이미 존재하지 않은 것처럼 여겨 찾는다는 등의 관심을 보이지 않는다. 그러나 세 번째 단계인 이차 순환반응기에는 물체가 시야에서 사라지면 그것을 찾고자 하는 대상영속성의 기초개념 획득을 볼 수 있다.

네 번째 단계인 이차 반응의 협용에 있는 유아는 사람과 사물을 구별하고 숨긴 물건을 찾을 수 있다. 즉, 대상영속성을 획득한 것이다. 이 단계 이전의 유아는 한 장소에서 다른 장소로 인형을 옮겼을 때, 전에 있던 장소의 인형은 존재하지 않고 옮겨진 장소에는 새로운 인형이 무(無)에서 나타났다고 느낀다. 그러나 대상영속성을 획득한 유아는 원인과 결과의 관계를 이해하기 시작하여 어떤 행위의 결과를 예상할 수 있다. 따라서 옮겨져 다른 곳에 놓인 인형이 바로 전 장소에 놓여 있었던 인형이라는 것을 안다. 즉 미래의 결과에 대해 인식할 수 있고, 그 결과를 낳기 위해 의도적 행동을 할 수 있다.

다섯 번째 단계에서는 유아가 보는 앞에서 빠른 속도로 장난감을 이리저리 옮겨 놓아도 그것을 찾을 수 있다. 마지막 단계에서는 장난감을 이리저리 옮기는 과정을 전부 보지 않더라도 찾을 수 있다. 이것은 아동이 사라진 물건을 마음속에서 여기에서 저기로 갔을 것이라고 상상을 할 수 있기 때문에 가능하다. 이와 같은 능력은 그들의 지적 발달이 출생 이후 많은 발전을 했다는 것을 의미한다.

Piaget의 대상영속성의 개념은 아동의 물리적 실체를 이해하는 데 많은 공헌을 하였다. 그러나 최근에는 Piaget가 결론지었던 개념획득의 시기보다 훨씬 빠른 것으로 보고되고 있다(Flavell, Miller, & Miller, 1993). 또한 물체개념 연구에서 "A, 즉 B가 아니라는 오류(A, not-B error)"의 기초 하에 활발히 진행되고 있다. 즉, 유아들은 처음 물체가 숨겨진 장소(A장소)에서 찾으려고 하는 경향이다. 이들은 그 물체가 두 번째 장소(B장소)에 숨겨지고 그것을 열심히 관찰하였는데도 이러한 오류를 범하는 것이다(Haith & Benson, 1998).

6. 정보처리이론

1) 정보처리이론의 발달배경

정보처리이론은 Piaget나 Vygotsky 이론처럼 단일한 하나의 인지이론 모형은 아니다. 잘 알려져 있는 정보처리이론가들도 각자 자기 나름의 처리 시스템을 제안하고 있어 정보처리시스템을 구성하고 있는 구성요소의 유형들이나 그 요소들의 상호작용에 관해서도 논란이 많다. 그러므로 현재 상태에서 정보처리접근은 다양한 이론들을 포함하고 있는 하나의 구성체(frame work)라고 보는 것이 보다 적절할 것 같다(Thomas, 2000: Kail & Jeffry, 1982). 이러한 정보처리이론은 컴퓨터의 발달과 더불어 Piaget 인지이론의 추상성 등에 관한 비판과 함께 그 대안의 하나로 발달된 것으로 알려지고 있다.

Piaget의 인지이론은 모든 인지적 기능작용을 통합하는 일반원리들과 함께 논리학, 언어, 도덕성, 인과, 시간, 공간, 수, 서열화, 그리고 분류 등과 같은 수많은 내용영역들의 발달에 관한 자세한 기술들을 포함하고 있다. 그래서 그의 이론은 수십 년 동안에 걸쳐 수많은 연구물과 교육과정 및 교수법의 개혁과 아동의 지적 발달을 도울 수 있는 새로운 접근들의 개발을 자극하고, 촉진시키는 데 공헌하였다.

그럼에도 불구하고, Piaget의 이론은 동화와 조절 같은 개념이 어떤 면에서는 매우 추상적이고, 아동들의 행동에 직접적으로 연결하기 어렵다는 비판이 있다. 예컨대, 한 아동이 어떤 학습장면에서 조절하고 있다는 것을 우리가 어떻게 알 수 있는가? 인지구조가 변화했을 때를 우리가 확인하기 위해서 어떤 기준을 사용할 수 있는가? 또한 형식 조작적인 추리에 관한 개념들 가운데 몇몇은 아직 실증적으로 증명되지 못한 것들도 있다. 이러한 Piaget 이론에 대한 비판의 대안으로서 정보처리과정과 유사한 인지과정의 탐색에 관한 연구들이 나오게 되었는데, 그 대표적인 예가 Case와 Pascual-Leone, 그리고 Siegler와 Sternberg 등의 연구들이다.

이들 중에서도 Case와 Pascual-Leone은 정보처리이론을 아동의 인지발달영역에 최초로 도입한 대표적인 학자들이라 할 수 있다. 그러나 이들은 Piaget의 이론을 재해석하는 정도에 머물렀고, Piaget의 단계이론을 극복하지는 못했다. 그래서 이들은 신Piaget학파라 불리기도 한다.

그 후 Siegler와 Sternberg 등이 아동의 인지적 행동을 컴퓨터의 작동과정에 비유하여 아동을 정보처리자로 보고, 정보가 처리되는 과정의 변화를 자세하게 집중적으로 연구하였다. 이들의 정보처리이론은 인간정신 작용의 과정을 컴퓨터의 작동과정과 유사한 것으로 보고, 이에 비유하여 인지과정을 설명하고자 하였다.

즉, 외부 환경으로부터 입력(input)된 정보를 수용하여 당면한 문제의 해결이라고 하는 목표달성에 적절하게 정보들을 처리하고, 그 결과들을 반영한 산출물(output)을 만들어 내는 컴퓨터의 정보처리과정과 눈, 귀, 코, 입, 피부 등과 같은 다양한 신체의 감각 수용기관들을 통해서 정보들을 지각, 저장, 기억. 추리하는 등의 과정을 거치면서 문제를 해결해 가는 일련의 인간의 인지적 행동과정을 서로 유사한 것으로 본 것이다. 그러므로 정보처리이론이란 환경으로부터 정보를 도출하고, 그 정보를 해석하고 또한 그와 같은 해석의 기초 위에서 행동을 조직하는 인지적 기능화를 기술하며 설명하는 이론이라 할 수 있다.

이런 관점에서 볼 때, Piaget의 이론은 인지구조의 측면에 보다 많은 관심을 가진 것으로 볼 수 있는 데 비해서, 정보처리이론은 인지과정에 보다 초점이 맞추어져 있는 이론이라 할 수 있다.

2) 정보처리과정

일반적으로 알려져 있는 정보처리체제는 '환경으로부터 자극 → 감각 및 지각과정 → 자극의 저장(기억) 단기기억(혹은 작업기억) → 장기기억'의 요소들과 자료처리과정에 관련되어 있는 통제과정들(주의, 인지, 시연, 조직, 의미화 등의 과정들)로 기술되고 있다.

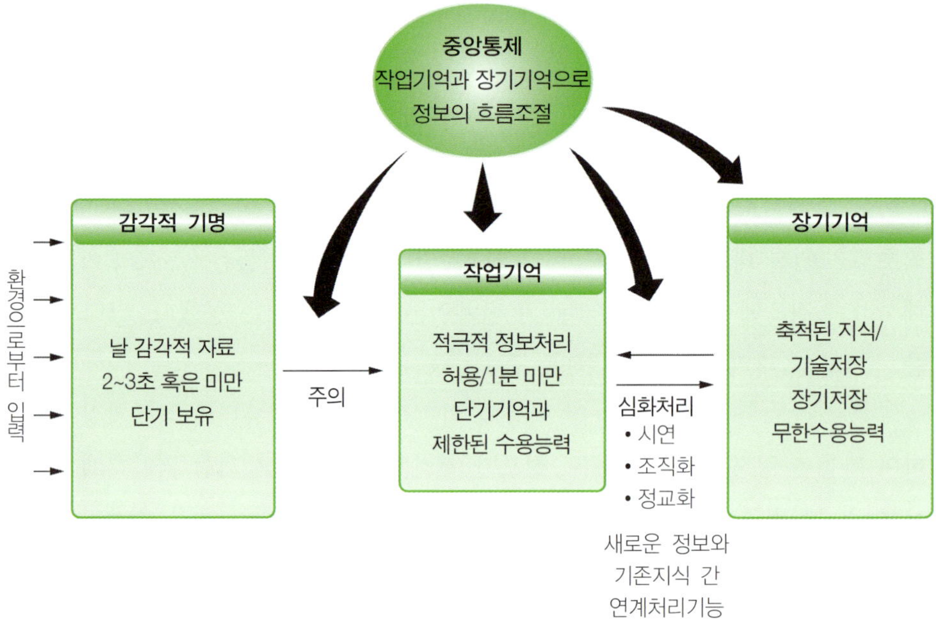

[그림 9-10] 정보처리과정

이는 [그림 9-10]처럼 요약될 수 있다. 아래에서는 Thomas(2000)가 제안하고 있는 정보처리체제의 고전적 모형과 그 변형에 관한 기술을 중심으로, 인지적 발달에 있어서 정보처리체제에 관하여 좀 더 자세히 살펴보기로 한다.

3) 정보처리과정의 고전적 모형

Thomas는 여러 정보처리 접근 관련 학자들의 관점을 분석, 통합하여 초기 정보처리이론의 대표적인 관점이라 할 수 있는 하나의 고전적 모형을 제안하고, 그 후의 변용에 관하여 기술하고 있다. 이를 요약 및 소개하면 다음과 같다.

(1) 고전적 정보처리체제의 구성요소

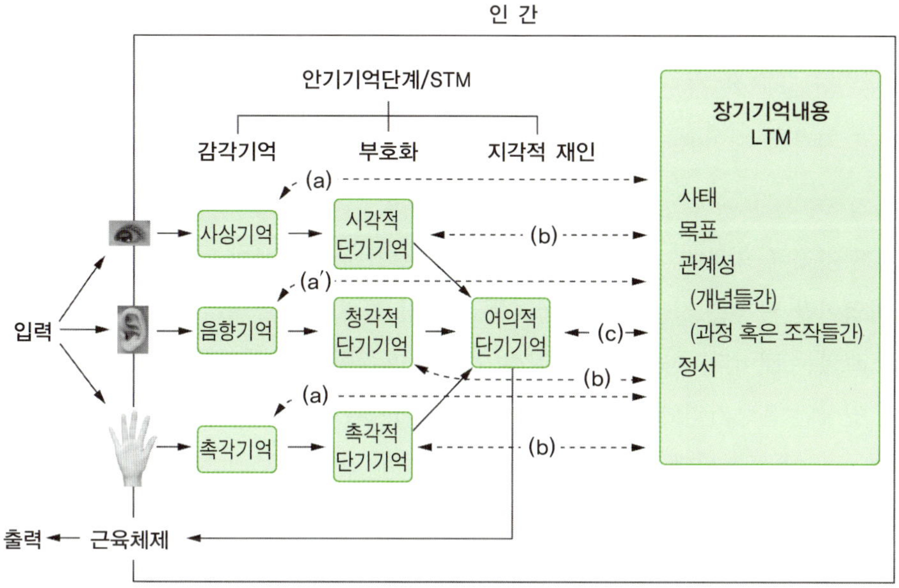

[그림 9-11] 토마스의 정보처리과정의 고전적 모형

Thomas(2000)는 [그림 9-11]과 같이 인간의 정보처리과정의 모형을 제안하면서 고전적 정보처리체제의 구성요소들을 ① 감각기관, ② 단기기억, ③ 장기기억, ④ 근육체제(muscle system)의 네가지로 기술하고 있다. 여기서는 시각형을 한 인간으로 가정하고, 사각형 바깥은 한 개인의 외적 환경으로, 사각형 내는 정보처리 체제로 나타내고 있다.

① 감각기관

[그림 9-11]에서는 간략하게 나타내기 위해 눈, 귀, 피부를 대표적인 감각기관으로 나타내고 있다. 그러나 실제로는 냄새, 맛, 온도, 고통, 그리고 신체의 각 부위들을 포함한 감각기관을 통해서 환경으로부터 자극 혹은 정보들을 받아들인다. 이처럼 감각기관을 통해서 외부의 자극들을 받아들일 때, 실제로는 광대한 외부 자극들 가운데서도 정상적인 인간의 감각기관이 최대로 받아들일 수 있는 범위에서 선

택적으로 소수의 자극들만 수용하게 된다. 그것은 인간이 갖는 자극 수용능력의 한계성(식역)과 감각기관에 있어서 개인차나 관심이나 흥미 등과 같은 심리적인 개인차에 따라 선택적으로 지각하기 때문이다.

② 단기기억

감각기관들에 의해 수용, 수집된 자극(정보)들은 맨 처음에는 단기기억(Short Term Memory: STM)에 자료들로 저장된다. 이러한 단기기억은 감각기억과 부호화 과정, 그리고 지각적 재인(Perceptual recognition)의 단계들로 구성되어 있다.

㉠ 감각기억단계

외적 자극에 의하여 감각기관에 형성되는 순간적인 심상파지의 단계이다. 감각적 기억이란 명칭은 정보가 아직까지는 비교적 원형상태로 남아 있다는 의미를 반영하고 있는 것이다. 여기에는 시각적 인상의 흔적들인 시상기억(iconic memory), 청각적 인상인 음향기억(echoic memory), 그리고 터치감각들인 촉각기억(haptic 혹은 tactile memory)이 포함된다. 이러한 감각적 기억들에 있어 정보의 저장은 아주 순간적인 것이다. 시각자극의 경우는 0.5초 미만, 청각자극의 경우는 1~2초 정도 계속되는 것으로 본다(Klahr & Wallace, 1976). 이처럼 순간적이기는 하지만, [그림 9-11]에서 (a)의 점선들로 표시된 것과 같은 관계방향으로 감각기억들(시상, 음향, 촉각기억)과 개인의 지식기반을 이루고 있는 장기기억 간에 상호교류 혹은 상응작용(transaction)이 일어난다. 좀 더 설명하면, 단기기억의 감각적 기억을 비롯한 부호화과정, 지각적 재인의 세 가지 각각의 단계와 장기기억 간에 상응작용이 일어난다(점선 a, b, c). 이러한 상응작용 과정에서 그때그때 외부 환경으로부터 입력되는 감각기억 정보들(예컨대, 시상, 음향, 촉각기억들)의 성질에 따라 부호화와 지각적 재인의 과정을 거치면서 정보들이 걸러지고, 어떤 감각자료(기억)들은 단기기억에서 다음의 장기기억으로 보내어져 저장된다.

[그림 9-11]을 중심으로 예를 들어 좀 더 설명하면. 감각기억과 장기기억 간의 상응작용을 표시하고 있는 그림의 점선 (a)는 예컨대, 나뭇잎들과 건물들을 배경으로 해서 그 가까이 서 있는 사람을 그 배경을 구성하고 있는 색깔들의 패턴으로부터 사람의 윤곽을 분리해내어, 그 사람을 알아보게 되는 과정에서 일어나는 시상기억과 장기기억 간의 상응작용을 나타내는 것으로 설명할 수 있다. 마찬가지로 음향기억과 장기기억 간의 상응작용을 나타내는 점선 (a′)도 새들이 짹짹거리고 나뭇

잎들이 바스락거리며, 트럭이 덜컹덜컹 소리내는 소음 가운데서도 특정 사람의 목소리를 구별해내는 것도 음향기억과 장기기억 간의 상응작용을 거쳐서 이루어지는 것으로 설명될 수 있다.

ⓛ 부호화 단계

두 번째의 부호화 단계에서는 앞서 단계의 감각적 기억을 다음의 어의적 단계에서 사용할 수 있는 형태로 부호화하거나 개조한다. 즉, 단계에서 감각적 인상들이 신경체제에 의한 조작에 적절하도록 부호화나 상징들로 번역된다. 따라서 이처럼 부호화한다는 것은 감각적 기억과는 다르게 감각적 인상들이 본래의 형태로 기억되거나 처리되지 않는다는 정보처리이론의 중심이 되는 가정을 뒷받침해 주는 것이라 하겠다. 부호화 역시 장기기억과의 상응작용을 통해서 완성된다(b점선들). 부호화단계에서도 입력된 자극이나 정보들이 시각적, 청각적, 촉각적 단기기억으로 분리되어 있다. 마찬가지로 아주 많은 시간 동안 지속되고, 많은 정보를 보유할 수 없는 매우 제한된 수용능력을 가지고 있다. 시각적 수용능력보다 청각적 수용능력이 더 큰 것으로 알려져 있다.

ⓒ 어의적 기억단계

어의적 기억단계에서는 시각적, 청각적, 촉각적 단기기억의 세 가지 통로를 통해서 부호화된 자료들이 의미를 가질 수 있도록 장기기억과의 상응작용 점선 (c)을 통해서 장기기억 중에서 선택된 내용들과 비교되고 결합된다. 이 단계는 그 개인이 실제로 과거의 경험들에 대한 자신의 기억이라고 할 수 있는 장기기억의 측면에서, 그 기억내용이 나타내고자 하는 의미를 확인하는 지각적 재인(perceptual recognition)의 단계라 할 수 있다. 다시 말해서 의식적인 사고로서 "그래, 바로 그거야!"라고 하는 "아하!" 경험의 시점이다.

③ 장기기억

Thomas(2000)는 장기기억(Long Term Memory: LTM)은 전체적인 정보처리체제의 작동(operation)을 지도하는 것과 개인의 과거 경험들로부터 부호화된 자료들을 저장하는 두 가지의 주된 기능을 가지고 있는 것으로 가정하고 있다. 또한 단기기억은 매우 제한된 정보수용능력과 20초에서 30초 정도 혹은 1분 미만의 짧은 보존기간을 가지고 있으나, 장기기억은 무한한 양의 자료들을 수용할 수 있으며, 그 명칭이 의미하고 있듯이 30초 이상 평생까지 장기간의 기억자료들을 보존할 수 있다.

㉠ 장기기억의 내용

장기기억에 저장된 부호화된 자료들은 단일 사태들(a single events)혹은 에피소드들, 목표(goal), 개념들과 과정들을 포함하고 있는 관계성(relationship), 정서들(affects)을 포함하고 있다.

- 단일 사태들 : 과거에 있었던 특정 사건 속의 구체적인 한 인물이나 대상에 관한 기억흔적들을 말한다. 이것은 어떤 일이 언제, 어떻게 일어났는가에 관한 지식으로서 특정 맥락에 대한 구체적인 지식을 말해주는 것이다. Tulving(1972)은 이 사태지식을 삽화적 지식(episodic knowledge)이라 불렀다. 이것은 개념들 혹은 장소나 시간에 제한되지 아니하는 과정들과 같은 사고의 보다 일반화된 도구들로 구성되어 있는 어의적 기억(semantic memory)과 구별되는 것이다.
- 목표 : 개인이 성취하고자 하는 것이다. 목표들은 정보처리과정에 있어서 동기유발에 관련된 구성요소들이다. 목표는 개인으로 하여금 환경의 특정 사태들에 주의를 집중시키고, 감각적인 인상들을 해석하기 위해서 장기기억으로부터 특정 내용들을 이끌어내게 하는 활력소 기능을 한다.
- 관계성 : 기억하고 있는 관련 사항들 간의 관련적 특성이다. 여기에는 과거에 연유한 사건들의 관계, 대상들의 관계, 개념들 간의 관계, 정방형, 빨강, 날씨, 종교 등과 같은 추상적인 개념에 붙여진 명칭, 개념 간의 비교, 인과관계 등이 포함된다. 관계성에 포함되는 과정들(Processes) 혹은 조작들(operations)이란 어떤 목표에 도달하기 위해서 수행되는 일련의 단계들로서 일종의 절차에 관한 지식(Procedural knowledge)을 말한다. 예컨대, 자동차를 운전해 가는데 요구되는 조작의 연속적인 순서나 37×75의 계산절차를 그 예로 들 수 있다. 이 관계성을 어떤 학자들은 연합(associations)이라 부르기도 한다.
- 정서(affects) : 분노, 연민, 애정, 좌절, 매력, 절망과 같은 단어들로 표현되는 감정 혹은 정서들이다. 장기기억 속에 있는 이러한 정서적 특성들은 자주 사태나 목표, 그리고 관계성과 관련되어 있다.

㉡ 장기기억의 구조

Thomas에 의하면, 장기기억은 앞서 기술한 바와 같은 사태, 목표, 개념, 과정 혹은 조작을 포함하는 관계성, 그리고 정서 등과 같은 내용들에 관한 개인의 기억흔적들을 표상하고 있는 것으로서, 여러 개의 가닥들이 어울려 매듭지어져 있는 마디들을 가지고 있는 어망(fishnet)과 같은 구조로 조직되어 있다. 그 마디로부터 뻗어 나오는 수많은 가닥들이 다른 가닥들과 연결하고 있다. 가닥들은 그 개인이 이미 가지고 있던 기억흔적과 관련되는 새로운 다른 사태들이나 개념들로 연결된다.

장기기억과 단기기억의 세 단계와의 상호작용 가운데서 가장 중요한 것의 하나는 환경으로부터 입수된 자극들과 장기기억의 내용들과 연결하는 상호작용이다. 특별히 지각적 재인은 단기기억의 단계들을 통해서 입수되어 새로 부호화된 자료가 장기기억망에 있는 동일하거나 혹은 유사한 부호화된 자료에 연결, 부합될 때 가능한 것이다. 다시 말하면, 인간은 앞서 기술한 바와 같이 만족한 연결, 부합이 이루어질 때 감각적 입력자료들을 이해하게 되고 그것이 의미하는 바를 바로 알 수 있게 된다고 설명할 수 있다. 또한 능동적 의사결정과 문제해결은 어의적 단기기억과 장기기억 간의 상응작용을 통해서 이루어진다.

④ 근육체제의 작동 : 행동출력

정보처리과정의 네 번째 구성요소인 근육체제를 통해서 구체적 행동이 수행된다. 말을 걸고, 계단을 오르고, 자동차의 브레이크를 밟고 강의내용을 기록하는 것과 같은 행동들이다. 이러한 행동 혹은 동작들은 감각의 수용과 더불어 단기기억 혹은 장기기억의 과정을 거치면서 이루어지는 구성요소들 간의 상호작용 결과로서 근육체제를 통해서 행동으로 나타난다. 좀 더 설명하면, 감각기관을 통해서 입력된 정보들이 어의적 단기기억으로 그 과정을 거치면서 이루어지는 그 정보들에 대한 개개의 의사결정은 적절한 근육을 사용하는 방향을 부호화해 둔 장기기억으로부터 실행지시를 이끌어내게 된다. 그 실행지시에 따라 부호화된 실행방향이 원심성 신경을 통해서 행동수행에 필요한 근육으로 전달된다. 이렇게 외현적 행동수행이 이루어짐으로써 정보처리의 한 순환주기를 마무리하게 되는 셈이다. 지금까지 정보처리과정을 설명하기 위해서 한 예로 감각으로부터 하나의 외현적 행동이 나타나기까지 연쇄적인 정보처리 과정을 기술했다. 그러나 실제로는 자신의 내적 관찰을 통해서 알 수 있듯이, 정보처리의 결과가 언제나 반드시 외현적으로 나타나는 것은 아니다. 우리는 사물들에 관한 사고나 어떤 결론에의 도달, 혹은 마음의 변화 등을 통해서 그 경험사태들을 단지 기억 속에 기록해 두기만 하기도 하고, 새로운 개념들을 획득하는 것으로 끝낼 때도 있으며, 또는 단지 기억들에 여러 가지 감정들을 첨가하는 것으로 끝나기도 한다.

그러니까 기억이나 개념획득 등을 포함하는 인지발달을 위해서 반드시 외현적 행동이 나타나야 하는 것은 아니다. 그러나 바깥으로 드러나지는 않지만 이러한 인지발달이 환경 혹은 세상에 대한 우리의 행동방식에 묵시적으로 반영될 것이다.

4) 정보처리과정에 있어서 주의, 지각, 기억

정보처리이론의 주된 관심 주제들은 심리학의 전통적인 관심들에 속하는 주의, 지각, 기억 간의 관계성을 설명하는 것이다.

(1) 주의

주의는 정보해석과 그것을 저장하는 데 주된 역할을 한다. 사람들이 어떤 감각 대상에 주의를 기울이지 않을 때는 기억 내용에서 제외되고 후에 그것에 대해 기억할 수 없다. 그런데 사람들은 많은 자극들 중에서 특정 자극에 선별적으로 주의를 집중한다. 다시 말해 어떤 자극들은 무시해버리고, 다른 어떤 자극에는 의식적으로 주의를 집중시킨다. 특정 대상에 주의를 집중하는 인간의 주의의 지향기제를 설명하기 위해서 이론가들은 정보처리 기제를 다음과 같은 특징들을 지닌 것으로 가정한다.

첫째는 정보량의 과부하로부터 체제를 보호하기 위한 여과기들을 가지고 있으며, 둘째는 비교적 짧은 단기기억의 시간 동안 입력으로부터 정보를 끌어내는 데 필요한 시간을 연장하기 위한 특수 저장영역이 있는 것으로 가정하고 있다.

(2) 지각

다양한 지각이론이 있지만, Ut似(1981)과 Thomas(2000)에 의하면 주위의 내용이 새겨지는 지각현상은 환경의 자극으로부터 어의적 단기기억단계에 이르기까지 정보처리과정의 모든 단계들이 관련되어 있는 것으로 보인다.

사람들은 감각들(시각, 청각, 후각, 미각, 피부감각)을 통해서 환경으로부터 정보들(자극들)을 받아들인다. 그러면 입력된 가공되지 않은 자료들을 보다 의미 있는 정보로 번역한다. 이 과정의 첫 번째 과정이 환경으로부터 자극들을 탐지하는 감각(sensation)과정이고, 두 번째가 그 자극들을 해석하는 지각(Perception)의 과정이다.

(3) 기억

비록 단기기억 및 장기기억과 같은 기억의 구성요소들의 개념을 거부하는 학자들도 있지만(Crack & Lockhart, 1972), 일반적으로는 단기기억과 장기기억으로 구성되는 하위구분의 가설을 받아들이고 있다. 단기기억(STM)은 사람들이 새로 입력되는 정보들을 처리하는 동안에 맨 처음 그 정보들을 잡아두는 기억의 구성요소 혹은 저장소이다.

대부분의 사고 혹은 인지적 처리작용이 일어나는 곳이기도 하다. 예컨대, 우리가 문제를 해결하려고 하거나 교재의 글귀의 의미를 만드는 곳이다. 학자들에 따라서 작업기억(working memory)이라 불릴 때도 있다. 대체로 최고 20-30초 정도의 매우 짧은 시간 동안만 정보를 유지한다. 장기기억(LTM)은 예컨대, 자전거 타는 법, 현미경 사용법과 같은 기술들뿐만 아니라, 2+2의 계산법. 고교졸업 연도 등과 같은 지식을 포함해서 수년간에 걸쳐서 그들이 자신의 경험들로부터 학습한 많은 것들을 유지하게 하는 기억의 구성요소이다. 단기기억과는 대조적으로 장기기억은 무한하게 긴 시간 동안 지속될 수 있다

CHAPTER 10

언어발달

다른 동물에게는 없는 언어가 있기 때문에 인간은 자신의 사고와 감정 및 의도를 타인에게 전달하는 동시에 타인의 생각과 감정 및 의도를 바르게 이해할 수 있게 되어, 복잡한 대인관계를 무리 없이 유지해 나가면서 진정한 의미의 사회적인 존재로 성장해 간다. 뿐만 아니라, 아동에게 있어서 언어는 여러 가지 현상을 이해하고 개념화하며, 주변 세계를 변별하고 분류하는 등 중요한 인지적 수단이 된다. 이와 같이 인간만이 지닌 능력 중에서 가장 복잡하고 경이로운 언어능력은 영유아기와 아동기 초기에 걸쳐서 급속하게 발달한다. 이 장에서는 언어교육의 중요성과 목표, 언어발달을 설명하는 이론, 영아의 언어발달과정에 관하여 알아보았다.

1. 영아기 언어교육의 중요성과 목표

언어는 의사소통과 사회적 상호작용을 위한 매체로서, 인지발달의 도구로서, 아동의 일상생활과 성장과 발달에서 중요한 역할을 하는 만큼 언어교육 역시 중요한 의의를 갖는다고 할 수 있다. 아동의 발달에서 언어가 갖는 중요성은 다음과 같다.

첫째, 아동의 언어능력과 의사소통능력은 자아개념의 획득과 사회집단과의 접촉을 통한 성격형성에 중대한 영향을 미친다. 의사소통과정을 통하여 아동은 자신의 물리적·사회적 환경 속에서 타인과 상호작용을 한다. 아동은 언어를 통하여 타인의 행위에 효과적으로 반응할 수 있고, 영유아의 반응에 대한 타인의 반응은 영유아의 자아개념 형성에 영향을 주게 된다.

둘째, 언어와 인지발달은 밀접한 관계가 있다. 아동이 언어를 사용하는 범위와 문법습득의 정도, 다양한 어휘사용 정도를 토대로 아동의 인지발달 수준을 짐작할 수 있다.

셋째, 언어는 의사소통의 매개체이며, 모든 학습의 기본이 된다. 인간이 진정한 의미의 사회적 존재가 되기 위해서는 언어를 통한 의사소통이 가능해야 한다. 보다 효과적으로 의사소통을 하려면 표현능력이 있어야 하며, 자료, 정보, 의미를 파악해내는 기술이 요구된다. 언어는 인적 환경뿐만 아니라 물리적 환경과의 접촉에서도 중요한 역할을 한다.

즉, 언어는 자극을 받아들이고, 사물과 사태를 지각하며, 경험을 기억에 저장하고, 사고를 전개시키며, 새로운 상황에 적응해 나가는 모든 면에 직접 또는 간접적으로 영향을 미침으로써 아동이 성공적인 학습을 할 수 있도록 돕는다.

이와 같이, 아동의 대인관계 발달과 학습 및 물리적 환경과의 상호작용에서 중요한 역할을 하는 언어는 가정에서 가족원들과의 언어적 상호작용을 통한 자연스러운 발달도 중요하지만, 교육기관에서의 체계적이고 조직적인 방법을 통한 지도를 하는 것이 언어발달에 중요하다고 할 수 있다.

아동은 유치원이나 어린이집과 같은 유아교육기관에 들어가면서 보다 체계적인 언어교육을 받게 되며, 각 유아교육기관은 주로 유치원 교육과정에서 제시하고 있는 언어교육의 목표를 중심으로 언어교육활동을 전개하고 있다. 언어생활영역의 목표를 달성하기 위하여 설정한 보다 구체적인 세 가지 하위목표는 다음과 같다.

첫째, 다른 사람의 말을 잘 듣고, 이해하는 능력과 태도를 기르게 한다. 아동은 듣는 과정을 거쳐서 말하기 때문에, 듣기란 모든 언어소통능력 학습의 기초가 된다. 즉, 듣기는 모든 언어 학습의 기초가 되는 것이다. 듣기란, 말소리로 표현된 내용이 듣는 사람의 마음에서 의미로 전환되는 과정을 의미한다. 듣기지도의 목표는 다른 사람의 말을 열심히 듣는 능력과 태도를 익혀서, 그 말에 담긴 생각과 느낌을 바르게 이해하도록 하는 데 있다. 그러므로 듣기를 지도할 때는 여러 가지 유형의 말소리, 낱말, 문장을 듣고 이해하도록 하며, 이야기를 바르게 듣고 이해하는 면을 중시해야 한다. 또 들은 말의 내용에 따라 적절히 행동하고, 동화나 동시를 즐겨 들으며, 바르게 듣는 태도를 기르도록 한다.

둘째, 자기의 생각과 느낌을 말로 표현하는 능력과 태도를 기르게 한다. 말하기는 생각과 느낌을 상황과 목적에 맞게 말소리 언어로 표현하는 행위이다. 자신의 생각이나 느낌이 듣는 사람에게 정확하게 전달되어 의도한 바가 달성되어야 하므로, 말하기는 듣기에 비해 능동적이고 적극적인 특성을 가진다. 말하기 지도의 목표는 자기의 생각과 느낌을 바르게 표현하는 능력과 태도를 기르는 데 있다. 말하기를 지도할 때는 올바르게 발음하여 낱말, 문장을 말하며, 묻는 말을 듣고 바르게 대답하는 면에 역점을 둔다. 또 자신의 경험, 생각, 느낌을 적절하게 말하며, 처해 있는 상황을 고려하면서 말하고, 바르게 말하는 태도를 익히도록 한다.

셋째, 읽기와 쓰기에 관심을 가지게 한다. 글자와 글을 읽고 쓸 수 있는 능력 즉, 문해력은 형식적으로 지도받기 이전에 나타난다. 글자가 풍부한 환경에서 생활하는 유아는 글자에 호기심을 갖는다. 또 많은 유아들이 주변의 글자나 글을 나름대로 열심히 읽어 보려고 하거나 써 보려고 한다. 이는 마치 말소리 언어를 습득하는 과정에서 열심히 말하거나 말로 실험하려고 하는 현상과 같다.

글자지도의 목표는 유아가 가지는 글자, 글에 대한 관심을 보다 확장시키고 지속시키는 데 두고 있다. 그러므로 말과 글의 관계를 이해하도록 돕고, 글자 놀이를 중시하며, 읽어주는 동화와 동시를 즐기고, 여러 가지 유형의 책과 쓰기 도구에 관심을 가지도록 한다.

2. 언어발달이론

아동의 언어발달을 설명하는 이론으로는 크게 환경의 영향에 의해 언어가 학습된다고 보는 학습이론, 언어발달은 선천적인 언어획득기제에 의해 이루어진다고 주장하는 생득이론 및 유전과 환경이 상호작용에 의하여 언어발달이 이루어진다고 보는 인지이론을 들 수 있다.

1) 학습이론

아동의 언어발달에서 환경의 영향을 강조하는 학습이론에서 언어는 자연스럽게 습득되는 것이 아니라, 학습과 모방에 의하여 이루어진다고 주장한다. 이러한 주장을 하는 대표적인 학자는 스키너와 반두라이다. 1957년에 출간된 『언어 행동』(Verbal behavior)이라는 저서에서, 스키너는 다른 행동과 마찬가지로 언어도 조작적 조건형성에 따른 강화원리에 의하여 획득된다는 것을 설명하고 있다. 즉, 아동의 언어발달은 옹알이에서부터 시작되는데, 옹알이에는 모국어에서 사용되는 음소가 포함되어 있다. 부모는 아동이 자신들이 사용하는 언어에 포함된 음소를 발음하면

보다 더 주의를 집중하고, 좋아하는 반응을 보이게 된다. 부모의 이러한 긍정적인 태도가 강화 자극이 되어 아동이 모국어의 음소를 습득해 간다는 것이다. 아울러 아동은 이와 같은 방식으로 음소뿐만 아니라 어휘와 문법도 학습하게 된다.

언어발달이 강화에 의해 이루어진다고 보는 스키너와는 달리, 사회학습이론가인 반두라는 강화가 없이도 관찰에 의한 모방에 의해 언어발달이 이루어진다고 주장한다. 즉, 아동은 어려서부터 주변 성인들의 언어행동을 관찰하고 이를 모방함으로써 언어를 발달시켜 간다는 것이다. 실제로 아동은 모방을 통해 많은 어휘를 학습하며, 부모는 어휘를 가르칠 때 입 모양을 보고 따라 해 보도록 하거나 단순하고 짧은 문장을 사용하여 대화하는 등 의도적이든 비의도적이든 다양한 노력을 한다.

그러나 언어발달을 학습과 모방에 의하여 이루어지는 과정으로 설명하는 학습이론은 아동의 언어발달을 충분히 설명해 주지 못한다. 즉, 아동은 성장하면서 종국에는 성인의 언어형태를 사용할 수 있게 되는데, 이것들이 모두강화의 결과로서 이루어진 것이라고 보기는 어렵다는 것이다. 왜냐하면, 부모들은 실제로 자녀의 이야기 내용에 대해 긍정 또는 부정의 반응을 보이는 것이 대부분이며, 말의 형태에 대해 강화하는 경우는 흔하지 않기 때문이다. 또 아동이 새로운 단어를 듣고 모방하여 자신의 어휘목록을 증가시켜가는 것은 주변에서 흔히 볼 수 있는 일이기는 하지만, 모방을 통해 새로운 문장을 습득할 가능성은 매우 희박하기 때문에 모방 자체가 언어발달에 충분한 영향력을 미치지는 못한다. 이처럼 강화나 모방만으로 아동의 언어발달을 충분히 설명하는 데는 한계가 있으나 부모나 형제, 친구 등 아동의 사회적 언어환경은 아동이 어휘를 증가시키고, 문법규칙을 스스로 터득해 나가는 데 있어서 없어서는 안 되는 환경적 측면이라고 할 수 있다.

2) 생득이론

생득이론에서는 아동의 언어발달은 선천적인 기제에 의하여 이루어진다고 주장한다. 이 이론을 주장하는 대표적인 학자로는 랜네버그(Lenneberg)와 촘스키(Chomsky)를 들 수 있다. 언어의 생득설을 주장한 렌네버그는 인간은 언어를 습득하고 산출해내며, 이해하는 능력을 타고난다고 보았다. 즉, 인간의 언어습득은 선천적으로 가지고 태어난 성향이며, 언어발달과 신경계통의 발달 간에 상관관계가 있다는 것이다. 인간의 뇌는 두 개의 반구로 이루어져 있는데, 주로 좌반구가 언어기능을 담당한다. 그러나 어렸을 때는 이러한 지배성향이 확고하게 성립되어 있지 않기 때문에 유아기에 좌반구가 손상된 경우에는 우반구가 이 기능을 담당하게 되므로 언어발달상의 문제를 경험하지 않게 된다. 그러나 연령 증가에 따라 신경계의 적응력이 점차 감소되고, 좌반구의 지배력도 보다 확고하게 형성되기 때문에 손상을 회복하는 능력은 감소된다. 따라서 2~3세 유아가 좌반구 손상을 입게 되면 언어능력은 어느 정도 결손될 가능성이 있으나 중추신경계는 가소성이 있으므로, 우반구가 언어기능을 담당하여 발달시켜 나가기 때문에 언어적 발달상의 결손을 회복시켜 나갈 수 있다. 그러나 청년기 이후에는 이러한 회복이 매우 어렵게 되므로 언어능력의 회복 정도는 뇌 손상 시기에 의해 결정되며, 이러한 경향은 언어발달과 신경계의 발달 간에 관계가 있음을 분명히 입증해 준다.

이와 같이 언어습득의 생득설을 주장하는 렌네버그의 견해는 대다수의 문화권에서 아동들이 1세경에 말을 배우기 시작하여, 18~24개월에 두 단어 문장을 사용하며, 4~5세경에 기본적인 문법규칙을 배우게 된다는 사실에 의해 뒷받침된다. 언어학자인 촘스키 역시 언어획득의 생득설을 주장하는 인물로 언어획득을 인간에게만 있는 고유한 생득적인 것으로 보고, 아동의 언어발달은 학습이론에서 주장하는 것처럼 강화와 모방에 의하여 이루어질 수 없다고 주장한다. 그의 이론에 따르면, 인간은 누구나 언어획득장치(Language Acquisition Device, LAD)를 가지고 태어난다고 가정하였는데, 이 기제는 생리적 기관이 아니라 언어재료를 처리하고, 가공하며, 언어규칙을 형성하고, 문법적인 문장을 이해할 수 있게 해 주는 능력을 뜻한다. 촘스키가 가설적으로 추론해낸 언어획득장치는 [그림 10-1]과 같다. 이러한 선천적인 언어처리능력으로 인해 아동은 주변으로부터 듣는 다양한 언어자극의 의미를 이해하고, 낱말들을 연결시켜 문법적으로 정확한 문장을 스스로 만들어내는 언어구사 능력을 보이게 된다는 것이다.

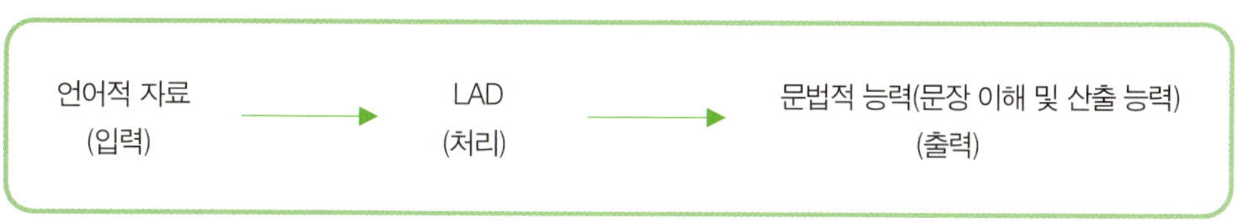

[그림 10-1] 촘스키의 언어습득장치

소리를 듣지 못하는 농아도 정상 아동과 유사하게 울음(낮은 목울림-옹알이)으로 첫 말의 과정을 거쳐서 언어를 발달시키나 자기 문화권의 언어를 따라할 수 없기 때문에, 자기들 마음대로 언어 신호를 만든다는 사실은 아동이 언어획득장치를 가지고 태어난다는 촘스키의 주장을 뒷받침해 주는 것이다.

이상과 같은 언어발달의 생득이론은 언어발달과 관련된 개념을 명확하게 제시하고 있어서 심리학자들과 언어학자들의 많은 지지를 받고 있다. 그러나 아동의 언어발달에서 환경과 자극, 경험의 영향을 지나치게 간과하였으며, 문법적 기술과 유창함 면에서 아동 간에 나타나는 차이와 아동이 단어의 의미를 어떻게 이해하는지를 설명하지 못하는 문제점이 있다.

오늘날 대다수의 발달론자들은 학습이론과 생득이론을 절충하여 아동은 선천적으로 언어획득능력을 가지고 태어나며, 이 능력은 경험을 통한 학습에 의하여 발달한다고 생각하는 경향이 높다.

3) 인지이론

(1) 피아제 인지발달이론

인지이론에서는 언어발달을 사고발달과 밀접하게 관련되어 있다고 본다. 이 이론을 주장하는 대표적인 학자로는 피아제와 비고스키를 들 수 있으나, 언어와 사고간의 관계를 설명하는 입장에서 두 사람 간에 다소 차이점이 있다.

피아제는 아동의 언어발달은 인지능력의 발달에 기초를 두고 있다고 보았다. 즉, 언어는 논리적 사고의 원천이 되는 것이 아니라 사고에 의해 구조화된다는 것이다. 감각운동기의 영아는 사물의 이름을 말할 수는 없어도 사물에 대해 사고를 할 수 있으며, 자신이 말할 수 있는 것보다 더 많은 것을 이해하고 있으므로, 감각운동기와 전조작기까지는 인지발달에 있어서 언어가 필수적인 것은 아니라고 본다. 오히려 언어는 아동이 자신이 획득한 개념을 표현하는 수단이자, 사고능력의 한 가지 표현방식으로 언어는 인지발달에 따라 나타나는 상징적 표상의 표현형태라는 것이다. 따라서 피아제의 이론에서는 인지와 언어발달 간의 관계를 사고와 인지발달이 선행하고, 언어발달이 뒤따르는 '사고－언어'의 도식으로 표현한다. 한편, 피아제는 아동의 언어를 자기중심적 언어와 사회화된 언어로 구분하고, 전조작기 유아의 사고의 특징은 자기중심적이므로 이 시기 유아의 언어는 자기중심적인 특징을 보이나, 구체적 조작기가 되어 타인의 관점에서 조망할 수 있을 정도로 인지발달이 이루어지면, 아동의 언어는 자기중심적 언어에서 벗어나 듣는 사람의 입장을 고려하는 사회적 언어로 바뀌어간다고 주장하였다.

(2) 자기중심적 언어(egocentric speech)

자기중심적 언어는 전조작기 아동의 자기중심적 사고에서 비롯되는 것으로, 여기서 자기중심적 사고란 유아가 타인의 관점과 요구를 무시하는 것이 아니라, 타인의 관점과 요구가 자신의 관점과 요구와는 다르다는 것을 이해하지 못하기 때문에 융통성 있는 판단을 못하고 자기 위주로만 사고하는 것을 의미한다. 자기중심적인 사고를 하는 유아는 자신과 주변 세계를 올바르게 연관짓지 못하고, 자기의 견해만을 절대적인 것으로 생각하기 때문에 왜곡된 관점을 가지고 있는 경우가 많다. 따라서 이러한 자기중심적 사고에서 비롯되는 자기중심적 언어 역시 정보교환은 가능하나 상담이나 의사결정, 또는 의사소통이 원활히 이루어지도록 하지는 못한다. 즉, 자기중심적 언어는 대화의 첫 단계이기는 하지만 엄격한 의미의 대화로 보기는 어렵다. 의사소통적인 기능을 지닌 사회적 언어가 아니기 때문에 특정 단어에 대한 의미도 아동들 간에 서로 다를 수 있다는 점이 특징이다. 이러한 특징을 지닌 자기중심적 언어는 반복, 독백 및 집단적 독백의 세 형태로 나타나며, 4~5세에 보편적으로 나타나는 언어의 형태이다.

반복(repetition)이란 영아기에 주로 나타나는 자기중심적인 언의의 형태로, 영아는 의미 없는 소리나 낱말을 반복하는데 이것은 의사소통을 위해 말을 하는 것이 아니라, 말하는 즐거움과 새로운 소리 습득의 즐거움을 위하여 방금 들은 것을 그대로 흉내내는 것이다. 즉, 사회성이 고려되지 않은 자기중심적 언어 형태로서 일종의 옹알이 단계의 연속이라고 할 수 있다.

조금 자라면 독백(monologue)형태의 말을 하는데, 이것은 유아가 청자의 존재 여부에 관계없이 자신의 생각을 말로 표현하는 것이다. 독백은 의사전달을 위한 목적은 없이 유아가 자신의 욕구충족을 목적으로 사용하는 경우가 대부분이다. 유아의 자기중심적 언어 중 가장 사회화된 언어유형인 집단적 독백(collective monologue)은 대화의 시초라고 할 수 있다. 혼자 있지 않고 둘 이상 있을 때 서로 대화하듯이 이야기하는 것을 집단적 독백이라고 하는데, 한 유아가 이야기하면 다른 유아가 받아서 응답하듯이 말을 하나, 의사소통의 형태는 아니다. 단지 주변에 누군가가 있다는 것 자체가 말을 하는 자극이 될 뿐, 상대방을 대화의 상대자로 고려하지는 않는다. 집단적 독백은 병행놀이 시 유아들이 나란히 앉아 있으나 상호작용을 하면서 함께 놀지는 않는 것과 유사하다.

(3) 사회화된 언어(socialized speech)

사회화된 언어란 말하는 사람보다 듣는 사람의 관점을 고려하여 사용하는 언어 형태를 의미하며, 정보교환을 위한 대화, 비평, 명령과 요구 및 위협, 질문・대답과 같은 언어유형이 포함된다.

순응된 정보교환이란 유아가 자신에게 흥미 있는 사건을 전달하려 하거나 상호간의 공통목표를 전달하기 위해 의사를 종합하는 언어 유형이다. 두 유아가 공동으로 나비 그리기를 하기 위해 한 유아가 "우리 같이 나비 그리자"라고 말하면 "그래, 같이 그리자."라고 대답하는 언어 형태를 말한다. 즉, 언급된 제안에 대하여 상호 의사소통하고 타인의 입장을 수용하여 반응하지만 인과적 설명은 없다.

비판이나 조롱은 다른 유아의 행동이나 일에 대하여 비판하는 표현이 뚜렷한 언어 형태를 의미한다. 한 유아가 "국에 파가 있는데 나는 파는 먹기 싫어."라고 말하자, 다른 유아가 "그게 양파지 어떻게 파니, 너는 파랑 양파도 모르니?"라고 반응하는 것과 같은 대화를 말한다. 대부분의 유아들은 자신의 우월성을 표현하기 위해 이러한 형태의 언어를 사용한다.

명령이나 요구 및 위협은 '블록 나 줘.', '사과 내가 먹을 거야.', '내 말 안 들으면 너랑 안 놀아.' 등과 같이 또래집단에서 힘이 센 유아가 힘이 약한 유아에게 사용하는 언어유형이다. 이러한 언어유형은 생각과 의견을 교환하기 위해 사용하기보다는 주로 명령이나 요구, 위협이 대부분이다.

질문은 3~4세에 많아지며, 질문에 대한 대답은 주로 순응된 정보교환, 즉, 사실에 대한 언급이거나 의문, 명령, 요구에 대한 반응으로 나타난다.

(4) 비고스키 이론

소련의 심리학자인 비고스키(1978)는 지식이란 사회나 문화가 오랜 역사와 전통을 통하여 축적해 놓은 산물이며, 아동은 자기보다 유능한 성인이나 또래가 함께 참여하는 활동을 통해 도움을 받아 인지발달을 해 나간다고 보았다. 그러므로 아동의 인지발달이란 성인의 도움이 주도적인 역할을 하는 타인 안내적인 단계에서 성인이 도와준 내용을 아동이 내면화하여, 보다 높은 수준의 정신과정에 도달하는 것을 의미한다. 이러한 지식의 내면화 과정에 필수적인 도구가 되는 것이 언어로, 인지발달을 촉진하기 위한 매개수단으로서 언어가 발달하게 된다는 것이다. 즉, 피아제 이론에서는 언어가 아동의 사고나 개념을 표현하는 수단으로서 발달된다고 보지만, 비고스키 이론에서는 언어가 사고와 인지발달을 촉진하는 매개적 기능을 하는 것으로 본다.

비고스키는 언어가 내적 표상능력의 발달에서 주도적인 역할을 한다고 보고, 언어발달을 다음과 같은 네 단계로 구분하였다.

• 제 1단계 : 초기 언어 단계(Primitive speech stage)

출생에서부터 24개월까지의 영아기는 언어가 의식적 사고와 결합되기 이전의 시기로 언어와 사고가 서로 독립적이다. 이 단계는 세 가지 비인지적 언어기능으로 구성된다.

첫째는 고통이나 욕구불만 때문에 운다거나 만족할 때 옹알거리고, 재롱을 부리는 것과 같은 정서적 해방이다. 둘째는 생후 2개월경에 이러한 정서적인 해방은 성인의 목소리나 모습에 대한 반응을 나타내는 여러 가지 소리와 연합된다. 즉, 반응이 분명하지 않은 말소리와 웃음소리가 사회적인 반응을 표시하는 소리로 나타난다. 셋째는 사고 없는 언어의 형태로, 영아의 욕구와 대상이 최초로 말하게 되는 단어로 대치되기 시작한다. 이러한 말은 부모나 형제자매들이 대상과 단어를 연결시키는 가운데서 배우게 된다.

• 제 2단계 : 순수 심리 언어 단계(Naive psychological speech stage)

2세경에 유아는 단어가 상징적 기능을 지니고 있다는 것을 알게 되며, 사물과 환경에 대한 호기심의 증가로 질문이 많아지고, 사용하는 단어의 수가 급속하게 늘어나게 된다. 성인이 가르쳐 주는 것에 만족하지 않고 유아 스스로 사물의 명칭을 알기 위해 노력한다. 그러나 이 시기의 유아는 언어가 지닌 본질적인 기능을 인식하고 있는 것이 아니라, 문법적 구조만을 사용하기 때문에 유아의 언어는 순수한 것이다. 이때부터 사고의 언어적 도구인 말과 유아의 사회·문화적 경험이 지식의 형성과정에 결정적인 영향을 줄 수 있게 된다.

• 제 3단계 : 자기중심적 언어 단계(Egocentric speech stage)

7세 이전까지의 유아의 언어는 자기중심적인 언어로서 비고츠키는 자기중심적 언어를 새로운 단계의 사고 형태로 연결시켜 주는 중요한 도구로 보았다. 비고츠키는 언어는 의사소통을 위한 사회적 기능과 자기조절적인 기능을 가진다고 보았는데, 전자는 다른 사람을 위한 말이고, 후자는 자기를 위한 말이다. 자기중심적인 언어는 이 두 가지 언어기능을 분명하게 구분하지 못하는 데서 나타나는 현상으로, 사회적인 언어도 아니고, 완전하게 내면화된 내적 언어도 아닌 중간 단계의 언어로써 일종의 준사회적 언어라고 할 수 있다. 결국 자기중심적인 언어는 개인 간에서 개인 내 기능으로, 또는 유아의 사회적 활동에서 개별적인 활동으로 가는 과도기적 현상이다.

• 제 4단계 : 내적 성장 언어 단계

사고능력의 발달로 7세 이후의 아동은 자기중심적 언어의 양이 줄어들고, 논리적 능력을 사용하여 머리 속에서 조작할 수 있다. 이 시기에 언어가 내면화되어 고등 정신과정의 중요한 부분이 되고, 말은 아동의 활동에서 서로 다른 특성들인 지각, 기억, 문제해결 같은 기능들을 조직하고 통합하도록 돕는다.

이상에서 살펴본 인지이론가인 피아제와 비고츠키의 언어발달이론은 인지와 언어를 관련짓는 방식에서는 차이가 있으나, 아동의 언어발달이 인지발달과 밀접하게 관련되어 있다고 생각하는 점에서는 공통점이 있다.

3. 언어발달의 과정

낱말을 사용하여 의사를 전달하기 훨씬 이전부터 시작되는 언어발달은 전언어 단계(prelinguistic phase)와 언어 단계(linguistic phase)를 거치면서 이루어진다.

1) 전언어 단계

전언어 단계란 영아가 낱말을 사용하여 말을 시작하기 전에 소리를 산출하여 자신의 의사를 전달하는 시기를 의미한다. 전언어기에는 울음, 소리내기(cooing), 옹알이, 몸짓, 자기 소리 모방(lallation)및 타인 소리 모방(echolalia)과 같은 언어적 행동이 나타난다.

(1) 울음

신생아는 태어나면서 최초의 발성을 울음으로 하게 된다. 신생아의 울음은 숨을 내침으로써 일어나는 반사적 반응으로, 신생아가 자신의 욕구를 표현하는 유일한 방법이다.

그러나 출생 후 약 1개월까지의 신생아의 울음은 미분화된 소리의 울음으로 신생아의 욕구를 정확하게 파악하기는 어렵다. 생후 1개월이 지나면서부터 영아의 울음소리는 상황에 따라 다른 양상을 띠면서 분화되기 시작한다. 즉, 배고프거나 졸립거나 목마를 때, 기저귀가 젖었거나 아플 때 울음이 각기 다른 강도와 고저를 띠면서 분화되어 나타나게 되므로 보다 정확한 의사전달 수단이 된다. 즉, 고통스러운 경우에는 갑자기 크게 불규칙적으로 울며, 흐느끼거나 끙끙거리며 앓는 소리를 내고, 배가 고플 때는 울음소리가 점점 커지며, 울다가 입술을 빨기도 한다. 이와 같이 이 시기의 영아는 울음을 자신의 욕구와 의사전달의 주요 도구로 사용하는 것을 배우게 된다.

(2) 소리 내기

영아에 따라 다소 차이가 있으나, 생후 약 1개월경부터 주로 자신이 기분이 좋을 때 울음 이외의 발성인 소리내기를 시작한다. 초기의 소리내기는 대개 '아아······', '오오····', '우우····' 같이 모음으로 구성된다. 소리 내기를 통해 영아는 자신의 정서 상태를 표출하며, 이 단계에서 영아와 어머니 간의 상호 발성이 이루어지기 때문에 언어적인 상호교환적 의사소통이 이 시기에 이미 시작된다.

(3) 옹알이

생후 2개월경부터 영아의 소리내기는 옹알이로 바뀐다. 영아기 동안 음성 언어 생성능력의 발달과정에서 옹알이는 매우 중요한 비중을 차지한다. 즉, 옹알이는 의사소통의 형태로 보기는 어렵지만, 영아는 옹알이를 통해 모국어의 음소를 획득하게 되어 언어발달의 기반을 형성한다. 성인과의 접촉을 통하여 영아의 옹알이는 자신이 소속된 집단에서 자주 쓰이는 소리로 점차 바뀌어가게 된다. 어머니나 영아를 돌보는 가족들이 영아에게 소리내어 말을 함으로써 계속 자극을 주고, 영아의 표현에 대하여 성의 있는 반응을 보여줌으로써 영아의 발성을 자극한다. 이처럼 옹알이는 발성연습이 되기 때문에 언어발달을 촉진시킬 뿐 아니라, 부모와의 상호소통이 매개체 역할을 하는 사회적인 가치를 지닌다.

옹알이에는 다음과 같은 특징이 있다.

첫째, 영아는 혼자 누워 있을 때 옹알이를 하면서 시간을 보내는 경우가 많다. 이때 옹알이는 하나의 놀이로서의 의미를 지니게 된다.

둘째, 옹알이는 같은 음절이 반복적으로 되풀이되는 특징이 있다. 이러한 반복놀이를 통하여 영아는 무의도적으로 일종의 발성연습을 하게 된다.

셋째, 옹알이는 개인적인 활동이다. 모음, 자음 및 음절 비슷한 음들이 발성되는 경우가 차츰 증가하게 되지만, 영아가 성장하면서 대체로 주변환경 특히 가정에서 많이 듣던 익숙한 음들을 더욱 많이 발성할 가능성이 높아진다.

넷째, 영아의 옹알이는 차츰 일상언어 같은 억양이 곁들여진다. 여전히 옹알이는 무의미한 음의 반복에 지나지 않으나, 영아가 여기에 음률적인 억양을 붙여 어조의 높고, 낮음이 있게 된다.

(4) 몸짓

몸짓이란 언어 대신 사지나 몸체를 움직여서 자신의 의도와 요구를 표현하는 것으로, 영아에게 있어서 중요한 언어의 역할을 한다. 몸짓은 음성언어를 대신하거나 보충하는 기능을 하기 때문에, 단어를 사용하여 말을 하기 시작한 후에도 유아는 불완전한 어휘력을 보완하기 위한 보조언어로써 몸짓을 사용한다. 따라서 영아들의 언어에서는 언어와 몸짓이 함께 사용되는 경우가 자주 있다. 말하기를 배운 후에도 유아들은 몸짓을 사용하여 의사소통하기를 좋아하는 경향이 있다. 그러나 몸짓을 사용하지 않아도 충분히 의사소통을 할 수 있음에도 불구하고 계속하여 사용하게 되면, 이것이 습관으로 굳어져 언어발달을 저해할 수 있는 만큼 언어의 의미를 강조하거나 보충하는 경우 이외에는 몸짓을 자주 사용하지 않도록 지도하는 것이 바람직하다.

(5) 자기 소리 모방

6개월경에 이르면 영아는 자기 스스로 소리를 만들어 반복해 내는 자기 소리 모방을 시작한다. 즉, 옹알이를 하다가 우연히 자신이 발성한 소리에 자극이 되어 계속 같은 말을 반복하는 것이다. 이러한 자기 소리 모방은 '마마', '아바'와 같이 단순한 자음과 모음이 결합된 소리로 의미 있는 단어로 보기는 어렵다.

(6) 타인 소리 모방

생후 9개월경부터 영아는 주변 사람들의 말소리를 의식적으로 모방하기 시작한다. 그러나 주변 사람들이 하는 말의 의미를 알고 모방하는 것이 아니라, 메아리처럼 그대로 따라한다고 하여 반향어(echolalia)라고 한다. 언어발달 단계에서 유아는 모방을 통하여 많은 부분의 언어를 발달시켜 나가게 된다고 볼 때, 이렇게 단순한 타인의 말이나 소리를 모방하는 것은 어휘발달을 위해서 매우 중요하다.

2) 언어 단계

생후 1년을 전후하여 영아가 특정 사물이나 사람 또는 사건을 지칭하기 위하여 낱말을 사용하기 시작하고, 유아기를 거치면서 본격적인 언어발달이 시작된다. 언어단계는 크게 한 단어 단계, 두 단어 단계 및 문법의 발달단계로 구분할 수 있다.

(1) 한 단어 단계(one word stage)

한 단어 단계란 첫돌을 전후하여 영아가 첫 단어를 말하기 시작하는 때부터 18개월을 전후하여 두 단어를 연결하여 사용할 수 있게 되는 시기를 뜻한다. 이 시기에 영아는 하나의 단어나 어휘로 자신의 의사를 표현한다. 즉, 한 단어 시기의 영아는 하나의 단어나 어휘를 가지고 단순히 하나의 대상을 지칭하는 것에 그치지 않고, 하나의 낱말로 문장의 의미를 전달한다. 예를 들면, 영아가 '맘마'라고 말하는 것은 '배고파요.', '우유 주세요.' 등의 다양한 의미를 내포하고 있다. 대다수의 부모들이 이러한 영아의 한 단어의 의미를 잘 이해하는 것 같으나, 영아가 전달하려는 구체적인 의미를 정확하게 파악하지 못하는 경우도 있다. 영아가 처음에 주로 사용하는 단어들은 친숙한 사물이나 대상의 이름이 대부분이며, 일반적으로 음식, 신체부분, 옷, 동물, 자동차 및 사람에 관한 것이다.

이 시기 영아의 언어발달상의 특징 중 하나는 과잉확대(over extension) 현상이다. 과잉확대란 하나의 단어를 적합하지 않은 다른 대상에게까지 일반화하여 사용하는 것을 의미한다. 예를 들어, 영아는 개를 멍멍이라고 부르게 된 후에도 고양이,

송아지 등 네 발 달린 짐승 모두를 지칭하는데 멍멍이를 사용하는 것이다. 이러한 과잉확대 현상은 모양이 지각적으로 유사하거나 기능면에서 공통성이 있거나 같은 범주에 속하는 대상에 대해서 나타나게 된다(Clank, 1983). 반면, 자기 그림책 속의 개는 멍멍이라고 하지만 이웃집 개나 다른 아이의 그림책 속에 있는 개는 멍멍이라고 하지 않는 경우도 때로 있는데, 이를 과잉축소(under extension)현상이라고 한다. 이러한 과잉확대와 축소 현상은 영아기를 지나면서 어휘력이 증가하고 문법을 획득하면서 사라진다.

(2) 두 단어 단계(two word stage)

일반적으로 18~20개월에 두 개의 단어를 연결하여 문장을 만들 수 있게 되면 두 단어 시기가 시작된다. 이 단계의 유아는 명사와 주로 동사나 형용사를 연결시킨다. 이 단계의 언어를 전보식 언어(telegraphic speech)라고도 하는데, 이는 이 시기의 유아가 사용하는 언어가 마치 전보문처럼 조사나 접속사가 생략된 채 '엄마', 자, '우유 더' 등과 같이 가장 핵심적인 단어만으로 구성되기 때문이다. 이와 같이, 유아기 초기에 두 단어만을 사용하여 문장을 만드는 것은 유아의 기억과 정보처리능력이 제한되어 있기 때문으로 짐작된다.

3) 문장의 발달

두 단어 시기가 끝나는 2세경부터 두 단어 문장과 세 단어 문장이 동시에 나타나고, 세 단어 이상을 쓰는 다어문 시기(2~4세)로 들어가게 되며, 6세경부터는 문법규칙을 익히는 동사 숙달기에 들어가면서 아동의 언어발달은 10세경까지 계속 이루어진다.

4. 의사소통능력의 발달

의사소통능력(Communicative Competence)에 관한 논의는 Chomsky의 언어능력(Linguistic Competence)의 개념에 관한 견해를 먼저 살펴보는 데서 시작된다. 왜냐하면 의사소통능력에 관한 여러 주장들이 Chomsky의 언어능력에 대한 반박에서 비롯되었기 때문이다. Chomsky(1965)는 언어학 이론에서 인간의 언어지식을 언어능력과 언어수행으로 구분하였다. 즉, 언어능력은 추상적인 규칙에 대한 완전한 지식을 의미하며, 그 지식을 가짐으로써 잘 구성된 모든 문장을 이해하고 표현하는 능력을 갖는다고 했으며, 언어수행은 구체적인 상황에서 언어를 실제적으로 사용하는 것을 의미한다고 하였다.

이에 대해 Hymes(1972)는 Chomsky가 제창한 언어능력의 범위가 지나치게 한정되어 있음을 지적하고, 그가 언어수행의 영역으로 정의했던 사회·문화적 요소에 대한 영역을 좀 더 넓은 개념의 언어능력인 의사소통능력이라는 개념에 포함되게 해야 한다고 말하면서 그 영역을 다음과 같이 주장하였다.

첫째, 언어 형식상 가능한지 여부에 관한 지식으로, 언어의 문법성에 관한 것을 의미한다. 문법적 문장이란 해당 언어의 문법규칙에 따라서 도출된 문장이며, 특히 그 통사적 규칙에 위배되지 아니한 것을 말한다.

둘째, 인간의 의지력의 한계 또는 기억의 한계에 관한 것으로, 문법적 문장이기는 하지만 이해하기 어렵거나 이해할 수 없는 과도한 내포문 등이 많은 것은 피해야 한다는 것이다.

셋째, 어떤 상황에 어떤 문장이 적합한지에 관한 지식으로, 문법적으로 가능할지라도 실제 상황에서는 부적절한 경우가 있다는 것이다.

넷째, 관용법과 관계가 있는 것으로, 어떤 문장은 쓰임이 가능하고 실행성이 있지만 실제로 발생하지 않는 경우를 가리킨다. 따라서 그 사회에서의 사용여부에 관한 지식도 포함되어야 한다는 것이다.

Allright(1977)는 언어능력과 의사소통 간의 관계를 언어교육과 관련시어 볼 때, 언어능력만을 가르치면 항상 의사소통능력의 상당 부분을 다루지 못한 채 남겨 두지만, 의사소통능력을 갖도록 가르친다면 이것이 충족시키지 못하는 부분은 언어능력의 극히 일부분에 불과하다고 주장하였다. Munby(1978)는 의사소통능력에 대하여 사회·문화적인 면과 담화 규칙을 강조하였고, 또한 그의 의사소통능력 이론은 사회·문화적 인식, 언어지식의 사회의미적 근거, 그리고 담화 계층의 운용의 세 가지 구성성분으로 이루어져 있다고 주장했다.

그리고 Canale과 Swain(1980)은 의사소통능력을 4가지 능력, 즉 문법적, 사회언어학적, 담화적, 전략적 능력을 포함하는 개념으로 제시하였다.

첫째, 문법적 능력(grammatical competence)이란 Chomsky가 말한 언어능력으로서, 어휘항목의 지식, 형태소, 문장의 의미, 음운 등과 같은 언어 규칙 및 특질을 포함하는 것으로 문자상의 의미를 정확하게 이해하고 표현하는 능력을 말한다.

둘째, 사회언어학적 능력(sociolinguistic competence)이란 서로 다른 사회언어적 상황 속에서 대화자의 지위, 대화자의 목적, 규칙, 예절 등에 따라서 말을 적절하게 표현하고 이해하는 능력을 말한다.

셋째, 담화 능력(discourse competence)이란 여러 문장이 연결된 글이나 말의 전체 의미를 이해하는 능력과 일정한 상황에 맞게 말이나 글을 구성하는 능력을 의미한다.

넷째, 전략적 능력(strategic competence)이란 원활한 의사소통을 할 수 없는 상황에서 의사소통을 계속 진행하기 위한 언어적, 비언어적 소통전략을 말하며, 돌려 말하기, 반복, 주저, 회피, 추측 등이 여기에 해당된다.

이와 같이 Canale과 Swain의 의사소통능력의 개념은 Hymes의 개념과 유사하지만, 전략 능력을 포함시켜 문장 이상의 전체 의미에서 요구하는 담화규칙들, 그리고 비언어적 의사소통에 이르기까지 종합적인 능력을 제시하고 있다.

Bachman과 Palmer(1982)는 의사소통능력을 구성하는 요소로 문법적 능력(grammatical competence), 화용적 능력(pragmatic competence), 사회언어학적 능력(sociolinguistic competence) 등을 들고 있다. 문법적 능력은 형태론(morphology), 구문론(syntax) 등을 포함하며, 화용적 능력은 담화규칙과 표현하고 이해할 수 있는 능력, 그리고 어휘까지 포함한다. 사회언어학적 능력에는 화역(register), 고유성(nativeness), 비문자적 언어(non-literal language) 등이 포함된다.

이상과 같은 학자들의 주장을 종합해 보면, 의사소통능력이란 언어가 가지고 있는 구조, 어형, 소리에 관한 언어학적 지식뿐만 아니라, 문법에 맞는 발화를 상황에 맞게 사용할 수 있는 능력과 사회적 맥락, 그리고 비언어적 의사소통까지 고려한 종합적이고 포괄적인 능력이라 할 수 있겠다. 그러므로 언어교육은 정확한 문법 지식만으로는 올바른 의미파악이 어려우므로, 언어의 용법보다는 실제 사용에 중점을 두어야 하며, 정확성보다는 유창성에 중점을 두면서 의사소통능력 배양을 목표로 해야 함을 알 수 있다.

1) 초보적 의사소통 행동단계 (primitive comminicative behaviors : 0~3개월)

울음, 미소, 눈 맞춤 등의 초보적인 의사소통 행동들을 보이고, 생리적 상태의 표현과 신생아는 자신의 행동이 환경이나 다른 사람에게 어떤 영향을 미치게 되는지 인식하지 못한다. 관심도 사물이나 사람 각각에는 집중되더라도, 사물과 사람을 함께 통합하여 연관짓지는 못한다.

2) 목표지향적인 의사소통 행동단계 (perlocutionary communicative behaviors : 4~7개월)

유아는 자신의 소리내기, 몸짓, 눈 맞추기 등의 행동이 성인의 행동이나 환경에 영향을 미칠 수 있다는 것을 깨닫는다. 전의도적(preintentional), 목표지향적인 유아의 의사소통 행동이다.

- 눈길로 관심 있는 물건을 표현한다.
- 흥미 있는 행동을 재현한다.
- 좀 더 다양한 소리를 낸다.
- 성인의 눈길을 따라간다.
- 익숙한 사회적 게임에 나오는 말에 반응한다.
- 습득한 음소나 단어의 범위 내에서 성인의 소리나 말을 모방한다.
- 소리내기(vocalization)로써 성인과 차례를 바꿔가며 소통한다.

부모들은 유아의 전의도적 행동에다 의사소통적인 의도를 연결시켜 줌으로써 유아가 의사소통의 가치를 인식하는 데 중요한 역할을 한다.

3) 도구적인 전환기 행동단계 (traditional/instrumental behaviors : 8~11개월)

유아는 미리 계획된 목적을 이루기 위해서 분명한 신호를 보낸다. 장난감을 가지고 놀다가 그것이 멈추면 성인의 손을 그리로 밀쳐내는 것이다.

4) 언어이전의 의도적 의사소통 행동단계 (illocutionary communicative behaviors : 11~14개월)

인과관계를 충분히 이해한다. 유아 자신의 행동이 성인의 주의를 충분히 끌지 못했을 때, 다른 여러 가지 방법을 써서라도 그 목적을 성취하려고 시도한다. 초기적 의사소통 행동보다 좀 더 발달된 행동 형태로서 의사를 내포하는 행동이다.(Halliday, 1975).

- 도구적 기능(instrumental function) : 자신의 물질적 필요나 욕구를 채우기 위한 의사소통 행위
- 조정적 기능(regulatory function) : 다른 사람을 조절 또는 통제하기 위한 의사소통 행위로서, '하라는 대로 하세요'(Do as I tell you)와 같은 의사를 내포함.
- 상호작용적 기능(interactional function) : 다른 사람과 교류 또는 상호작용을 하기 위한 의사소통 행위
- 개인적 기능(personal function) : 자신의 존재를 알리고자 하는 의사소통 행위
- 발견적 기능(heuristic function) : 환경을 탐구하고 정리하려는 의사소통 행위
- 가상적 기능(imaginative function) : 가상적인 상황을 만드는 의사소통 행위

5. 이중언어발달

현재 우리나라의 외국인 체류자가 150만 명이 넘었다는 기사를 읽은 적이 있다. 즉, 약 10%가 넘는 사람들이 국제결혼을 하는 다문화사회로 접어들었다. 그에 따라 다문화가정의 아이들은 일반가정 아이들과 함께 학령기를 보내며, 어떻게 보면 부모보다 더 많은 시간을 또래 아이들과 함께 보낸다. 그로 인해 아이들은 피할 수 없는 난관에 봉착한다.

모든 사람은 태어나서 신생아기를 거쳐 언어습득 장치를 통해 언어습득을 하고 말을 배우기 시작한다. 아기는 언어를 부모에게서 처음 접하고 언어에 반응하여 웃음짓기도 하며, 돌을 지나서부터는 어느 정도 말을 하기 시작하는데, 그 말은 아기를 양육하는 부모와 상호교류를 하면서 얻어지는 것들이다. 하지만 다문화가정 중에서도 국제결혼을 하는 많은 여성들은 한국어를 모른 채 결혼을 한다. 그래서 정상적인 어린이의 경우, 5~6세에 모국어의 문법구조를 자유롭게 사용하기 시작하고 학령기에 들어서면서 다양한 읽기와 쓰기 듣기의 역할을 배우는데, 다문화가족의 아이들은 상당수가 이러한 정상적인 언어발달을 성취하지 못한다. 그 이유는 첫째, 한국말이 서투른 외국인 어머니의 교육을 받고 성장하기 때문에 언어발달이 더디며, 모국어뿐만 아니라 제2 외국어의 의사소통도 제한적이어서 언어발달이 제대로 이루어지기 어렵다. 그 때문에 학교수업에 대한 이해도가 낮으며 과잉행동장애를 보이는 경우도 있다. 둘째로, 부모 가치관 사이의 차이에서 오는 부적응으로 인해 가치관의 혼돈이 생기는데, 그것이 언어발달에 부정적인 영향을 끼치기도 한

다. 셋째로, 지역사회의 요인이 있다. 모국어에 응집력 있는 조직(모국과 모국어가 같은 경우)은 어린 아동들에게 모국어를 배우고 유지하려는 긍정적인 동기를 주지만, 다문화가정 아이들은 모국과 모국어의 경계가 모호하여 지역사회의 긍정적 동기를 받지 못한다.

다문화가정 아이들은 일반 가정 아이들과 비교했을 때 어휘 이해도에서 큰 차이를 보이며, 그 중에서도 발화에서 부속 성분을 이루는 품사, 특히 부사의 사용률이 떨어진다. 예를 들어 '더, 무척, 서로, 다, 또' 등의 부사어에서 다문화가정 아이와 일반 가정 아이의 차이가 뚜렷이 난다. 그리고 한 연구결과에서는 다문화가정의 아이들은 어휘력이 부족할 뿐만 아니라, 구어체보다는 문어체에서 그 차이가 더 크다고 말해 준다.

다문화가정의 아이들은 피부색이나 다른 외모로 인해 따돌림을 당하는 경우가 많다. 설상가상으로 이러한 다문화가정 대부분이 소득이 낮고, 주거 및 학습환경도 열악하여 또래 아이들에 비해 기초학습능력이 낮다. 이런 아이들의 공통적 문제점은 학습결손과 '편견과 차별'로 인한 학교 부적응으로 파악할 수 있다(교육인적자원부, 2006). 학습결손을 해결하기 위해서 일반아동과의 차이를 밝혀 다문화가정 아이들의 표준이 되는 자료를 얻고, 그것에 기초하여 언어발달 프로그램을 개발하여야 할 것이다. 더불어 다문화가정의 외국인 부 혹은 모의 언어교육에도 힘써야 한다. 편견과 차별의 해결은 간단하지 않다. 학령기 아이들에게 또래집단이란 하나의 공동체로, 그 공동체에 어긋났을 때 나오는 고립감은 아이의 인성형성에도 영향을 끼칠 것이다.

6. 언어발달의 영향요인

유아의 언어발달은 유아 개인과 관련된 다양한 요인들과 유아가 생활하고 있는 가정 및 유아교육기관 관련 요인들에 의하여 많은 영향을 받는다. 일반적으로 유아의 언어발달에 영향을 미치는 유아 개인 관련 요인들로는 유아의 지능, 신체적 조건, 성별, 사회 및 정서능력 등을 들 수 있고, 가정환경 관련 요인들로는 가정의 사회·경제적 위치, 형제자매, 부모 등을 들 수 있으며, 교육환경 관련 요인들로는 교사, 학급의 크기와 교수학습방법 등을 들 수 있다. 이밖에 현대사회의 변화경향에 따라 가정과 교육기관에서 유아와의 상호작용 시간이 점차 증가하고 있는 미디어 매체도 유아의 언어발달에 많은 영향을 미치는 요인이라고 볼 수 있다. 이러한 요인들을 구체적으로 살펴보면 다음과 같다.

1) 유아의 개인적 요인

(1) 유아의 지능

표준화된 지능검사에서 언어능력은 인간의 지능을 측정하는 중요한 예측 변인으로 인정되고 있다. 유아기 언어발달의 요소인 말하기, 듣기, 읽기, 쓰기 능력을 성취하기 위해서는 지능과 관련된 사고능력이 필수적으로 전제되어야 하기 때문이다. 유아 및 아동을 대상으로 이루어진 많은 연구에서 유아의 언어능력과 지적 능력의 정적 상관관계를 입증하는 결과들이 발표되고 있다. 초등학생을 대상으로 이루어진 김재은(1984)의 연구에서는 언어능력과 정신능력 간의 상관관계가 입증되었으며, 영유아의 언어발달과 인지발달 간에도 유의한 정적 상관관계가 있었다(김영선, 1999; 김춘희, 1978; 이지영, 1973; 주영희, 1982). 이러한 연구결과들은 언어발달과 지적 능력 간에 밀접한 관계가 없다고 하는 Chomsky와 Lenneberg 등의 주장과는 달리(주영희, 1984), 영유아의 언어발달에 지능이 상당한 영향을 미치고 있음을 알려준다.

(2) 유아의 신체적 조건

신체적으로 건강한 유아가 모든 발달영역에서 뛰어난 성취를 이루듯이 언어발달 측면에서도 유아의 신체적 조건은 많은 영향을 미친다. 특히 영유아기에는 주위 환경과의 직·간접적인 상호작용이 언어발달에 결정적인 영향을 미치므로 영유아가 주위 환경을 탐색하는 데 필요한 시각, 촉각, 청각능력의 발달, 주위 환경 탐색결과를 이해하여 의미 있는 상징으로 나타내기 위하여 필요한 발음기관의 발달과 손과 눈의 협응능력의 발달 또는 영유아의 언어발달에 많은 영향을 미친다고 볼 수 있다. 출생 시 체중미달 유아의 언어능력이 정상적인 유아보다 떨어졌다는 연구결과(May, 1980; 이숙재·박인숙, 1986, 재인용)와 모양의 유사점과 차이점의 구별능력이 단어와 글자 인식에 영향을 미쳤다는 연구결과, 그리고 음운 변별력과 읽기준비도 간의 정적 상관을 나타내는 연구결과(이숙재·박인숙, 1986)도 유아의 언어발달에 대한 신체적 조건의 영향력을 입증한다고 볼 수 있다.

(3) 유아의 성별

유아의 성별에 따라 언어발달에 차이가 있는지에 관한 다양한 연구들에서 여아가 남아에 비하여 말하기 시작하는 시기와 문장을 사용하기 시작하는 시기가 더 빠르며, 조음과 언어의 유창성에서도 더 우수하다는 결과가 나타난 것과 언어장애의 발생률에서도 남보다 여아가 그 비율이 더 낮다는 주장들, 유아기부터 사춘기에 이르기까지 어휘, 발음, 철자법, 문장 구성력, 문장 이해력, 언어적 추리력에서 여아가 남아보다 우수한 경향을 보인다는 연구결과(Maccoby & Jacklin, 1974; 이숙재 · 박인숙, 1986, 재인용)와 정적인 읽기 활동에 대한 여아의 참여가 더 활발하기 때문에 여아의 읽기 능력이 우수하다는 Barbour(1987)의 연구결과 등은 언어발달에서 남녀의 성차가 있다는 주장을 뒷받침해 주고 있다. 이러한 성차의 원인을 보면 호르몬과 뇌 구조의 차이 때문이라는 주장과 자녀의 성별에 따른 부모 및 사회구성원들의 기대의 차이가 언어자극의 차이라는 견해도 있다. 한편, 성별에 따른 차이가 나타나지 않았다는 연구결과도 있음을 볼 때(주영희, 1982, 1984; Dale, 1976) 언어능력에서 남녀의 성차가 있다고 단정지을 수는 없으며, 이 과정에서 각 유아의 개인차와 관련된 요인들이 중요하게 고려될 필요가 있다.

(4) 유아의 사회 · 정서적 발달

사회 · 정서적 발달도 유아의 언어발달에 많은 영향을 준다. 사회성이 발달하여 가정에서 부모, 형제 및 다른 성인들, 그리고 유아교육기관에서 교사 및 또래와의 놀이에 적극적으로 참여하면서 언어적 상호작용을 활발히 하는 유아들은 그렇지 않은 유아들에 비하여 언어발달을 촉진시키는 데 유리한 상황에 있다고 볼 수 있다. 즉 다른 사람의 말을 잘 듣고 이해할 수 있으며, 상황에 맞게 언어로 반응할 수 있고, 다른 사람과의 상호작용에 활발히 참여하면서 쓰기를 통하여 자신의 의견을 표현할 수 있는 기회를 보다 많이 가짐으로써 언어발달의 각 영역에 긍정적인 영향을 받을 수 있을 것이다. 이와 같은 사회적 능력 이외에도, 정서적으로 안정적인 유아가 언어발달을 이룰 수 있는 보다 긍정적인 조건을 갖추었다고 볼 수 있다. 불안하거나 스트레스를 받는 상황에서는 언어발달에 필수적인 조건인 주위 환경 탐색에 적극적으로 참여할 수가 없기 때문이다.

2) 가정환경요인

(1) 가정의 사회경제적 지위

Bernstein에 의하여 언어표현 양식이 사회경제적 계층 간에 차이가 있다는 주장이 제기된 이래, 유아의 발달영역에 많은 영향을 주는 것으로 인식되고 있는 가정의 사회경제적 지위와 유아의 언어발달과의 관계는 지금까지 많은 연구의 주제가 되고 있다(Bernstein, 1972; 주영희, 1984, 재인용). 16세된 남학생들을 대상으로 토론시킨 내용을 분석한 결과, 중류계층에 속한 학생들과 노동계층에 속한 학생들이 사용하는 언어에는 차이가 있었다.

노동계층의 청소년들은 제한된 어법(restricted code)의 언어를 중류계층의 청소년들보다 더 많이 사용하였고, 이에 비하여 중류계층의 청소년들은 정교한 어법(elaborated code)의 언어표현 양식을 더 많이 사용하였다. 하류계층에 속한 유아가 사용하는 문장의 길이와 어휘력이 중류계층 유아보다 떨어진다는 연구결과(Parisi & Gianelli, 1979)와 중산층 유아가 노동계층 유아보다 작문의 길이가 길고 복문을 많이 사용하며, 형용사의 사용빈도가 높고 추상화 및 일반화 능력이 보다 앞선다는 연구결과(조문현, 1979), 그리고 사회경제적 수준이 높은 가정의 유아가 낮은 가정의 유아보다 언어기능이 더 높았다는 연구결과(주영희, 1982)도 언어발달에 대한 가정의 사회경제적 계층의 차이를 말해 주고 있다.

이러한 가정의 사회경제적 수준에 따른 언어능력의 차이에 관해서는 이후 현재까지 많은 논란이 거듭되고 있다. 특히 이러한 계층별 차이를 설명하기 위하여 제시된 결손가설(deficit hypothesis)과 차이가설(difference hypothesis)에 관한 논의가 지금도 지속되고 있다. 결손가설이란 하류계층에 속한 가정에서는 유아에게 언어발달을 자극할 수 있는 인적·물적환경을 충분히 제공해 주지 못해서 유아의 언어발달이 지체된다는 주장이고, 차이가설은 계층 간 언어능력의 차이를 물리적 환경조건의 부족으로 인해 질적 차이로 이해하지 않고, 단지 사용하는 언어의 차이로 보아 중류층 유아에게 적절하게 구성된 표준화된 검사결과를 가지고 하류계층 유아의 언어능력이 부족하다고 보는 것이 문제가 있음을 지적하고 있다. 그러나 Labov가 제안했듯이, 중류층 유아들이 보다 정교한 어법을 사용한다는 것은 현대사회의 교육체제에서 교육적 성취도를 높이는 데 보다 유리하게 작용할 것임을 예견할 수 있으므로, 유아가 속한 가정의 사회경제적 지위에 따른 언어의 차이가 다양한 영역의 학업성취도에 미치는 영향에 대한 보다 심도 깊은 연구가 이루어질 필요가 있다(Labov, 1972; 주영희, 1984, 재인용).

(2) 형제자매

유아의 형제 수, 형제 순위, 그리고 형제 간의 연령차가 영유아의 언어발달과 관계가 있는지에 관해서는 서로 다른 연구결과들이 있다. 우선 형제의 유무가 유아의 언어발달에 영향력을 행사하여 형제가 없는 유아의 경우, 형제가 있는 유아보다 언어의 표현력이 뛰어나다는 주장도 있고, 형제가 적은 가정의 유아가 형제가 많은 가정의 유아보다 언어능력의 발달이 빠르다는 주장도 있다. 출생 순서에서 먼저 출생한 유아가 나중 아이보다 더 우수한 언어능력을 보인다는 주장과 첫째 아이의 언어능력이 더 뛰어나다는 연구결과도 있다(김춘희, 1978;Bee, 1978; McCandless, 1961; Nelson & Bonvillian, 1978; Nisbet, 1953; 주영희, 1984, 재인용). 또한 쌍생아의 경우, 언어 시작 시기가 지체된다는 주장도 있다(May, 1980). 이와 같이 영유아의 언어발달에 미치는 형제와 관련된 다양한 변인들의 영향력은 영유아의 언어적 상호작용의 대상이 어떠한가에 달렸다. 즉, 영유아는 성인이나 언어능력이 비교적 많이 발달한 나이 차이가 많이 나는 형제들과 언어적 상호작용을 할 기회를 많이 가질수록 언어능력의 발달이 촉진되고, 언어능력이 미숙한 연령차가 거의 없는 형제 자매들과 주로 상호작용하거나 쌍생아 형제들과 상호작용하는 기회가 많을수록 언어능력발달이 지체된다는 것이다. 한편, 주영희(1994)의 연구에서는 형제 수가 영유아의 언어능력에 의미 있는 영향을 미치지 않는 것으로 나타났고, 유아의 언어 습득은 형제순서에 관계가 없다는 주장도 있다(Plaum, 1986).

(3) 부모

유아가 최초로 언어적 상호작용을 시작하는 대상은 대부분의 경우 가정에서 만나게 되는 부모다. 특히 어린 영아의 주 양육자인 어머니는 영유아의 언어발달에도 많은 영향을 미치게 된다. 어머니는 일상적인 상황에서 사용하는 언어와 어린 자녀와의 상호작용에서 사용하는 언어에 차이를 둠으로써 자녀의 언어발달을 촉진시키고자 시도한다. 예를 들어, 많은 어머니들이 자녀의 부정확하거나 부적절한 언어를 바르게 교정하여 반복해 주는 반복확장방법을 사용함으로써 어린 자녀의 언어발달을 도모한다(Phillips, 1973; Snow, 1972). 어머니가 가정에서 제한된 어휘를 사용하는 경우 자녀의 언어 표현력과 조직력이 늦게 발달하고, 추상적인 언어를 사용하여 언어로 표현하는 상황을 추상화, 일반화시키며 긴 문장으로 상세히 설명을 하는 경우 유아의 언어발달이 촉진된다는 연구도 있다(김영선, 1999). 또한 어머니가 자녀의 읽기, 쓰기 지도에 적극적으로 참여하여 환경을 적절하게 조성하고 언어 경험적 접근법을 사용하며 소근육발달을 위한 활동들을 많이 제공해 주는 경우, 자녀의 언어발달에 긍정적인 영향을 미쳤다는 연구결과도 있다(정영숙, 1990). 이와 같이 가정에서 부모, 특히 어머니는 어린 자녀의 최초의 언어적 경험의 양과 질을 결정하는 중요한 요인으로 영유아의 언어발달에 결정적인 영향을 미친다고 할 수 있다.

3) 교육환경요인

(1) 교사

유아가 최초의 사회생활인 영유아교육기관에서의 생활을 시작하면서 가정환경 이외의 요인이 유아의 언어발달에 영향을 미치기 시작한다. 특히 유아교육기관에서 이루어지는 대부분의 상호작용이 유아와 교사 사이에서 이루어지므로, 교사가 사용하는 언어는 유아의 언어발달에도 많은 영향을 미친다. 예를 들어, 교사가 사용하는 언어가 거칠고 너무 커다란 음성으로 이야기하는 경우, 유아의 정의적 측면에 영향을 미치게 되어 유아가 언어표현을 자제하게 되므로 언어발달에 부정적인 영향을 미치게 된다. 반면에 부드럽고 잘 조절된 음성을 사용하여 유아와 상호작용하는 경우, 유아에게 좋은 언어모델이 되어 유아의 언어발달에 긍정적인 영향을 미친다.

우리나라 유아 교사들을 대상으로 이루어진 연구를 살펴보면, 우리나라 유아교사들의 경우 허용적이고 민주적인 긍정적인 언어형태를 사용하기보다는, 유아의 의견을 무시하고 교사의 독단적인 지시와 명령이 주를 이루는 지배적인 언어형태를 많이 사용하는 것으로 나타나(김수영, 1980), 유아의 언어발달에 부정적인 영향을 줄 것이라고 예측할 수 있다. 이러한 교사의 언어형태 유형에 영향을 주는 요인으로는 교사의 경력, 학력수준, 연령, 가치관 등을 들 수 있다. 교사 경력이 많을수록 꾸중하는 경향이 많았으며, 학력이 낮을수록 지배적인 언어를 사용하는 것으로 나타나 유아의 언어발달에 부정적인 영향을 미친다고 볼 수 있다. 또한 발전 가치 지향적 교사일수록 폭넓은 질문을 많이 하는 것으로 나타났다. 특히 교사 경력이 4~9년이거나 대졸 이상의 교육 정도를 가진 교사의 경우는 질문을 적게 하는 것으로 나타나(조부경, 1986) 유아의 언어발달에 보다 긍정적인 영향을 미친다고 볼 수 있다. 이상에서 살펴본 바와 같이, 영유아의 최초 집단생활인 유아교육기관에서 교사의 언어는 교육의 대상이 되는 영유아의 언어발달에 많은 영향을 미치는 중요한 요인이다.

(2) 학급의 크기와 교수학습방법

영유아교육기관의 학급 크기는 유아의 제 발달영역별 성취도에 많은 영향을 주는 요인으로 밝혀지고 있다. 대부분의 경우 학급의 크기가 작은 경우, 즉 한 학급당 유아의 수가 적은 경우 유아의 발달에 긍정적인 영향력을 미친다고 알려져 있다. 언어발달의 경우에는 학급의 크기가 증가할수록 유아와 교사, 유아와 유아 간에 대화가 줄어들 것이고, 전체적인 언어적 상호작용에 참여도 줄어들 것이므로 언어발달을 저해할 것으로 예상할 수 있다. 예를 들어 유아의 수가 많은, 즉 학급의 규모가 큰 유아 교실에서는 교사가 교수학습방법을 공식화·형식화시키고, 유아교육기관의 생활규칙을 강조하고 통제적·직접적인 교육방식을 많이 사용하지만, 학급의 크기가 비교적 작은 경우에는 교사가 자유로운 분위기에서 유아를 구속하는 규칙들을 많이 강조하지 않음으로써(이영석·이경영, 1995) 유아들로 하여금 자유롭게 언어활동을 탐색할 수 있도록 하여, 결국 언어발달에 긍정적인 영향을 미칠 수 있다고 볼 수 있다. 이와 같은 결과를 볼 때, 유아 학급의 크기가 유아교육기관에서 생활하는 유아의 언어적 상호작용을 통한 언어발달에 긍정적, 혹은 부정적인 영향을 미친다고 볼 수 있다.

한편 영유아의 언어발달을 촉진시키기 위한 효율적인 교수학습방법에 관한 연구들도 많이 이루어지고 있다. 이영자, 이종숙(1985), 이석순(1988)에 의하면, 어린이의 흥미와 발달단계에 따라 그림동화를 반복적으로 읽어주고 어린이가 다시 이야기하거나 읽도록 하는 비지시적 읽기 지도가 유아의 읽기 발달을 촉진시켰으며, 쓰기 발달에도 효과적이라고 한다. 비슷한 연구로 유아에게 그림책을 제시해 주고 그림책의 주제에 관한 유아의 흥미, 경험, 언어적 반응을 격려해 주는 읽기 및 토의 활동을 활용하는 상황적 읽기 교수 전략이 유아들로 하여금 읽기 활동에 자발적이며 적극적으로 참여하도록 하여, 유아의 언어발달에 긍정적인 영향을 미치는 것으로 알려졌고(김영실, 1990), 유아들이 이야기한 내용을 기록하여 다시 읽어 보게 하는 교수법 유아의 단어 읽기에 효과적이라는 연구 결과도 있다(박홍자, 1983). 또한 언어 게임을 하면서 문자 지도를 하는 것이 유아의 읽기 · 쓰기 능력 향상에 긍정적인 영향을 주었다는 연구결과(장가본, 1988)와 언어적 상호작용을 통한 듣기 지도가 모델링 지도법보다 더 효과적이라는 연구결과도 있다(임숙희, 1988). 결국 유아의 언어발달을 효과적으로 이루기 위해서는 유아의 발달에 적절한 비지시적이고 적극적인 교수학습방법과 자발적인 유아의 참여를 장려하는 교수학습방법이 효과적임을 알 수 있다.

CHAPTER 11

정서발달

1. 정서의 정의 및 기능

1) 정서의 정의

정서는 인간생활에 중요한 역할을 한다. 출생 시부터 일생 동안 개인의 행동에 작용하며 행동의 기저를 이루게 된다. 다양한 유형의 정서표현에 의해 인간생활은 보다 더 풍부해질 뿐만 아니라, 개인의 개성을 특징짓는다. 유아기의 정서경험과 발달은 일생의 기초가 되며 지속적인 영향을 준다.

정서란 용어는 정서(情緖, emotion), 감정(感情, feelings), 정의(情意, affect), 기분(氣分, moods) 등의 단어와 함께 혼용되어 왔다. 초기 심리학자들은 정서와 감정의 의미를 구분하여 사용하였다. 그들은 인간의 감정이란 기쁨, 불쾌감 등을 느끼는 것이고, 이러한 감정의 정도가 심해져 행동으로까지 나타나게 되면 정서라고 구분하였다. 즉, 정서를 감정보다 활동적이고 표현적이며, 포괄적인 것으로 보았다.

정서에 대한 정의를 살펴보면, 제임스(James, 1884)는 흥분시키는 사실을 인식하면 곧바로 신체의 변화가 오며, 이때의 변화로 느끼는 감정이 정서라고 하였다. 프로이드(1915)는 사고는 어떤 대상에 대한 심리적 에너지의 부착을 의미하는 반면 정의와 정서는 방출과정과 연결되고, 또 최종적 표현은 감정으로 인식된다고 하였다. 스키너(1938)는 정서란 원래 어떤 반응만을 의미하는 것이 아니라, 오히려 충동과 비교될 수 있는 힘의 상태를 의미한다고 하였다. 이자드(Izard, 1972, 1991)에 의하면, 정서는 신경생리학적인 면과 운동표현, 그리고 현상학적인 면을 포함하는 복잡한 과정이라고 하였다. 그리고 정서는 지각, 사고, 행동을 유발하고 구성하며 안내하는 하나의 느낌으로 경험되는 것이라고 하였다. 이와 같은 여러 견해를 정리해

보면, 정서란 어떤 원인이나 상황을 지각하고 지각한 바가 그 인간 내에서 어떤 과정을 거치면서 작용하여 나타나거나 변화되어 가는 상태를 의미하는데, 그 상태가 보통 행동으로 나타나는 것을 의미한다고 할 수 있다.

2) 정서의 기능

아동의 정서발달 연구는 먼저 특정 정서가 언제 출현하며, 그 기능은 무엇인가 하는 것에 관심을 두고 있다. 그 다음으로 정서발달이 아동의 다른 심리 특성, 즉 성격발달이나 사회성 발달 또는 인지발달과 어떤 관계가 있느냐가 연구주제가 된다. 마지막으로 아동이 생존해 나가는데 정서의 역할은 무엇인가 하는 것이 연구된다(황상민, 1995). 정서는 아동의 인지, 학습, 사회적 행동 및 신체건강에 지대한 영향을 미친다.

(1) 학습 및 인지과정 조절기능

정서는 아동의 학습과 인지과정에 지대한 영향을 미친다. 일례로 캄포스(Campos)와 그의 동료들(1983)은 정서적 행동이 생존에 필수불가결한 학습을 유도한다고 보았으며, 막 걸음마를 걷기 시작한 영아들은 전기 콘센트에 손을 대서 충격을 받는다거나, 위험한 상황을 피하기 위해 가파른 계단으로 떨어지는 경우는 없다. 왜냐하면 영아는 전기 콘센트에 손을 대거나 가파른 계단에 다가갈 때 부모들이 보이는 정서반응을 통해 자기보호 행동을 획득하기 때문이다.

아동의 정서는 기억정보를 저장하고 회상하는 데 영향을 미친다. 아동은 학습 시 평온한 정서상태가 유지될 때 기억을 보다 잘 한다(Bower, 1981). 아울러 정서는 자유연상, 상상적 환상, 타인에 대한 평가에 강한 영향을 미친다. 즉, 화가 난 아동은 화난 자유연상을 하고, 적대적인 환상을 보고하며, 타인의 잘못을 들추어내는 경향이 있다.

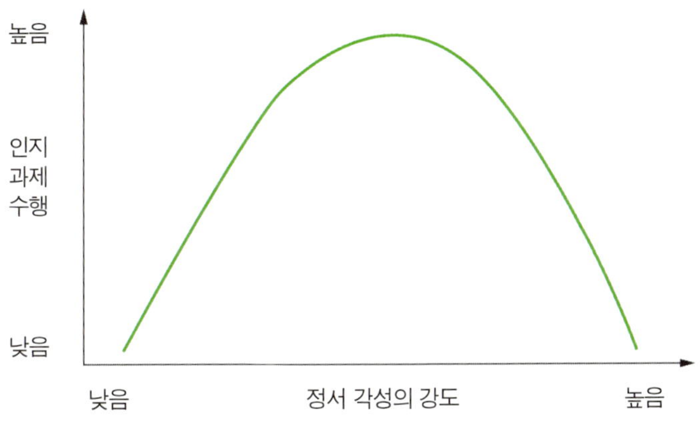

[그림 11-1] 정서각성의 강도와 인지과제 수행 간의 관계

정서각성의 강도 역시 인지과제 수행에 영향을 미친다. [그림 11-1]의 그래프에 나타난 전도된 U곡선(inverted U-shaped)은 정서각성의 강도와 인지과제 수행 간의 관계를 잘 보여준다. 일례로, 불안의 정도가 지나치게 높거나 낮을 때는 적절한 수준에 있을 때보다 인지과제 수행이 낮다. 16개월된 영아들도 행복할수록 문제해결을 잘 하고, 어머니와의 분리로 인해 스트레스를 받아 부정적인 정서상태에 있을 때는 인지과제 수행이 떨어진다(Campos et al., 1983). 그리하여 최근 연구들은 정서각성의 강도와 인지과제 수행 간의 관계를 보여주는 전도된 U곡선은 아동의 연령, 정서상태 및 상황조건과 관계있음을 시사하고 있다.

(2) 사회적 행동 조절기능

정서는 사회적 상황에서 아동이 자신의 행동을 조절하도록 돕는다. 미소 짓기, 울음, 관심 보이기 같은 아동의 정서표현은 어머니의 행동에 큰 영향을 미치며, 영아기 초기에 어머니와 주변 성인들의 정서반응은 영아의 정서적 반응을 조절한다. 예를 들면, 트로닉과 그의 동료들(Tronick et al., 1978)은 3개월된 영아의 어머니들에게 얼굴표정을 굳게 짓고, 무반응적인 태도를 취하며, 화가 난 것처럼 행동하게 하였다. 그러자 영아는 어머니의 얼굴을 쳐다보지 않고 심하게 울며, 반항적인 행동을 보였다. 12개월된 영아들은 타인으로부터 의도적으로 정서적 정보를 유도해 내고, 그것을 불확실한 사건을 파악하기 위해 사용하는데 이를 '사회적 참조'(social referencing) 현상이라고 한다.

사회적 참조는 영아가 불확실한 상황에서 자신의 행동방향을 결정하기 위해 타인의 정서적 반응에 의존하는 것을 분명하게 보여주는 현상이다. 영아는 1세 말경에 타인의 정서 메시지를 인식할 수 있게 되고, 주변 환경에서 접하게 되는 사물과 사건을 평가할 수 있으며, 새로운 사물이나 사람을 보다 오래 쳐다보는 등의 인지발달이 이루어짐에 따라서 사회적 참조를 할 수 있게 된다. 그리하여 영아는 타인으로부터 의도적으로 정서적 정보를 유도해내고, 그것을 불확실한 상황과 사건을 파악하는 데 사용한다. 일례로 어머니의 정서적 반응은 영아가 낯선 사람에게 부정적인 반응을 보이고, 친숙하지 않은 장난감에 접근하고자 할지, 또는 시각적 절벽과 같이 확실하지 않은 상황에서 건너갈지 여부에 영향을 미친다.

이와 같이, 불확실한 상황에 대처하기 위해 타인의 정서적 반응(단서)을 활용하는 영아의 능력은 나이가 들어감에 따라서 향상된다. 어린 영아들은 타인에게서 직접적으로 전달되는 정서적 정보만을 활용하는 직접적인 사회적 참조를 주로 한다. 그러다가 2세 중반경에는 타인 행동을 지켜보면서 정서적 정보를 포착하여 사회적 참조를 하게 된다. 예를 들면, 15개월된 영아는 어머니가 낯선 사람과 즐겁게 대화하는 것을 관찰함으로써 낯선 사람을 덜 두려워하게 된다. 영아들은 어머니를 주된 사회적 참조원으로 활용하는 반면, 나이가 들면서 사회 세계가 확장됨에 따라서 사회적 참조원을 어머니 외의 다른 중요한 타인들(예 : 아버지, 형제, 자매, 교사, 또래)로 넓혀간다. 사회적 참조는 영아와 아동이 어떻게 반응해야 할지 모르는 불확실한 상황에서, 대처방안을 탐색하도록 돕는 중요한 정보처리전략이며, 사회화의 중개자가 된다. 사회적 참조를 통해서 아동들은 일상 사건들에 적절하게 정서적으로 반응하면서, 성숙해가는 방법을 배우게 된다.

감정이입 역시 정서가 아동의 사회적 행동을 조절하는 방식을 보여주는 것이다. 타인의 정서를 지각하고, 대리 경험하는 것이 감정이입으로, 감정이입은 아동의 친사회적 행동과 이타 행동을 촉진하고, 조장하는 데 매우 중요한 역할을 한다.

(3) 신체건강 조절기능

정서는 아동의 학습과 인지 및 사회적 행동뿐만 아니라 신체건강에도 지대한 영향을 미친다. 아동이 우울, 분노, 불안과 같은 부정적인 정서를 경험할 때 질병에 대한 저항력이 저하되고, 신체의 면역체계도 손상된다. 아동의 정서적 안정과 신체건강 간의 관계는 정신분석학자인 스피츠(Spitz)가 1940년대에 수행한 연구에서 이미 그 부정적인 결과가 보고되었다. 즉, 출생 후 1년 이내에 어머니와 떨어져 시설에 들어온 시설아들의 경우는 적절한 신체적 돌봄이 제공되어도 심하게 울고, 우울하며, 위축될 뿐만 아니라 체중손실과 질병에의 감염률이 높은 것으로 밝혀졌다.

최근 연구들은 성격 소인의 기초를 형성하는 특정 정서상태가 심장병과 암의 진행에 영향을 미친다는 것을 시사하고 있다. 이러한 소인들 중 가장 널리 알려진 것이 A형성격으로, A형성격은 경쟁 상황에서 지나치게 시간을 의식하고, 인내심이 없으며 화를 잘내고, 필요 이상으로 경쟁적이 되어 이러한 반응이 혈중 콜레스테롤 수준을 높이고, 과제수행 시 혈압수준을 높여 성인기에 심장병 발병률이 높다고 한다(Friedman & Rosenman, 1959).

발달심리학자들은 A형성격의 기저를 이루는 소인이 아동기에 형성되는지를 밝히기 위한 연구들을 수행하고 있다. 일례로, 2~5세 유아들에게 경쟁적 게임을 하게 한 후, 이 상황에서 유아의 행동을 교사가 관찰, 평가하게 하였다. 이때 A형성격의 유아가 게임에서 이기는 경우가 많았고, 또래를 방해하는 행동도 빈번하였으며, 대근육 활동이 많은 것으로 나타났다. 또 A형성격의 유아들이 B형의 유아들보다 달리기할 때 혈압이 높아지고(Lundberg, 1983), 도전을 요구하는 과제수행 시 A형의 11~12세 아동들은 혈압과 심장박동률 및 피부 경련반응이 높았다(Lawleretal., 1981). 이상과 같은 연구 결과들은 A형성격의 기본적인 소인은 이미 유아기에 형성됨을 보며주는 것이다.

2. 정서발달이론

1) 행동주의 이론

초기 행동주의자인 왓슨은 인간의 행동을 설명하는 데 정서가 중요한 역할을 한다고 보았다. 왓슨은 인간은 큰 소리 자극이 있거나 지지가 없을 때 유발되는 두려움, 움직임을 제지당할 때 나타나는 분노, 촉각, 자극을 통해 유발되는 사람의 세 가지 정서를 가지고 태어난다고 하였다. 흰털 쥐와 큰 소리 자극을 연합하여 두려움을 유도했던 왓슨은 9개월된 아기가 이 두려움을 다른 흰 털을 지닌 물건들에도 모두 일반화시킨다는 것을 밝힘으로써, 새로운 자극에 대한 정서반응은 고전적 조건화를 통해서 학습된다고 주장하였다.

1950년대와 1960년대에 등장한 행동주의의 두 번째 패러다임인 조작적 조건화에서는 영아가 미소 짓고, 소리 내고, 우는 것은 강화와 처벌을 적절히 적용하여 조작할 수 있다고 한다(Brackbal, 1958; Etzel & Gewirtz, 1967). 물론 행동주의자들이 주장하는 바와 같이, 두려움 같은 정서적 반응은 조건화 원리에 의해 획득되기도 하나 정서 발달에 대한 행동주의자들의 접근법에는 한계점이 있다.

즉, 가정에서 정상적으로 양육된 영아들도 약 8개월경에는 낯선 사람에 대해 두려움을 보인다. 이 두려움은 영아가 그 낯선 사람에게 이전에는 긍정적으로 반응했었고, 낯선 사람이 영아에게 미소 짓고, 영아와 즐겁게 상호작용하더라도 나타난다. 이와 같이, 행동주의 이론은 불유쾌한 경험과 사전 결합되는 것 없이 정서가 자발적으로 나타나는 이유에 대해서는 설명을 하지 못한다. 행동주의 이론의 또 다른 제한점은 외형적으로 표현되는 정서만 다루고, 기저에 있는 정서상태는 다루지 못한다는 점이다. 예로, 행동주의자들은 자신의 불안한 내적 상태에 대해 타인에게 신호 보내기를 포기한 아동은 더 이상 정서적으로 문제가 없는 것으로 행동하며, 이러한 가정은 장기적으로 볼 때, 그 아동의 심리적 적용에 심각한 결과를 초래할 수 있다.

2) 인지불균형이론

인지발달이론가들은 정서를 인지적인 용어로 설명한다. 정서발달 불균형이론(discrepancy theory of emotional development)을 제안한 헵(Hebb)은 이 이론에서 새로운 자극이 어떻게 인지적 고민(걱정)을 유도하는지를 설명하고 있다. 정서발달 불균형이론에 따르면, 아동은 새로운 자극을 접하면 이를 친숙한 대상의 정신적 표상(또는 셰마)과 비교한다고 한다. 새로운 자극에 대한 아동의 정서반응은 새로운 자극과 아동의 내적 도식 간의 유사성의 정도에 따라 결정된다. 새로운 자극과 아동의 내적 도식 간의 불균형이 적을수록 고민이 적고, 양자 간의 불균형이 클수록 아동의 고민반응은 강해진다. 새로운 자극과 아동의 내적 도식 간의 불균형이 극심할 때 새로운 자극은 더 이상 동화되지 않으며, 아동의 고민반응은 전혀 나타나지 않는다. 헵의 인지불균형이론을 수정, 발전시킨 케이건(Kasan, 1971, 1974)은 관심과 미소 짓기 같은 긍정적 정서는 아동의 기초 도식과 새로운 자극 간의 불균형의 정도가 적절할 때 나타난다고 주장하였다.

인지불균형이론은 아동이 자기 주변 환경에 존재하는 사물과 사건에 관심을 갖는 이유를 설명하는 데 특히 유용하다. 즉, 영아들이 새로운 장난감을 가지고 즐겁게 노는 이유와 부모와 교사들은 아이들의 장난감을 왜 바꾸어 주어야 하는지, 또 사물에 대한 관심을 촉진하기 위해 매주 아동의 놀이공간을 바꾸어 주어야 하는지를 설명해 준다. 그러나 인지불균형이론은 정서반응의 질에 영향을 미치는 상황적 요인을 설명하지는 못한다. 예를 들면, 영아가 어머니의 팔에 안겨 있을 때는 낯선 사람에게 미소 짓고 심하게 울지 않으나, 어머니와 떨어져 있을 때 심하게 우는 반응을 보이는 이유를 충분히 설명하지 못하는 단점이 있다.

3) 조직화이론

조직이론가들은 정서가 환경탐색을 촉진하고, 위협적인 상황에 대처하며, 타인과 유대관계를 맺는 데 있어서 중요한 역할을 한다고 본다. 특히 조직화이론은 아동의 자의식(self-awareness)발달에 있어서 정서가 중요한 역할을 한다고 본다. 2세경에 기본적인 자아감(sense of self)이 발달되고 나서, 수치심, 죄의식, 선망, 자부심 같은 복합 정서들이 나타나기 시작한다. 그리하여 정서는 자의식의 발달을 촉진하고, 안정된 자아상을 갖기 시작하면 복잡하고 다양한 정서들을 경험하게 된다.

3. 정서발달

모든 사람은 자신이 살아가고 있는 환경에 적응할 수 있도록 도와주는 기본적인 정서를 가지고 있다. 이러한 성서의 근본적인 것들은 출생 시부터 존재한다. 브리지스(Bridges)는 출생 시의 흥분 상태에서 생후 3개월까지는 쾌, 불쾌의 정서로 분화되고, 6개월 이전에는 불쾌의 정서는 분노, 혐오, 공포로 분화되고, 12개월이 지나면 쾌의 정서에서 애정과 득의(得意)로, 18개월이 되면 불쾌의 정서에서 질투가 24개월이 되면서 쾌의 정서에서 기쁨이 분화된다. 5세가 되면 성인의 정서 내용과 거의 동일한 분화와 발달을 한다.

우리나라 유아의 감정에 대해 질문한 결과, 3~5세 유아의 경우 90.8%의 부모가 감정표현을 매우 잘 하거나 잘 하는 편이라고 응답했다. 반면에 감정표현을 하지 못하거나 못하는 편이라고 응답한 부모는 9.1%로 나타났다. 유아기에 나타나는 공통 정서를 보다 구체적으로 살펴보면 다음과 같다.

1) 유아기의 정서표현

(1) 기쁨

기쁨이란 쾌락, 환희, 행복을 포함하는 정서로서 미소와 웃음으로 표출된다. 기쁨은 유아의 신체적 건강과 안락한 환경이 우선될 때 나타난다. 건강한 유아일수록 기쁨의 표현이 명확하고 빈번하다. 유아는 간지럼과 같은 자극적 행동, 신체활동, 부모를 비롯한 성인의 칭찬, 목적의 성취를 통해서 기쁨을 느끼게 된다. 기쁨의 정서는 인격형성과 사회적 인간관계에 중요한 영향요인이 되므로, 유아기에 기쁨을 느낄 기회를 많이 갖는 것이 좋다.

(2) 불안

막연한 위기의식이 지속되면서 느끼게 되는 고통스러운 불쾌한 정서이다. 불안은 초조, 우울, 긴장, 압박감을 동반한다. 불안은 부모와 떨어지거나 낯선 장소에서 느끼며 부모의 지나친 기대, 부적응, 신체허약, 바람직하지 못한 상상 등에 의해 나타난다. 불안은 공포와 더불어 이상행동, 부적응을 초래한다. 건강하게 성장하기 위해서 불안의 원인을 제거시켜주어, 불안으로 인한 지나친 정신적 스트레스를 받지 않도록 해야 한다. 또 자연과 접할 기회를 많이 주고 충분한 휴식과 수면을 취하게 하고, 무엇보다도 부모의 사랑을 받게 하여 자신감을 갖게 하는 것이 좋다.

(3) 공포

공포는 위험한 사태를 처리하지 못하고 위기를 느낄 때 일어나는 정서이다. 공포를 일으키는 원인은 어두움, 큰 소리, 낯선 사람이나 사물, 신체적 충격이나 고통 등이다. 또한 유아기에는 상상력이 발달하여 자신이 직접 경험하지 않은 사건에 대해서도 공포심을 갖게 된다. 공포를 느끼면 유아들은 울거나 얼굴을 가리거나, 공포를 일으키는 대상으로부터 멀리 도망가는 행동을 한다. 이러한 공포는 주위 사람들의 암시에 의해 강화되기도 하고, 약화되기도 한다. 공포를 지속적으로 느끼거나 빈번하게 느끼게 되면 유아의 정신생활에 지장을 주게 된다.

브리지스는 공포를 제거하기 위해서는 공포의 대상에 대한 자세한 설명과 올바른 적응을 할 수 있도록 자신감을 키워주는 것이 바람직하며, 저실드(Jersild)는 유아의 공포를 무시하거나, 무리하게 공포 장면을 회피하도록 하는 것은 바람직하지 않다고 하였다.

(4) 분노

자기주장을 위한 반응의 양식이다. 분노를 일으키는 요인으로는 욕구좌절, 신체활동의 억제, 부모의 무관심이나 편애, 소유물의 상실 등을 들 수 있다. 분노는 떼쓰고, 치고, 때리고, 던지는 등의 공격적 행동을 나타내거나 아니면 반대로 심신의 위축이나 자해를 초래한다. 예를 들면, 울부짖고 발을 동동 구르거나 땅바닥에 뒹구는 행동, 또는 고집부리기나 말 안 듣기 등이 나타난다. 분노의 표출이 잦으면 습관화되기 쉽다. 따라서 분노를 유발시키는 요인을 제거시켜야 하며, 분노 해소의 올바른 방법을 찾아낼 수 있도록 지도해야 한다. 즉, 부모를 비롯한 성인은 유아의 분노가 일어나지 않도록 환경조성을 잘 해주며, 또 올바른 정서표출의 모범을 보여주어야 한다.

(5) 애정

자기 주변의 사람, 동물, 사물에 대한 친밀감, 관심, 동정 등을 느끼는 정서이다. 유아의 애정은 감각적 자극으로 인한 즐거움과 가족과의 따뜻한 관계에서 형성된다. 유아의 활동범위가 넓어지면 주변의 사람이나 다른 매체를 통해서도 형성된다. 그리고 유아들은 자기와 놀아주고 즐거움과 만족을 주는 사람이나 사물에 애정을 표현한다.

(6) 호기심

유아기는 호기심의 정서가 특히 강하게 나타난다. 호기심은 즐거운 정서적 상태로서 건강하고 기분이 좋은 상태의 아동일수록 강하다. 주변의 인물이나 사물에 호기심이 나타나고, 눈에 띄는 것마다 "왜"라는 질문을 끊임없이 하는 질문의 시기이다. 유아는 언어의 발달과 더불어 호기심을 표현하고, 그 응답에 만족하고 즐거워한다. 어른들은 가능하면 호기심을 충족시키고 많은 것을 배우도록 협조해야 하지만, 방치하면 위험할 때가 많다.

(7) 질투

질투는 사랑을 받아야 할 것을 방해받거나 다른 대상에게 빼앗겼다고 생각될 때 느끼는 정서이다. 유아들의 경우 새로 동생이 태어나 독점하던 부모의 사랑을 빼앗겼다고 생각될 때, 부모가 다른 형제를 편애한다고 생각될 때, 호감을 갖고 있는 친구나 주변 사람이 자기 아닌 남을 더 사랑한다고 느낄 때 질투심을 나타낸다. 또한 자기중심적이며 배타적인 특징으로, 일방적인 생각과 감정이 사회적이지 못해서 나타난다.

질투는 싸움과 같은 신체적 공격이나 부모나 주위의 관심을 끌기 위한 퇴행행동 등 이상행동을 하기도 한다. 즉 손가락을 빨거나 오줌을 싸거나, 말을 더듬거나 어리광을 부리기도 한다.

2) 정서발달과정

(1) 4~8개월

이 시기의 영아는 즐거운 감정과 갑작스러운 큰 소리에 공포를 분명히 나타내며, 행복, 흥분, 기쁨 등의 정서를 성인이 알아차릴 수 있도록 표현한다. 낯선 사람을 두려워하나 친숙한 성인이 옆에 있을 때 많은 반응을 보이고 안정되게 잘 논다. 대다수의 영아들은 5~7개월에 낯가림을 처음 경험한다. 낯가림은 영아가 자신에게 친숙한 사람에게 형성해 놓은 도식에 부합되지 않는 대상에 대해 나타내는 불안반응으로, 영아는 낯선 사람에게 불안해하며 우는 반응을 보인다. 양육자에 대한 애착을 형성하면서 친숙한 사람을 낯선 사람과 구별할 수 있을 정도로 인지가 발달되어 있으나, 낯선 사람에게는 어떻게 대처해야 할지를 모를 때 낯가림이 시작되는 것이다. 낯가림은 영아의 탐색활동을 위축시키고, 지나칠 경우 사회성 발달을 저해할 수 있는 만큼 낯선 사람과의 접촉기회를 많이 제공하고, 낯선 사람에게 점진적으로 접근하도록 함으로써 영아의 불안을 감소시키기 위해 노력해야 한다.

(2) 8~12개월

영아는 성인과의 긍정적인 상호작용을 통하여 자신에 대한 긍정적 감정을 발달시켜 나간다. 다양한 방식으로 행복감, 불안, 두려움을 표현하며 화를 내거나 떼를 쓰기도 하고, 낯선 사람이나 장소를 두려워하기도 한다.

특히 이 시기에는 애착이 분명해지면서 격리불안이 나타나기 시작하는데, 이때 나타난 격리불안은 15개월경에 절정에 달하다가 2세경에 소멸된다. 대상영속성 개념의 발달과 더불어 나타나는 영아의 격리불안을 약화시키기 위해서는 친숙한 사람의 존재나 영아가 좋아하는 장난감이나 담요를 제공하는 것도 바람직한 방법이 될 수 있다.

(3) 13~18개월

걸음마를 하기 시작하면서 이 시기의 영아는 독립욕구가 강해지고 성취경험을 함으로써 긍정적인 자존감을 발달시킬 수 있게 된다. 이 시기의 영아는 주변의 관심을 끌거나 자신의 행동이 제지당하는 것에 대한 좌절반응으로 분노를 표현하기도 하는데, 이때 성인의 과도한 관심은 바람직하지 못한 행동을 강화시킬 수 있는 만큼 영아가 분노를 표현한 후에 긍정적 반응과 주의를 줄 필요가 있다. 독립욕구가 강해지면서 자신에게 요구한 일을 반대로 하려고 하며, "싫어"라는 말로 부정적인 태도를 자주 표현한다. 그러므로 명령식의 표현보다는 영아의 흥미를 끌 수 있도록 유도하는 것이 바람직하다.

(4) 19~24개월

이 시기의 영아는 자신에 대한 긍정적 감정과 부정적 감정을 모두 발달시키고, 타인의 반응을 통하여 자존감을 형성하게 된다. 환상이 발달하면서 공포를 표현못하고 불안해하며, 부정적인 정서를 소리지르고 우는 것과 같은 극단적인 행동으로 표현하기도 한다.

3) 유아의 정서발달에 영향을 미치는 요인

(1) 유아의 건강상태

유아는 신체적으로 건강할 때 쾌의 정서를 느끼고 강화를 받는다. 그러나 신체가 허약할 경우, 불쾌의 정서를 느끼고 무력감을 갖게 된다.

(2) 부모나 주변 성인의 태도

유아의 정서발달이 긍정적으로 이루어지기 위해 부모를 비롯한 유아를 지도하는 성인의 역할이 크다. 현대사회의 특징인 바쁜 생활과 급속도의 변화로 감정적으로 메마를 가능성이 높다. 유아기부터 감정의 표현을 통해 풍부한 정서생활을 할 수 있도록 하고, 올바른 감정의 표현은 좋은 인간관계를 형성할 수 있도록 해준다.

따라서 자신의 감정표현은 남을 배려하면서 자신이 기쁘고 즐거움을 느낄 수 있는 표현을 하도록 지도해야 한다. 유아는 행복을 느낄 수 있는 가정환경에서 성장할 때 쾌의 정서를 느낄 기회가 많아진다. 즐거운 정서를 갖고 일상생활을 할 수 있도록 미리 부정적 정서발생 원인을 제거해주도록 한다. 유아에게 관심을 갖고 다음과 같은 점을 고려하여야 한다.

① 유아기 정서의 특징을 이해한다.

유아기 정서의 특징을 이해할 때 효과적인 도움을 줄 수 있다. 일반적으로 유아의 정서표현은 격렬하고 강하며, 일시적이고, 유동적이다. 그러므로 유아가 어떤 정서적 표현을 했을 때 그 상황을 잘 파악하여 지도할 필요가 있다.

② 안정된 부부관계를 형성한다.

부부간에 화목하고 사랑과 민주적인 양육을 할 때, 유아는 정서적으로 안정되고 사랑 등 긍정적인 정서를 형성할 수 있다. 부모의 불화는 자녀에게 심한 불안을 야기한다. 즉, 자녀는 자신감과 용기를 잃고 위축되며 여러 가지 부적응 상태에 빠지기 쉽다. 부부 사이에 다툼이 있을 수도 있으나, 가능하면 자녀들 앞에서는 이성을 잃지 않고 의견을 교환하는 방향으로 힘쓸 필요가 있다.

③ 쾌 정서를 경험할 기회를 갖도록 한다.

일상생활 중에서 기쁘고 즐거운 경험을 많이 할 때 인생에 대해 긍정적이 되나, 유아가 감당하기 힘들거나 정신적 상처로 남을 불쾌한 경험은 치유가 힘들며 인생에 대해 부정적이 되어 불쾌한 감정을 갖고 살게 된다. 그러나 나이와 능력에 알맞게 시련도 주고 인내력도 길러줌으로써 생활력이 강한 사람으로 육성시켜야 한다.

(3) 가정환경

깨끗하고 잘 정리된 환경과 풍부한 놀잇감의 제공은 유아에게 안정감을 주고 즐거움을 준다. 놀이를 통하여 마음속에 쌓여 있는 감정을 풀어낼 수 있도록 놀이환경을 조성한다. 특히 호기심이 강한 시기의 유아가 주위의 사물을 관찰하고 탐색할 수 있는 위험하지 않은 환경이 되도록 한다. 이와 같은 탐색활동은 유아에게 만족감과 자신감을 갖게 한다. 따라서 어른들은 철저히 감독하면서도 자유로운 영역을 확대시켜 주어야 한다.

4) 정서지능

(1) 정서지능의 개념

정서지능이란 개념은 최근에 새롭게 개발된 개념이라기보다는 그 표현상에는 약간의 차이가 있지만 과거부터 존재해 왔다. 즉, 지금의 정서지능과 일맥상통하는 개념으로 아리스토텔레스(Aristoteles)는 지성으로 정서를 조절하는 것이 중요하다고 언급한 바 있고, 손다이크(Thorndike)도 일반 지능과 다른 것으로 남녀노소를 구분하고 인간관계에서 현명하게 대처하는 능력인 사회적 지능(social intelligence)이 중요함을 강조한 바 있다.

특히 종래의 지능개념의 타당성에 대해 의문을 제기한 가드너(Gardner, 1983)는 인생에서의 성공에 결정적 영향을 주는 단일 종류의 지능이 존재하는 것이 아니며, 지능에는 보다 광범위한 능력들이 포함되어야 한다는 다중지능이론을 주장하였다. 즉 지능은 언어지능, 논리-수학적 지능, 신체운동지능, 공간지능, 음악지능, 개인지능으로 구분된다.

개인지능은 남을 이끌어가는 지도성, 우정을 나누고 유지하는 인간관계능력, 갈등이나 분쟁을 해결하는 능력을 포함하는 개인 간 지능과 자신의 정서상태나 동기와 같은 마음의 내면을 살필 수 있는 능력을 포함하는 개인 내 지능으로 구분되는데, 이 개인 간 지능이나 개인 내 지능이 정서지능과 유사한 개념이라고 할 수 있다. 스턴버그(Sternberg, 1985)도 성공지능이란 개념을 제안함으로써 정서지능의 중요성을 학문적으로 뒷받침하고 있다. 그는 지능을 분석적 지능, 창의적 지능, 실천적 지능으로 구분하였다. 분석적 지능이란 익숙한 문제를 풀 때 문제의 구성요인들을 분석, 비교, 평가하는 능력이다. 창의적 지능이란 새로운 문제를 풀기 위해 자신의 내적 역량을 발휘하고 다루면서 창조하고 발명하여 설계하는 능력이다. 실천적 지능이란 외부 세계를 다루면서 우리가 알고 있는 지식, 정보, 경험을 응용하며 수행하는 능력이다. 이 중 실천적 지능은 가드너(19駱)가 제안한 개인지능과 유사한 개념으로, 스턴버그(1996)는 『성공지능』이라는 저서에서 실천적 지능을 인생에서의 성공을 보다 잘 예측해 줄 수 있는 요인으로 강조하고 있다.

이와 같이 기존의 IQ에 대비되는 개념으로 사회적 지능, 성공지능 등의 용어들이 사용되어 왔으나, 정서지능이란 용어를 처음 사용한 사람은 샐로비와 메이어(Salovey & Mayer, 1990)이다. 이들은 정서지능이란 자신과 타인의 정서를 평가하고,

그것들의 차이를 변별하며, 생각하고 행동하는 데 이런 정보를 이용할 줄 아는 능력이라고 제시하고 있다. 1995년에 「타임(Times)」지가 골맨(Goleman, 1995)의 저서 『정서지능(Emotional Intelligence)』을 소개하면서 정서지능이란 용어가 보다 대중적으로 널리 알려졌다. 골맨(1995)은 샐로비와 메이어(1990)의 정서지능 개념을 자신의 정서인식, 자신의 정서조절, 자신을 동기화하기, 다른 사람에 대한 공감, 대인관계 다루기 등의 다섯 가지 요소로 정의하였다. 최근에 메이어와 샐로비(1997)는 골맨(1995)의 정서지능의 요소 속에는 정서와 사고와의 관련성이 부족함을 지적하고, 정서지능의 개념을 재정의하였다.

(2) 정서지능의 개념 및 구성요소

정서지능이란 용어를 처음 사용한 메이어와 샐로비(1990)는 정서지능을 사회지능의 하위 요인으로 보고, 정서지능이란 자신과 타인의 정서를 평가하고 표현할 줄 아는 능력, 자신과 타인의 정서를 효과적으로 조절할 줄 아는 능력, 그리고 자신의 삶을 계획하고 성취하기 위해서 정서를 이용하여 활용할 줄 아는 능력이라고 정의하였다. 최근에 메이어와 샐로비(1887)는 정서지능에서 사고와 지적 능력의 중요성을 강조해서 '정서의 사고촉진 영역'이나 '정서적 지식의 활용' 영역을 추가한 새로운 모형을 제시하였다.

이 모형에서 메이어와 샐로비(1997)는 정서지능의 구성요소를 능력수준이 다른 네 영역으로 구분하고, 각 영역을 발달정도에 따라 다른 4개의 수준, 총 16요소로 구분하였다. 가장 단순한 단계의 능력이 정서의 인식과 표현 영역이며, 가장 높은 단계의 능력은 정서의 의식적·반영적 조절이다.

〈표 11-1〉 정서지능 모형

영역	수준
영역 I 정서의 인식과 표현	수준 1 : 자신의 정서를 정확하게 인식하기 수준 2 : 타인의 정서를 이해하기 수준 3 : 정서를 정확히 표현하고 그 정서와 관련된 욕구를 표현하기 수준 4 : 표현된 정서를 구별하기
영역 II 정서에 의한 사고 촉진	수준 1 : 정서를 사용하여 중요한 정보에 주의집중함으로써 사고의 우선순위 결정하기 수준 2 : 생생한 정보를 불러일으킴으로써 관련된 판단이나 기억하기 수준 3 : 정서와 사고에 도움을 줄 수 있도록 정서를 보다 효율적으로 활용하기 수준 4 : 정서상태에 따라 다른 문제해결 접근하기

영역	수준
영역 III 정서적 지식의 활용	수준 1 : 정서 간의 관계를 이해하고 명명하기 수준 2 : 정서가 전달하는 의미를 이해하기 수준 3 : 복잡하고 복합적인 정서를 이해하여 활용하기 수준 4 : 정서의 전환에 대한 변화양상 추론하기
영역 IV 정서의 반영적 조절	수준 1 : 정서에 대해 개방적으로 수용하기 수준 2 : 정서의 유익성과 실용성을 반영하여 그 정서를 지속시키거나 그 정서에서 벗어나기 수준 3 : 자신과 타인의 관계 속에서 정서를 반영적으로 조절하기 수준 4 : 정서가 전달하는 정보를 축소, 과장, 왜곡하지 않고 자신과 타인에 대한 정서를 관리, 조절하기

(3) 정서지능 향상을 위한 지도방법

정서지능을 높이려면 정서조절과 표현의 체험을 해야 하며, 연습과 훈련을 받아야 한다. 다음과 같은 세 가지의 실제적이고 구체적인 체험을 생활화할 필요가 있다.

첫째, 어릴 때 자녀들로 하여금 부모나 형제자매 등 가족구성원들의 표정과 감정, 그리고 속마음을 읽는 연습을 하도록 한다.

둘째, 화, 분노, 충동, 조바심 등이 일어날 때 그런 감정을 어떻게 처리하는 것이 좋은지 사례를 들어가면서 예행연습을 시킨다.

셋째, 동화, 소설, 영화 속의 인물과 주인공의 정서처리 능력과 방법에 대해 조사, 분석하고 표현하는 훈련을 통해 정서지능을 높일 수 있다.

4. 기질

1) 기질의 특성

유아들은 태내기부터 인성과 정서발달에서 개인차를 나타내기 시작하는데, 출생 후 성장하면서 이런 개인차는 더욱 명백해진다. 특히 외부의 자극에 대한 정서반응을 할 때 일정한 특성이 나타나는데 이런 특정적인 정서적 반응을 기질이라고 한다(이은화 외 2001). 유아의 기질에 대한 관심은 1930년대 Gessell과 Shirley의 연구를 시작으로, 유아의 행동에서 개인 간의 차이와 적응·부적응의 원인을 알아내고자 하는 현재의 연구방향으로 이루어지고 있다(Thomas& Chess, 1977).

기질은 유전적인 성향이 강하지만 환경에 의해 변화되는 경우도 있으며, 많은 학자들의 접근방법에 따라 기질에 대한 정의는 달라진다. 기질은 가장 전통적인 접근법인 유전에 의해서 선천적으로 결정된다는 성격심리학적 접근(Allport,1961;Buss & Plomin, 1975)과 정서로서의 기질을 강조하는 개인차 연구의 접근(Rothbart & Derryberry, 1981), 그리고 환경에 의해 후천적으로 형성된다는 개별적 접근(Thomas & Chess, 1977) 세 가지로 나눌 수 있다(김미애, 2009). 먼저 가장 전통적인 접근법인 Buss와 Plomin(1986)의 성격심리학적 접근은 기질을 생애 초기에 나타나는 성격특성이며, 태내 및 생물학적 영향을 받아 상당히 안정적으로 나타나는 유전적 성향이라고 하였다. 기질의 유전적 속성을 강조하는 대표적인 학자 Allport(1961)는 기질을 선천적인 구조에 의해 좌우되는 유전현상으로 보았으며, 이는 기질을 정서적 자극에 대한 민감성, 반응의 일상적인 강도 및 속도, 일반적인 기분상태, 기분의 강도를 포함하는 개인별 본성의 특징적 현상으로 정의하였다.

두 번째, 정서로서의 기질을 강조하는 개인차 연구의 접근법의 대표적인 학자 Goldsmith와 Campos(1982)는 심리생리학적 개념에 근거하여 기질을 정서표현을 조직하는 구조로 묘사하였으며, 분노, 두려움, 즐거움, 흥미-접근, 운동적 활동 등의 기질차원에 관심을 가졌다. Rothbart와 Derryberry(1981) 또한 기질에서 정서적 측면이 가장 큰 비중을 차지한다고 보고, 기질의 기본과정은 반응성과 자기조절로서, 기질이란 기본과정에서의 구성적인 개인차라고 정의하였다. 이 정의에서 구성적이라는 것은 개인에 있어 비교적 지속적인 생물학적 특성으로서 시간의 흐름에 따라 유전, 성숙, 경험에 의해 영향을 받는 것을 의미한다. 여기서 반응성의 경로는 신체활동, 미소와 웃음 ,두려움, 고통을 의미하며, 자기조절은 반응을 강화 혹은 억제하는 과정, 주의조절과 자기 진정, 접근과 회피 등을 의미한다(심은희,2001).

세 번째, 유아의 개별적 특성에 따라 환경과의 상호작용을 통해 후천적으로 형성된다고 보는 개별적 접근법을 주장하는 Thomas와 Chess(1977)는 환경은 유아의 기질에 의해 영향을 받고, 동시에 유아의 기질은 의미 있는 타인의 행동과 태도에 의해 영향을 받는다라고 하였다. 즉 기질은 유아가 외부의 자극, 기회, 기대, 요구에 대한 반응을 행동으로 표현하는 것이며, 환경적 영향으로 인해 변화할 수 있는 성격적 특징이라고 보았다(강민정, 1997, 재인용).

이와 같이 학자들의 접근방식에 따라 기질의 개념을 해석하는 데는 차이를 보이지만, 기질은 인간의 행동특성이라고 보는 관점과 항상성을 갖는다는 점, 기질 간에는 개인차가 있다는 이론적 관점에서는 거의 일치된 견해를 보이고 있다(유명희, 1990, 재인용).

2) 기질의 진단과 구성

기질에 관한 최초의 연구는 영아 141명을 대상으로 Thomas 등(1956)에 의해 시작된 뉴욕종단연구(New York Longitudinal Study : NYLS)이다. 이 연구는 영아가 성인까지 커 가면서 변화되는 기질을 성인 초기까지 관찰하여 보고한 것으로 기질 구성요인을 제시한 가장 포괄적이며 대표적인 연구로 평가받고 있다. Thomas와 Chess(1986)는 뉴욕종단연구(NYLS)에서 아동의 관찰, 부모와 교사와의 면접, 그리고 여러 종류의 심리검사를 통해 기질을 다음의 〈표 11-2〉와 같이 9가지 행동 차원으로 구성된다고 하였고, 이 9가지 행동 차원을 기준으로 실시한 분석결과를 토대로 순한 아이(easy child), 까다로운 아이(difficult child), 느린 아이(slow-to-warm up child)의 3가지로 아동의 기질을 구분하였다.

〈표 11-2〉 기질의 요소

요소	행동 특성
활동성	젖먹기, 목욕하기, 옷입기 등 일상에서 영아가 하는 신체활동량
규칙성	수유시간, 수면주기, 배변습관 등의 예측 가능성
접근/기피	새로운 사태나 장난감·음식 등 새로운 자극에 대한 기분·행동을 포함
적응성	상황의 변화에 대한 적응의 용이성
강도	긍정 및 부정적인 반응의 에너지 수순
식역	영아의 반응을 유발하는 데 필요한 자극의 양
기분	불행하거나 부정적인 행동에 대한 행복하고 기분 좋은 반응의 빈도
산만성	외부의 사태나 자극에 의해 영아의 진행 중인 행동이 쉽게 방해 받는 정도
주의 범위와 지속성	영아활동의 지속기간과 장애에 직면했을 때 활동을 계속하려는 의지

(1) 순한 아이

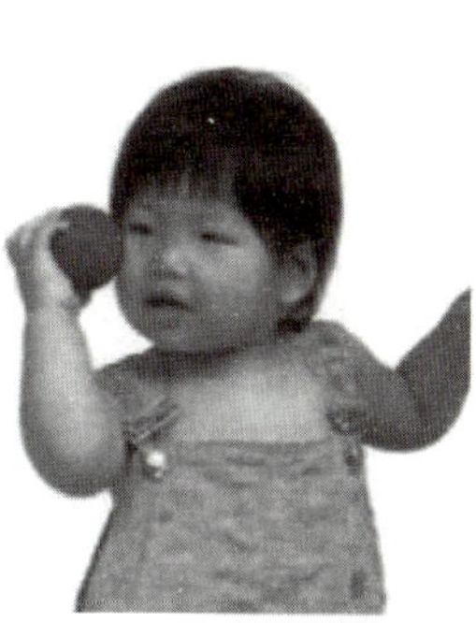

순한 아이는 혼자서도 장난감을 갖고 잘 놀며, 새로운 경험에 개방적이고 순응적이어서 낯선 사람도 잘 따르며 미소를 보인다. 잠자는 시간, 음식 섭취와 배설, 행동 등이 수월하고 규칙적이며, 새로운 자극이나 환경의 변화에 잘 적응하고 안정적이며 온화한 감정을 나타낸다. Thomas와 Chess의 연구에서는 이런 유아들이 전체 표본의 약 40%로 가장 많은 비율을 차지하였다.

(2) 까다로운 아이

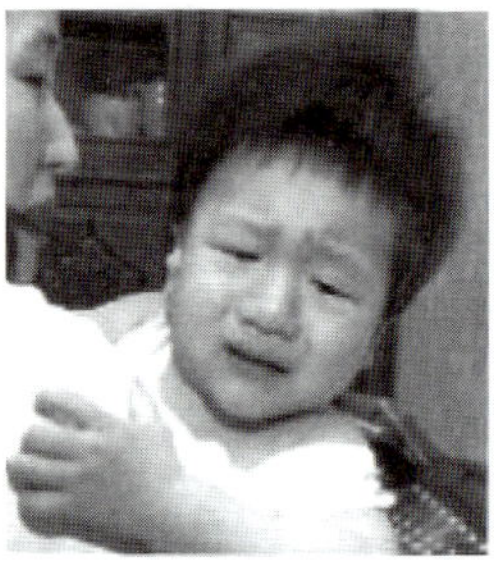

순한 아이와 반대의 기질을 보인다. 생리적 기능에 있어 불규칙적이어서 예측하기 어렵고, 환경의 변화에 적응이 느리고 낯선 사람에 대해 거부와 의심을 보이며, 음식습관도 까다롭다. 잠에서 깨어나 눈을 뜨기 전부터 울거나, 욕구좌절에 대해 부정적인 기분을 강하게 드러내고, 크게 울거나 웃는 행동을 보인다. 종종 발끈 화를 내는 태도를 보이기도 한다. Thomas와 Chess는 전체 유아의 약 10%가 이에 속한다고 하였다.

(3) 느린 아이

새로운 자극에 대해 회피적이고, 서서히 적응해 가며, 수줍음이 많은 아이들이 이에 속한다. 반응이 느리고, 수동적·소극적인 성향을 보이며, 상황 변화에 대한 적응이 늦다. 낯선 사람이나 사물에 대해 부정적인 반응을 보이는 점에서 까다로운 아이와 유사하나 약하게 반응하고 활동량이 적다는 점이 다르다. 수면·음식 섭취 등 일상생활의 규칙성은 순한 아이와 까다로운 아이의 중간 정도이며, 전체의 약 15%가 이 유형에 속한다.

기질은 Thomas와 Chess의 구분처럼 세 가지로 분류되는 것은 아니다. 한 아동이 여러 가지 기질을 복합적으로 가질 수 있고, 각 기질의 중간적 특성을 보일 수도 있다. 또한 기질의 요소도 활동수준, 자극민감성, 사회성, 그리고 수줍음처럼 유아기나 아동기 혹은 성인 초기까지 안정성을 보이는 요소도 있는가 하면, 어떤 요소들은 연령에 따라 변하거나 개인에 따라 일정하지 않은 불규칙적 차이를 나타내기도 한다.

우리나라에서의 기질에 대한 연구는 주로 Thomas와 Chess의 연구를 바탕으로 이루어지고 있다. 최영희(1990)의 연구에서는 기질을 규칙성, 접근-회피성, 적응성, 반응 강도, 기분의 질 등 다섯 가지 차원으로 구분하고 있으며 이것을 바탕으로 아동의 기질을 까다로운 기질, 중간 기질, 순한 기질의 세 가지로 분류하였다. 천희영(1991)은 Thomas와 Chess가 밝힌 기질 유형을 우리나라에 그대로 적용하는 것은 문제가 있다고 지적하고, 기질에 관한 선행연구들과 어머니의 면접을 토대로

3~7세 유아용 기질 척도를 개발하였다. 여기에서 유아의 기질을 조절형, 소극적 조절형, 조절 경합형으로 분류하고 있다. 이 외에도 기질에 대한 연구는 많은 연구자들(이지현, 1988; 조혜진, 2004; 정은주, 2005 등)에 의해 지속적으로 이루어지고 있다.

3) 기질에 대한 유전과 환경의 영향

기질은 선천적인가 아니면 환경에 의해 영향받는 것인가? Buss와 Plomin(1986)은 이란성 쌍생아에 비해 일란성 쌍생아의 기질이 더욱 유사하다는 사실을 근거로 기질은 선천적으로 결정된다고 주장하였다. 특히 기질을 인생 초기에 나타나는 유전적 성격의 총체라고 정의하고 환경이 기질을 변화시킬 수는 있으나, 결국 사람이 태어날 때의 성향으로 되돌아간다고 하였다. 기질이 선천적으로 결정된다고 믿는 학자들은 성장과정을 통해서도 기질이 일관성 있게 유지된다고 하였다(Campos et al., 1989; Fox, 1989).

이에 반해 Thomas와 Chess(1984)는 뉴욕종단연구에서 모든 유아들이 출생 후부터 개인차가 있음을 인식하고, 그 개인차가 무엇인지 밝히고자 하였다. 이들에 의하면, 개인차는 개인이 환경과 상호작용하는 방식의 차이로 설명할 수 있으며, 기질은 타고나지만 환경에 의해 조절될 수 있다고 하였다. 예를 들어, 부모의 죽음 등으로 갑작스런 환경변화가 생기거나 부모의 양육태도에 의해 지속적으로 영향을 받는다면 타고난 기질은 변할 수 있다는 것이다. 또 유아의 특성이 긍정적 상호작용 속에서 환경과 잘 조화된다면 긍정적인 발달을 하게 될 것이고, 그렇지 못하면 부정적 경험을 하게 될 것이다. 이는 기질 자체보다 기질과 환경과의 상호작용이 인간발달에 중요하다는 것을 말해 준다(Thomas & Chess, 1984; Thomas, Chess, & Birch, 1986).

많은 심리학자들은 아동의 성별, 양육태도, 가정의 사회·경제적 지위 등에 따라 기질이 차이를 보인다고 한다. 특히 기질은 아동의 성별에 따라 두드러진 차이를 보인다고 한다. 여러 연구들에서 남자 어린이는 대체로 4~8개월경부터 '새로운' 것에 더 잘 접근하며(Carey & McDevitt, 1978), '적응성'과 '활동성'이 높고 '주의 분산도'가 심하며(Blennow & McNeil, 1980), 만 4세경부터 '활동성'이나 '분노'가 여아보다 더 크게 나타난다고 보고되고 있다. 우리나라의 연구들에서도 대체로 남아가 여아보

다 활동적이고, 정서적으로 긍정적이며, 새로운 것에 접근하는 경향이 높고, 주의분산이 심한 것으로 나타나고 있다(정은주, 2005; 조혜진, 2004; 천희영, 1991; 서수경, 1993; 이지현, 1998).

반면에, 여자 어린이는 다소 '까다로운' 기질을 보이며 '공포'를 더 심하게 느끼는 것으로 보고된다(Buss & Plomin, 1975). 그러나 Blennow 등(1980)의 연구에서는 남녀간에 까다로움에 차이는 없으나, 여자 어린이들이 더 안정적인 성향을 보인다고 하였다. 그러나 김영희(1999)의 연구에서는 유아의 기질은 성에 따라 유의한 차이를 나타내지 않는다고 하여 기질과 성별에 대한 차이는 명확한 결론을 내리기 쉽지 않다.

Thomas와 Chess는 영아기의 초기 기질이 성장 후까지 유지되기도 하지만 그렇지 않고 변할 수도 있다고 하였다. 이 때 기질이 변화되는 결정적 요인은 아이의 기질양식과 부모가 사용하는 자녀양육방식의 적절성(goodness of fit)에 영향을 받는다고 하여 부모의 역할이 중요하다는 점을 강조하였다. 예를 들어, 안정되고 순한 기질은 까다로운 부모보다는 애정과 배려심이 많은 부모를 만날 때 잘 형성된다는 것이다.

CHAPTER 12

사회성 발달

1. 영유아 사회성 발달의 개념과 특징

1) 영유아 사회성 발달의 개념

인간은 출생과 동시에 타인과 접촉하려는 사회적 욕구 내지는 공동생활을 유지하려는 성향이 있다는 뜻으로 해석될 수 있는데, 이와 같이 타인과 더불어 공동생활을 하려는 경향을 사회성(sociability)이라고 한다. 즉, 사회성이란 유아가 사회 속에서 다른 사람과 어울려서 점차 폭넓고 깊은 인간관계를 가지고 사회생활에 적응하려는 성질이라고 할 수 있으며, 어린이가 성장 발달해 간다는 점은 곧 한 사람의 사회인으로 커가고 있다는 것을 뜻한다. 인간의 인간다운 특징이 타인과의 상호관계 속에서 더불어 형성된다고 볼 때, 사회성 발달은 인간발달의 핵심이라 할 수 있다는 것이다(임정란, 2003).

유아는 주변 환경과 타인, 또래와의 관계 속에서 사회적 관계를 가지면서 사회에 적합한 구성원으로서 성장하며 이러한 사회화 과정 속에서 사회성이 발달된다. 유아의 사회성 발달은 단순히 타고나는 능력이라기보다는 환경 속에서 유아와 성인, 유아와 다른 자원과의 끊임없는 상호작용을 통해 자극을 받고 형성되는 것이다(류선옥, 2009).

2) 영유아 사회성 발달 특징

영유아의 사회성 발달 특징은 다음과 같다.

첫째, 영아기에서 유아기 초기까지는 무조건적인 도움, 특히 부모로부터의 도움을 전제로 생활했지만, 유아기에 들어서면서 '내가'라는 자아개념이 생기면서부터 독립심과 자신감을 획득하고 주도적으로 행동하려 한다. 특히나 6~7세에 접어들어 자신의 능력이나 기술적인 능력이 향상되면서, 어떠한 상황이나 문제에 대해 스스로 결정하고 행동하면서 자신감을 획득해 나간다.

둘째, 가족에게 제한되었던 관심의 대상이 또래로 바뀌면서 다양한 사회적 경험의 폭이 넓어지면서 자신들만의 또래 집단을 형성해 나간다. 이런 경험들은 '자기중심적인 사고에서 탈중심화'로의 전환을 의미하며, 폭넓은 경험들은 폭넓은 사고로의 전환으로, 인지적인 발달을 촉진시켜줌을 의미한다.

셋째, 또래 집단 속에서 '나'를 인식하며 자아개념의 확립에 대한 기틀을 마련한다. 유아는 다양한 상황에 대한 사회적 경험을 통해서 객관적인 자신의 모습을 볼 수 있으며, 타인을 이해할 수 있는 배려심을 배우기도 한다.

넷째, 성 역할에 대한 인식이다. 자신의 성을 이해하고, 받아들이며, 남아는 남자답게 여아는 여자다운 역할에 관심을 갖고 행동한다. 이러한 성향은 연령이 증가하면 할수록 양극화되고 전 생애를 통해 지속된다(신옥순, 1994).

2. 유아기 사회성 발달의 중요성

유아는 사회 속에서 주변의 여러 사람들과 평생 동안 관계를 맺어나가는 사회적 존재이다. 태어나면서부터 어머니를 비롯한 양육자와 관계를 맺게 되고, 더 나아가 아버지, 형제 등 가족과의 관계를 형성하며 점차 집 밖에서 또래와 만나고 점차 대인관계를 넓혀 나간다. 그러면서 다른 사람을 이해하고 수용하는 지혜와 기능을 습득하게 되고, 함께 살아갈 수 있는 능력을 발달시켜 간다. 다른 사람과 함께 살아갈 수 있다는 것은 다른 사람의 감정을 이해할 수 있다는 것을 말한다. 이러한 능력의 발달이 사회성 발달인 것이다. 유아의 사회성은 유아가 사회의 한 성원으로 성장, 발달하는 동안에 그 사회에서 공인된 언어, 사고, 감정, 행동 등을 포함하는 생활양식을 학습하여 타인과의 상호접촉을 통한 건전한 사회생활을 할 수 있는 능력이다.

오늘날 교육은 원만한 인격의 발전을 내세우는 전인교육을 목적으로, 자발적인 활동을 중심으로 하는 자기실현과 자신의 능력과 권리를 인정하는 만큼 타인의 인격을 존중하고 타인과의 협력적인 태도를 조성하려는 사회화의 양면적 실천방안을 모색하고 있음에 비추어, 대인관계의 적응문제 등 인간관계교육의 필요성이 크게 강조되고 있다. 교육활동 면에서 인간관계교육은 민주사회에 있어서 모든 사람에게 어떤 목적에 대한 동기 및 상호의존에 관한 이해와 개인적 접촉관계에 있어서 필요한 기능을 고수하는 것이기 때문에, 이는 아동들로 하여금 타인과 같이 잘 조화되고 협동하여 사회생활을 영위해 나갈 수 있게 할 수 있을 것이다(이윤희, 2006).

3. 사회성 발달이론

아동의 사회화 과정은 도덕성 발달과 깊은 관련을 맺고 있기 때문에 아동이 어떠한 과정을 통해 사회화되었는가 하는 것은 매우 중요한 문제이다. 아동의 사회화에 대한 연구는 학자들의 이론에 따라 다양하게 이루어져 왔다. 여기에서는 성숙주의 이론, 사회학습, 정신분석, 인지발달의 이론을 통해 사회성에 대한 이론적 근거를 알아보았다.

1) 성숙주의 이론

다윈(Darwin)의 진화론에서 비롯된 성숙주의 이론은 발달심리학의 계보가 홀과 게젤로 이어져 왔다. 특히 게젤은 인간의 성장과 발달은 거의 전적으로 생득적 요인에 의해 좌우된다는 결정론적 입장을 취하고 있다. 즉, 아동의 사회화를 생득적 요인에 의해 설명하려는 입장이다.

다시 말하면, 아동의 사회화에 환경적 요인을 고려하기는 하지만 유전적 요인이 유아의 사회화를 거의 결정한다고 보는 것이다. 그러므로 이들은 유아의 사회화를 종단적 방법으로 연구하고 설명한다. 게젤은 많은 연구를 통해 아동의 연령과 능력에 대한 표준을 만들었는데, 이를 통해 아동의 발달수준을 넘어선 성취를 강요하지 못하도록 하고 있다. 즉, 연령에 따라 보편적으로 나타나는 사회적 행동을 기준으로 유아의 사회화를 설명한다. 예컨대, 아동기에 나타나는 반사회적 행동인 공격성을 필수적인 생존기제로서 어린 개체가 생물학적으로 성숙하는 과정에서 나타낼 수 있는 자연스러운 적응양식이라고 보고 있다.

성숙주의 이론에서는 앞에서 언급했듯이 각 연령별 행동규준을 만들어 놓고 이

규준에 맞추어서 유아의 사회화를 평가하고 있다. 즉, 사회화 과정을 자녀의 양육 실제와 관련지어서 미리 만들어 놓은 연령별 행동의 규준을 부모들에게 알려 주고 양육의 방법을 자문해 주는 것을 주된 임무로 삼는다.

다시 말하면, 각 단계에 부모가 간섭하지 않고 자발적으로 그들이 자연스럽게 각 발달단계를 지나가게 허용하는 것이 최상의 길이라고 주장한다. 그러므로 부모는 허용과 인내를, 아동은 자아통제와 자기훈육을 하면 불균형의 상태에서 균형의 상태로 행동을 수정할 수 있게 된다는 것이다. 결국 아동의 사회성 발달이 개체의 변화에 따라 다르게 나타나므로 이를 인정해야 한다는 것이다.

2) 사회학습이론

사회학습이론에서는 유기체의 학습은 직접적인 행동이나 경험에 의해서뿐만 아니라, 관찰이나 모방을 통한 간접적인 경험 속에서 일어나는 인지과정을 통해서도 일어난다는 것을 강조하고 있다.

행동주의 이론에서 유아의 사회화는 주로 강화라는 기제에 의해 설명된다. 파블로쯔(Pavlov)나 스키너(Skinner) 등은 사회적 행동의 학습이 보상과 처벌을 통해 이루어진다고 주장하였다. 아동이 특정한 행동반응을 할 때 부모나 주위 사람들은 그 행동이 바람직하면 칭찬이나 상을 주기 때문에 그 행동이 계속하여 발생할 수 있도록 강화하고, 바람직하지 못한 행동일 경우에는 질책이나 벌을 사용하여 그러한 행동을 소멸시키려 한다. 이와 같은 과정을 통하여 아동은 사회적 규범이나 바람직한 행동을 내면화시키게 된다는 것이다.

한편, 반두라는 스키너의 조작적 조건화 반응의 중요성에도 불구하고, 모든 학습이 반응에 대한 직접적이고 즉각적인 강화의 결과로 인하여 발생하는 것은 아니라고 강조하고 있다. 사회화를 인간이 사회생활을 해 나가는 데 필요한 여러 가지 기술의 습득과정으로 보고, 이는 단순히 강화만으로 사회화가 설명될 수 없다고 본다. 그는 동일시(identification) 개념을 도입하여 사회화를 설명하였다. 동일시란 자기 자신을 타인 또는 집단과 연관이 있거나, 또는 동일하다고 느끼므로 인해 그들의 감정, 태도, 행위 그리고 가치관 등을 자신의 것으로 내면화시키는 것을 말한다. 이것은 자기가 존경하는 사람의 행동이나 사고방식 등을 모방함으로써 자신의 인격을 확대시켜 나간다는 것이다.

아동의 모델 대상은 부모가 될 수도 있고 형제자매, 또래 혹은 TV 주인공이나 운동선수 등이 될 수 있는데, 반두라는 모범을 촉진하는 모델의 특성으로 사회적 힘 등이 중요한 역할을 한다고 설명하였다. 그의 주요 관심은 사회가 그 구성원들을 사회적으로 용인되는 방식으로 행동하도록 유도하는 사회화 과정에 있다.

그러한 접근의 일환으로서의 구체적인 행동특성은 공격성, 성역할, 자기강화, 그리고 친사회적 행동의 사회화에 대한 실증적 연구를 통해 사회화 과정에 있어서 모델의 중요성을 거듭 강조하고 있다. 예컨대, 친사회적 행동에 있어서의 모델은 7~8세 이하의 아동들에게 강력한 영향을 미친다는 것이다. 즉 아동들은 자라면서 보살피고 베풀기를 잘하는 성인의 행동을 성장 후에도 닮는다는 것이다. 아동은 부모와 가족 이외의 친구, 교사 또는 그 밖의 어른들과 상호작용을 활발히 하는데 이 과정 속에서 나타나는 강화와 벌, 모델링, 훈육태도 등이 아동의 사회화에 영향을 주게 된다.

사회학습이론에서는 친사회적 행동같은 아동의 사회적 행동은 강화와 모델화에 의해 이루어진다고 보는 것이다.

3) 정신분석이론

정신분석이론의 창시자 프로이드는 인간의 초자아의 형성과정을 사회화 과정으로 보았다. 즉 인간이 타고난 이기적이고 충동적인 욕구가 사회생활을 통하여 규제되어, 스스로 자기의 욕구를 통제할 수 있는 능력이 곧 사회화라는 것이다.

다시 말하면, 개인의 본능이 문화속의 규범적 제약과의 갈등을 통해 원만한 타협을 모색해 가는 과정이라고 보고 있다. 프로이드는 사회싱 및 성격특성에 있어 초기 경험의 중요성을 강조하고, 그중에서도 유아기는 성숙된 성격형성의 토대가 되는 결정적 시기로 보고 있다.

프로이드의 정신분석이론은 출생에서부터 성인기에 이르는 발달에 초점을 맞추고 있으며 이 발달과정을 사회화 과정으로 보고 있다. 정신분석이론의 주요 개념인 리비도, 고착, 외디프스 콤플렉스 등은 가족 내에서의 인간관계를 발달에 초점을 맞춘 것으로, 결국 양육방식 및 가족 간의 차이가 개인의 사회화와 성격형성에 주요 요인이 된다는 것이다.

특히 남근기(phallic stage)에 일어나는 오이디푸스 콤플렉스는 남아가 어머니를 직관적으로 성적 대상으로 인식하게 된다.

프로이드에 따르면 남아는 '동일시'라고 불리는 방어적 과정을 통해 반응하는데,

가능한 아버지처럼 되고자 함으로써 남아는 아버지로부터의 거세불안을 덜 가지게 되며 동시에 아버지의 세력을 흉내 내게 된다는 것이다.

이처럼 개인의 행동은 성격의 구성요소인 본능과 자아와 초자아의 역동적인 상호작용에 의하여 결정된다는 것이다. 이 중에서도 사회화 과정에 관계되는 것은 본능이 초자아의 성격을 결정하여 사회적으로 용인된 다른 사람의 행동양식을 따르도록 강요한다고 프로이드는 설명하고 있다.

프로이드의 관점에서 본능적 욕구와 죄의식은 도덕적 행동을 포함한 모든 사회적 행동의 중요한 결정 요소이다. 그러나 최근에는 아동에서 성인기로 이행되는 과정에서 부모는 아동의 이상적 자아의 발달에 주요한 동일시 대상이 되며, 아동은 부모와 더불어 주변의 의미 있는 사람들과의 관계에서 형성되는 동일시를 통해 사회의 가치, 금지사항, 친사적적 형태 등을 내면화한다고 보고 있다(Dwyer, 1981).

한편, 프로이드의 영향을 받은 에릭슨은 8단계의 발달이론을 제시하고 각 단계는 그 발달의 결정적 내용이 있다고 보았다. 또한 각 단계에서의 심리·사회적 과업 수행여하에 따라 상반되는 양극적 인성이 평생에 걸쳐 형성한다고 하였다. 또한 각 발달 단계마다 겪는 심리·사회적인 위기를 개인이 타인과의 관계 속에서 해결한다는 것이다.

정신분석이론에서는 아동의 사회적 행동은 아동이 타인과의 상호작용 속에서 초자아를 형성하고 성인의 사회적 행동 특히 친사회적인 도덕적 가치를 동일시하는 과정을 통해 내면화해 가는 것이라고 설명하고 있다.

4) 인지발달이론

인지발달이론은 아동의 사회화 과정을 지적 성장에 초점을 두어 설명하였다. 아동의 지적성장은 주변의 물체, 사람, 사건과의 끊임없는 상호작용의 결과라고 본다.

비고츠키(Vygotsky)는 아동들의 현재의 발달수준이 같더라도 다른 사람의 도움을 받아서 어려운 문제를 해결할 수 있다고 보고, 이에 대한 잠재적 발달수준을 구분하였다. 따라서 아동은 한 사회의 사고나 행동방식을 지식이 많은 어른이나 또래와의 사회적인 상호작용을 통해 배우게 되며, 이를 통해 필수적인 내용을 내면화하고 인지능력을 발달시켜 나간다.

이와 같이 인지발달이론에서는 아동의 사회화 과정을 이해하기 위해서 아동의 인지, 사고 등의 내재적 변화에 대한 이해가 있어야 함을 강조하고 있다. 피아제의 인지발달이론은 사회화에 대한 인지학적 접근방법 중에서 인간의 지적인 발달을 개인의 성숙과정으로 본 입장으로 아동의 사회성 발달에 있어 우선하는 것이 생물학적인 성숙이라는 것이다.

이러한 신체적인 성숙은 아동이 주변 세계를 탐색하거나 접촉할 수 있도록 하여 인지능력을 획득하도록 한다. 피아제는 인지발달의 요인으로 성숙, 경험, 사회적 전달, 평형화 과정의 네가지를 들고 있다. 즉 아동이 성숙해감에 따라 주어진 환경에 대해 능동적이고 적극적인 활동에 의해 발달해가며, 경험에는 사물을 직접 움직이고 관찰함으로써 얻어지는 물리적 지식과 사물들 사이에서 논리적 관계를 구성하는 논리·수학적 지식이 포함된다.

피아제는 모든 유기체의 궁극적 목적은 생존하는 것이고, 이를 위해 적응하는 것이며, 이 적응의 과정을 동화(assimilation)와 조절(accommodation), 그리고 평형화(equilibration)의 개념으로 설명하였다.

동화란 유아가 환경에서 어떤 정보나 자극을 접할 때 그것을 자신이 이미 가지고 있는 도식에 맞추어 받아들이는 과정을 의미한다. 조절은 환경에서 접한 정보나 자극이 기존 도식에 맞지 않을 때 그 도식을 변형하고 수정하는 과정을 뜻한다(교육학대백과사전, 1998). 평형은 이 동화와 조절 사이에 생기는 불균형을 회복해서 고도의 균형상태에 이르게 하는 기능이다. 또한 그는 연령이 증가함에 따라 도식이 발달하는데 나타나는 질적 차이에 따라 네 단계 즉 감각운동기(sensorimotor stage), 전조작기(preperational stage), 구체적 조작기(concrete Operational stage), 형식적 조작기(formal operational stage)를 거친다고 하였다.

- 감각운동기(0~2세)에는 자신과 대상을 분리하여 모델 없는 모방도 할 수 있게 된다. 또한 대상이 시야에서 사라져도 그 대상이 존대한다는 대상영속성 개념도 형성된다.
- 전조작기(2~7세)에는 자기중심성(egocenthsm)이 강해서 다른 사람도 자기처럼 생각하리라 믿고 있으며, 전후의 일어난 일만 알며 논리적 비약을 하는 경우가 많다.
- 구체적 조작기(7~11세)에는 자아심성에서 탈피하여 타인의 입장을 이해할 수 있게 된다. 구체적 조작기 이전의 아동은 자신의 관점에 몰입되어 자기중심적이며, 타인의 욕구를 알아내는 인지구조가 미성숙하다가 연령의 증가와 함께 타인의 관점을 이해하며, 타인의 감정을 이해하는 인지능력이 발달하여 친사

회적 행동이 발달한다고 보았다.

- 형식적 조작기(11세 이상)가 되면 추상적 사고가 가능해진다. 경험적이고 귀납적 추리가 이제는 가설적이고 연역적 추리로 발전한다. 즉, 현실성에서 출발하는 것이 아니라 가능성에서 사고할 수 있음을 의미한다.

4. 유아의 사회성 발달에 영향을 미치는 요인

1) 부모의 양육태도

가정은 유아의 사회관계가 시작되는 곳이며, 부모는 유아와 처음으로 사회적 관계를 맺는 존재이기 때문에 부모가 제공하는 양육 환경은 유아의 인지적, 사회적 및 정서적 발달에 중요한 역할을 하게 된다. 유아는 부모로부터 가정 밖의 외부세계에 대한 지식을 얻게 되고 가족생활을 통해서 기초적 사회화를 형성하며, 여러 가지 규칙과 습관을 획득하게 된다. 유아는 이러한 가정 내에서의 사회적 관계를 기초로 하여 대인관계 형성의 기초를 다지며, 또래관계의 형성과 더불어 유지하는 데 필요한 사회적 능력을 발달시킬 수 있다.

양육태도란 부모 및 양육자가 유아를 양육하는 데 있어서 일반적으로 나타나는 외현적·내현적 행동 및 태도를 의미한다. 이러한 부모의 양육태도는 유아의 성장 발달과 의식적, 무의식적으로 밀접한 관계가 있기 때문에 유아가 또래와 상호작용하는 것은 초기에 경험한 부모와의 상호작용 유형에 의존하게 된다.

부모의 양육태도는 유아의 또래관계 형성과 또래 안에서의 유아 사회성에 중요한 영향을 미치기 때문에 부모의 수용적인 태도는 유아의 바람직한 사회적, 정서적, 지적, 발달에 긍정적인 영향을 미치지만, 이와 반대로 부모의 극단적인 경향을 갖는 지배, 제한, 처벌 등의 행동은 긍정적인 유아의 자아개념과 사회적 발달에 부정적인 영향을 미친다.

2) 형제자매

유아는 자라면서 형제자매와 많은 시간을 보내며 상호작용을 하므로, 이들과의 관계도 유아의 사회적 행동에 중요한 영향을 미친다. 유아는 형제간의 상호작용을 통해 충성, 조력, 갈등, 지배, 경쟁 등을 배우며 형제자매의 수, 출생순서, 형제자매

간의 서열, 연령의 차이, 부모가 형제를 대하는 태도 등은 모두 각기 다른 사회적 행동유형을 발달시키게 하는 중요한 원인이 될 수 있다.

3) 또래 간 상호작용

또래란 행동이 거의 같은 수준에서 상호작용하는 연령이 같거나 비슷한 친구를 의미한다. 유아는 또래와의 관계를 통하여 자신이 누구인지, 그리고 자신이 어떻게 받아들여지는지에 대해 더 잘 알게 된다. 이러한 친구를 만들고 유지하는 능력 또한 사회성 발달을 나타내는 하나의 지표이다. 유아는 성장함에 따라 또래와 상호작용을 하는데 이는 서로의 의견을 교환하는 과정이다. 행동 특성으로는 친구에게 수용적인 태도를 취하거나 공유하려는 행동, 다른 또래를 이끌어 가는 행동, 사교적인 행동을 포함한다.

성인과의 경험에서 제공받지 않은 또래집단에서의 경험이 유아의 발달을 촉진하기 때문에 유아의 사회성 발달에 있어서 또래집단과의 경험이 중요하다. 또래와의 상호작용에서 자신의 생각과 다른 관점이 존재한다는 것을 인식하게 되면서 정서적, 지적, 사회적 발달 측면에서 필요한 '탈 중심화'가 이루어지게 된다.

4) 교사

교사는 유아의 재능이나 흥미 등을 계발하도록 도와주며 유아가 교육기관에서 만나게 되는 어려움들을 극복하도록 이끌어 준다. 이들은 유아를 직접 훈육하고 가르칠 뿐 아니라 일과를 계획하고 물리적 환경을 계획하는 외에 사회적 행동이나 태도의 모델이 된다. 교사의 역할은 다양하여 어떤 경우엔 유아의 예전 대상자로, 부모대행인으로, 상담자로서, 인생 안내자로서 역할을 수행하면서 유아들을 격려하고 자신감을 부여하는 동안 유아들은 인간적으로 성취되어가며 인생에 관한 많은 것을 배우게 된다(김미진, 1988). 이처럼 교사의 역할, 능력, 태도, 인성 등은 유아의 사회성 발달에 중요한 영향을 주고 있음을 알 수 있다.

5) 유아교육의 경험

유아교육의 경험이 아동의 사회적 적응이나 행동발달에 미치는 영향의 연구는 일찍부터 많이 이루어졌다. Walsh의 연구에 의하면, 약 6개월간 유아학교에서 교육 경험을 받은 아동들은 받지 않았던 아동에 비하여 자발성, 독립성, 자기주장, 자신감, 호기심, 환경에 대한 관심 등의 행동특성에서 유의하게 높은 발달을 이루었음을 확인할 수 있었다고 한다. E. Kawin와 C. Hoefer의 연구에 의하면, 아동들이 유아학교에서 생활하면서 여러 가지 바람직하지 못한 유아적 행동이나 의존적 행동이 감소되고, 보다 성숙한 행동을 습득하는 것을 관찰할 수 있었다고 한다.

5. 사회적 표현행동

인간은 태어나면서 다른 사람과 사회적 관계를 맺으면서 살아가며 여기에는 사회적 행동(social behavior)이 요구된다. 영유아의 사회적 행동으로 울기, 응시하기, 미소 짓기, 옹알이, 모방하기 등이 있다.

1) 울기

울기는 영아가 태어나서 최초로 하는 표현행동이다. 즉 배가 고플 때, 몸이 아플 때, 화가 날 때 우는데, 성장해 가면서 점차 울음소리가 분화되고 그 강도나 속도에 따라 요구사항의 종류가 달라지기도 한다. 약 2개월이 되면 아기가 울고 있을 때 사람 소리가 나면 조용해지고, 사람이 가까이 오면 울음을 그치기도 한다.

1년경이 되면 울음은 사회적인 의사전달의 한 형태로 발달한다는 것을 알 수 있다. 이러한 과정을 통해서 영아는 주위 사람들의 주의와 관심을 자신에게로 유도하고 다양한 의사를 전달함으로써 타인과의 관계를 갖게 된다.

2) 응시하기

생후 4주 정도 경과하면 사물보다 얼굴을 쳐다보는 것을 더 좋아하고, 4~5개월이 경과되어 지각변별이 가능하게 되면 타인보다 엄마의 얼굴을 더 잘 쳐다보게 된다. 이렇게 얼굴을 쳐다보는 것, 특히 눈과 눈이 마주치는 것은 새로운 관계를 형성하는 데 큰 역할을 한다.

3) 미소 짓기

미소의 발달은 그 변화의 양상이 비교적 뚜렷하게 세 단계로 구분된다. 즉 반사적 미소(reflexive smiling), 무선택적인 사회적 미소(unselective social smiling), 선택적인 사회적 미소(selective social smiling)로 발달해 간다.

처음 몇 달간은 낯선 사람에게도 미소 짓는 무선택적인 사회적 미소를 보이지만, 5~6개월경이 되면 얼굴을 식별해서 미소를 짓게 되는 선택적인 사회적 미소를 보인다.

4) 옹알이

영아의 옹알이는 단순한 소리가 아니라 아기가 주위에 대한 사회적 흥미를 표시하고, 다른 사람의 주의를 끌고 애정을 받고자 하는 일종의 사회적 신호인 것이다. 이러한 신호에 대해서 주위의 사람들이 적절히 대응해 주면 언어발달을 자극할 뿐만 아니라 대인관계의 형성, 특히 어머니와의 초기의 애착관계를 형성하는데 긍정적인 효과를 가져 온다.

5) 모방하기

주로 자신이 애착관계를 맺고 있는 어른의 행동을 주로 모방하는데, 말을 따라하거나 행동을 따라한다. 이때 부모와 짝짜꿍, 잼잼, 곤지곤지 등의 모방놀이를 한다. 모방하기는 사회적 관심의 표현으로 사회성을 형성하는 중요한 행동이다.

6. 애착

1) 애착의 정의

영국의 아동정신 분석학자 Bowlby가 정의한 용어로 사랑하는 대상과 관계를 유지하려는 행동을 뜻하는 정신분석학적 용어이다. 영아기의 애착은 영아와 양육자 간의 밀접한 정서적 유대라고 정의할 수 있다. 생존에 필요한 본능으로 아이가 엄마에게 매달리는 행동에 의해 엄마가 돌봐주는 행동을 하게 된다. 이러한 엄마와 아기와의 관계를 통해 감정적인 연결을 형성하게 되는데, 이를 애착이라고 한다. 이때 애착은 상호관계로서 영아는 양육자에게 애착을 형성하고, 양육자는 영아에게 애착을 형성한다.

영아는 주된 양육자와의 애착을 통해 자기 신뢰감을 싹 틔운다. 영아기의 애착이 아동기는 물론 청소년기 성년기까지 성격발달에 지속적인 영향을 미친다. 더불어서 사회적·인지적 능력을 확장시켜 나가는 데 애착은 중요하다고 할 수 있다. 애착이 올바르게 형성 시 자아신뢰감, 자아충족감, 유능한 부모로서 자질발달에 선행조건이 된다. 그러나 양육자의 무관심 일관성이 없는 양육은 애착형성을 저해하게 된다. 결국 자신감이 없고 사회에 불신감을 갖게 된다.

2) 애착이론

(1) 정신분석학 이론

Freud에 따르면, 어린 영아는 정신적 에너지, 본능적 충동인 리비도가 구강기에 집중되어 영아가 빨고 씹는 등 구강욕구를 충족시켜주는 대상과의 사이에서 형성되는 밀접한 관계로 본다. 영아의 구강욕구를 충족시켜주는 부모의 자녀 양육행동이 애착형성에 중요하다. 영아기 첫 애착을 느끼는 것은 엄마의 젖이며, 바로 이것이 구강기 동안 영아에게 가장 큰 즐거움을 주는 원천이라고 했다.

(2) 학습이론

영아가 자신에게 음식물을 제공해주고 욕구를 만족시켜주는 사람에게 애착을 형성한다고 주장한다. 음식으로 하여금 영아에게 미소와 긍정적인 반응을 유발시키며, 양육자가 음식을 주면서 따뜻함과 같은 편안한 자극을 제공하기 때문에 영아-양육자 간의 애정을 증가시킬 수 있기 때문에 중요하다고 본다. 그러나 Harlow 교수는 배고픔이나 갈증의 해소와 같은 일차적 욕구의 충족 이외에 편안하고 부드러운 어떤 것에 밀접하게 접촉하려는 욕구가 있을 것이라고 생각하였고, 1958년 실험을 통해 새로운 사실을 알게 되었다. Harlow와 Zimmerman의 모조원숭이 실험을 살펴보면 다음과 같다.

철사로 된 모조원숭이와 벨벳으로 된 모조원숭이에게 우유병을 달아놓고, 출생하자마자 어미로부터 분리된 새끼원숭이들을 한 공간에 두었다. 새끼원숭이들은 철사원숭이와 벨벳원숭이 두 마리 모두에게 우유가 있음에도 불구하고 대부분의 시간을 벨벳원숭이 곁에서 보냈으며, 우리 속에 공포자극이 나타났을 때 모든 원숭이들은 벨벳어미에게로 달려가 매달렸다. 즉, 애착형성의 주 요인은 수유충족에 의하여 형성되는 것이 아니라, 어미 원숭이와의 부드러운 신체적 접촉에 의해 형성된다.

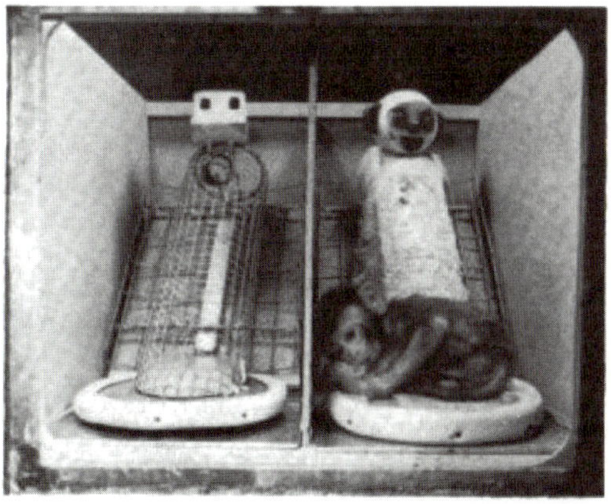

Figure 4. Wire and cloth mother surrogates.

[그림 12-1] Harlow 교수의 논문

Harlow 교수의 모조원숭이 실험이 애착은 배고픔의 만족에 의존하지 않는다는 것을 입증하고, 양육자로부터 얻는 접촉위안(사랑)이 영아의 애착형성을 위한 지표임을 확인하였다. 또한 어린 아기에게 있어 접촉위안(사랑)의 중요성을 알 수 있었다. 어린 아기의 정상적인 성장과 성격형성에는 어머니의 접촉과 애착 친밀감이 필수조건이다. 어머니와의 접촉이 부족한 아기는 정상적 성장에 지장을 초래할 수 있으며, 좋은 성격형성이나 지능발달에도 부정적인 영향을 미칠 수 있다. 부드럽고 따뜻하게 안아주고 달래주며, 먹여주고 토닥여 주는 어머니의 신체접촉이 어린 아기의 정상적 발달에는 꼭 필요한 것이다.

(3) 인지발달이론

인지발달이론에서는 애착을 형성하는 능력이 영아의 지적 발달수준에 달려 있다고 본다. 다시 말해, 애착을 형성하기 위해서 영아는 우선 친숙한 사람을 낯선 사람과 구별하는 능력이 있어야 한다. 또한 안정된 애착관계를 갖기 위해서는 애착대상이 시야에서 사라져도 어딘가 존재하여 다시 돌아온다는 것을 아는 대상영속성을 발달시켜야만 한다.

(4) 동물행동학

동물행동학적 접근을 시도한 Bowlby는 애착의 발달을 격리되어 양육되지 않는 모든 종에서 나타나고, 환경적인 차이에 의해 거의 영향을 받지 않는 본능적인 반응의 결과로 설명한다. 인간의 애착행동은 동물 새끼의 각인과 같은 사회적 행동이 진화된 것이며, 각인과 애착에 동일한 기제가 존재한다고 주장한다.

[그림 12-2] Lorentz에게 각인된 새끼 거위들

Lorenz는 새끼 거위처럼 동물은 생의 초기-결정적 시기에 각인형상이 형성된다고 하였다. 그런데 인간에게 있어서 애착과정은 이 각인과정보다 좀 더 느리게 발달하기는 하지만 유사하다고 주장한다.

생후 몇 주 동안에는 영아가 대상을 뒤따를 수는 없지만, 미소 짓고 옹알이하고 우는 등의 직접적인 사회적 반응을 보인다. 처음에는 아무 대상에게나 그런 반응을 보이지만, 6개월경에는 그 대상이 친숙한 몇 사람에게로 제한되어 마지막에는 어느 한 사람에게 애착을 형성하는 점이 그러하다.

3) 애착형성의 단계

애착(attachment)이라는 용어는 Bowlby(1969)가 아기와 엄마와의 유대관계를 설명하면서 사용하였는데, 이는 1960년 이후 발달심리학에서 사회적 관계에 대한 연구 속에서 중요한 개념 중의 하나로 자주 사용되어 왔다.

그는 애착을 '특정한 두 사람 간에 형성되는 애정적인 유대관계'로 정의하고 애착행동으로, 미소, 옹알이, 매달리기, 접촉하기 등의 행동을 포함하였다. Ainsworth, Blehar, Waters 및 Wall(1978)은 영아의 애착형성을 다음 4단계로 제시하고 있다.

(1) 애착 이전 단계(출생부터 2~3개월)

생후 6주 정도가 되면 영아는 울음, 눈맞춤, 미소 등으로 애착 행동을 나타냄으로써 양육자와 접촉을 시도하고, 양육자를 자기 곁에 머무르게 한다. 그러나 아직 한 사람의 양육자에 대해 일관적인 선호를 보이지 않고 대부분의 다른 사람에게도 아주 비슷하게 반응한다. 본능적으로 사람에게 초점을 맞춘다. 영아는 울음, 눈 맞춤, 미소, 옹알이, 반사행동 등으로 애착행동을 나타내며 양육자와 가까움을 유지하려고 한다. 그러나 양육자뿐만 아니라 다른 사람들에게도 애착을 보인다. 이 시기의 대표적인 애착행동으로는 미소, 옹알이, 울음, 반사행동 등이 있다.

(2) 애착 단계(2~3개월부터 7~12개월)

생후 3개월이 되면 영아의 애착행동은 더욱 세분화된다. 이 단계에서 영아의 사회적 반응은 몇 사람의 친숙한 성인에게 한정된다. 영아는 그를 정규적으로 돌보아 주는 양육자에게 더 많은 미소를 지어 보이고, 그가 떠나면 싫어하는 표정을 짓는다. 낯선 사람을 볼 때는 단순히 응시하기만 한다. 그러나 아직 이러한 변화에도 불구하고 단 한 명의 특정 개인에 대한 완전한 애착이 형성된 것은 아니다. 영아는 다른 사람들보다 익숙한 대상에게 더 많은 반응을 보인다. 즉, 이 시기에는 몇몇의 친밀한 대상에게만 반응함으로써 애착을 표현한다. 대상과 함께 있을 때 더 많이 웃고 흥분을 보이며 그가 사라지면 싫어한다.

(3) 분명한 애착 단계(7~12개월부터 24~36개월)

양육자에 대한 분명한 애착을 형성한다. 이 시기는 Piaget의 대상영속성 개념의 출현 시기다. 즉, 이 단계의 영아는 눈앞에 없는 애착대상 인물을 인지적으로 표상할 수 있다. 따라서 엄마가 영아의 시야에서 사라졌을 때도 계속 존재한다는 것을 이해하므로 특정 개인에게 애착할 수 있는 것이다

생후 7개월경이 되면 영아의 애착행동이 일차적으로 한 사람을 향한다. 영아가 처음으로 한 명의 특정 개인에게 애착을 형성한 것이라고 말할 수 있다. 따라서 영아는 양육자를 자기에게로 유인할 수 있을 뿐만 아니라, 양육자에게 쉽게 접근할 수 있게 된다. Ainsworth가 말한 '접근 추구(Proximity seeking)'양상으로 변화한다.

이때 나타나는 분리불안(seperation anxiety)은 영아가 애착대상 인물과 분리될 때 나타내는 불안반응이다. 정상적인 애착유대를 형성한 영아들은 어머니와 격리되면 슬퍼하고 불안해하며 증가된 울음반응을 나타낸다. 한동안 사라졌다가 어머니를 다시 만났을 때 꼭 붙들고 잠시도 떨어지지 않는 모습을 흔히 볼 수 있다.

(4) 동반자 관계 형성기(24~36개월 이후)

2세 정도가 되면 유아는 애착을 형제, 할머니, 할아버지, 정규적인 양육자 등에게 확장시킨다. 이러한 애착은 일차적인 양육자에 대한 애착의 질과 같은 특성을 가진다.

또한, 이 단계의 영아는 인지 능력의 증대와 함께 타인의 소망이나 목표를 탐지하고 예상할 수 있기 때문에, 양육자의 외출을 보다 기꺼이 허용하게 되며 양육자가 돌아올 때까지 기다릴 수 있게 된다. 이때부터 영아는 양육자와 동반자와 같은 관계로 행동하기 시작한다.

4) 애착유형

Ainsworth, Blehar, Waters와 Wall이 고안한 낯선 상황 실험은 영아를 대상으로 양육자와의 애착의 질을 측정하기 위한 대표적인 연구방법이다. 이 실험은 어머니와 낯선 성인 한 명이 일련의 순서대로 낯선 방에 들어왔다 나가고, 다시 영아와 만나는 8가지 장면으로 구성되어 있다〈표 12-1〉. 실험자들은 낯선 실험실에서의 영아의 탐색활동, 낯선 사람과 낯선 상황에 대한 반응, 양육자와 분리되었을 때나 다시 만났을 때의 영아의 행동을 기록하고 분석하였다.

이 낯선 상황 실험에 따르면 양육자에 대한 영아의 애착은 안정애착(65%), 회피애착(20%), 저항애착(10%), 혼란애착(5%) 등 네 가지 유형으로 구분된다.

〈표 12-1〉 Ainsworth의 낯선 상황

번호	등장인물	지속시간	행동 기술
1	어머니, 아기, 관찰자	30초	관찰자가 어머니와 아기를 장난감과 여러 가지 놀이 기구들이 있는 실험실로 인도한 후 남겨두고 나간다.
2	어머니와 아기	3분	어머니는 아기가 방안을 탐색하도록 놔둔다. 만일 아기가 아무것도 하지 않을 때는 2분이 지난 후 놀이를 하도록 고무한다.
3	낯선 이, 어머니와 아기	3분	낯선 이가 들어온다. 최초의 1분은 침묵, 두 번째 1분은 낯선 이가 어머니와 대화, 세 번째 1분은 낯선 이가 아기에게 접근, 주어진 3분이 지나면 어머니가 가만히 방을 나간다.
4	낯선 이와 아기	3분 또는 보다 길게	첫 번째 격리 장면. 낯선 이의 행동은 아기의 행동에 맞추어 조정된다.
5	어머니와 아기	3분 또는 보다 짧게	첫 번째 재회 장면, 어머니가 아기를 반기거나 달랜 후, 아기가 다시 놀이를 하도록 도와준다. 그런 다음 어머니가 '안녕'이라고 말하며 나간다.
6	아기 혼자	3분 또는 보다 짧게	두 번째 격리 장면
7	낯선 이와 아기	3분 또는 보다 짧게	두 번째 격리의 계속. 낯선 이가 들어와서 아동의 행동에 맞추어 행동한다.
8	어머니와 아기	3분	두 번째 재회 장면. 어머니가 들어와서 아기를 반기고 안아준다. 그 사이에 낯선 이는 가만히 방을 나간다.

Ainsworth는 단지 이론에 불과했던 애착이론을 실험 · 관찰할 수 있도록 '낯선 상황 검사'을 개발했다. 영아와 어머니의 간단한 격리와 재결합 과정을 통해서 애착관계의 안정성을 측정해 애착유형을 세 가지로 분류하였다.

어머니에게 안정적인 애착을 나타낸 B유형은 안전기반인 어머니가 있을 때에는 애착체계와 탐색체계가 활성화되어 적극적으로 주변을 탐색하며 놀이에 몰두한다. 자신의 안전기반인 어머니가 보이지 않을 때에는 애착체계가 활성화되어 불안이나 울음으로 어머니를 찾는다. 그리고 어머니와 재결합 시에는 어머니에 의해 쉽게 진정되고 다시 탐색활동에 몰두한다. 그러나 불안정－회피유형(A)의 영아는 어머니와 함께 있을 때에도 탐색행동이 활성화되지 않아 이리저리 기웃거리며 놀이에 집중하지 못한다. 어머니와 분리 시에도 거의 저항하지 않으며, 재결합 시에도 어머니에게 안아달라고 요구하지 않고 오히려 어머니를 회피한다. 반면에 불안정－저항유형(C)의 영아는 분리 시 가장 격렬하게 저항하고 어머니가 다시 돌아와도 쉽게 진정되기 어렵다. 그리고 어머니를 밀거나 발로 차는 등의 공격적인 행동을 나타낸다. 한편, 같은 애착유형 내에서도 다양한 행동특성을 나타내었기 때문에 Ainsworth와 동료들은 애착유형을 세분화해서 보다 정확하게 애착유형을 분류했다. 그러나 대부분의 애착연구들은 적은 표본 수로 인하여 A, B, C로 분류한 애착유형을 사용하고 있다.

〈표 12-2〉 애착의 하위유형별 행동특성(Ainsworth와 동료들)

애착유형	하위유형	특성
B유형 (안정애착)	B1	어머니와의 재결합 시 어머니를 반기지만, 멀리서의 원거리 상호작용으로도 만족한다. 그리고 어머니와의 분리 시에도 불안해하지 않는다.
	B2	B1과 비슷하지만, 어머니에게 좀 더 접촉추구와 접촉유지행동을 나타낸다.
	B3	분리 시 몹시 불안해하며 울지만 결합 시 어머니에 의해 쉽게 진정되고 다시 탐색활동에 몰두한다. 어머니를 반기며 어머니에게 안기려고 달려가는 등 보다 적극적인 접촉추구와 접촉유지행동을 보인다(가장 안정된 애착유형).
	B4	B3과 같이 분리 시 몹시 불안해하고 강한 접촉추구와 접촉유지를 원하지만, 재결합 시 어머니에 의해 쉽게 진정되지 않고 탐색행동으로도 잘 전환되지 않는다.
A유형 (불안정-회피애착)	A1	가장 심하게 회피적 성향을 나타낸다. 재결합 시에도 어머니를 무시하고 접근조차 거의 하지 않는 경향이 있다. 어머니와의 분리 시 불안해하지 않고, 어머니가 안으면 오히려 벗어나려고 발버둥을 친다.
	A2	A1보다는 덜 회피적인 애착유형이다. 어머니와의 분리 시 불안해하지 않지만, 어머니에 대한 접촉추구와 회피가 함께 존재한다.
C유형 (불안정-저항애착)	C1	어머니와의 접근추구와 접촉유지를 강하게 나타낸다. 어머니와의 재결합 시 접촉추구와 저항이 매우 강해, 몸부림을 치거나 어머니를 때리면서 화를 내는 등의 분노와 거부를 표현한다.
	C2	활발하게 접촉을 추구하기보다는 수동적으로 표현한다. 어머니와 함께 있을 때에도 탐색활동을 거의 하지 않고 상호작용 역시 자신이 먼저 시도하지 않는다. 재결합 시에도 강하게 저항을 나타내지는 않지만, 싫다는 표현을 한다.

한편 Main과 Solomon은 이 세 가지 유형에 속하지 않는 애착집단을 발견하여 이를 혼란애착유형(D유형)으로 명명하였다. 혼란애착은 스트레스에 대처하는 행동이 일관적이지 않고 목표 역시 분명하지 않다.

'낯선상황실험'은 표준화된 평가절차를 지닌 객관적이고 과학적인 척도이다. 또한 실험과 임상방법이 적절히 조화되었으며 영아를 직접적으로 관찰할 수 있다는 점에서 장점을 지닌다. 그러나 낯선 상황에서는 영아의 일상적이고 자연스러운 애착행동을 관찰하고 평가할 수 없다는 문제가 있기 때문에 그 대안으로 Waters와 Deane의 애착 Q-sort를 많이 사용한다. 이 방법은 보울비의 애착이론에 근거하여 애착관계에 대한 내적 모델을 행동으로 기술한 90개의 문항들로 구성되어 있으며, 1~9점으로 부모가 답하도록 되어 있다. 낯선 상황 실험과 상당히 일치한 결과를 보여준다.

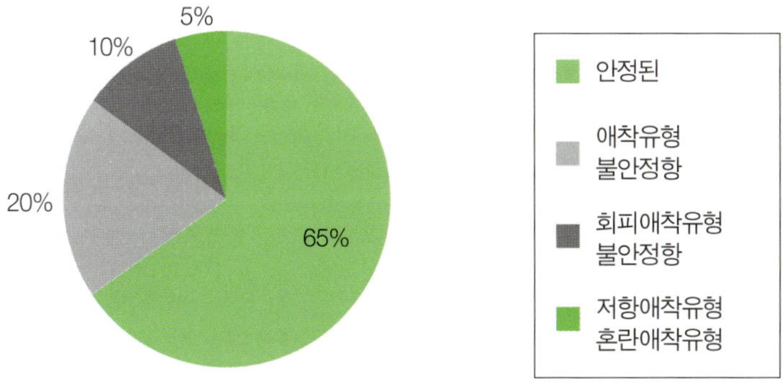

[그림 12-3] 애착유형별 영아의 분포

(1) 안정애착

① 영아의 특성

아기는 엄마와 함께 있을 때는 엄마를 안전기지로 삼아 편안하게 장난감을 가지고 놀고 낯선 상황을 탐색한다. 낯선 사람에 대해서도 긍정적으로 상호작용한다. 엄마가 떠나면 놀이를 중단하고 울지만 엄마가 돌아오면 매우 반기며, 울음을 그치고 다시 놀이를 시작한다. 이 유형의 아기는 애착행동과 탐색행동의 균형을 잘 유지한다. 이 유형의 엄마는 아기의 요구에 민감하고 신속하게 반응한다. 엄마 자신의 기분, 희망, 의도에 따라 아기에게 강요하기보다 아기의 신호에 따라 자신의 행동을 조절하고 아기가 스스로 능동적으로 행동할 수 있는 기회를 충분히 준다. 또한 아기에게 다정하며, 일관성 있게 애정을 표현한다.

② 양육자의 특성

영아의 신호에 민감하며 영아와의 접촉을 즐기며 많은 자극을 제공하고, 정서표현을 자주 한다. 영아가 주변을 탐색하도록 격려한다.

(2) 회피애착

① 영아의 특성

이 유형의 아기는 엄마를 안전기지로 여기지 못한다. 아기는 엄마와 낯선 사람에게 유사하게 행동하여 엄마가 떠나가도 별로 심하게 울지 않으며 엄마가 돌아와도 다가가려 하지 않고 신체적 접촉과 상호작용을 거부한다. 이 유형의 어머니는 아기의 요구에 무감각하며 대체로 아기를 안아주거나 껴안기를 싫어하는 경향이 있다. 아기를 전혀 사랑하지 않는 것은 아니지만, 아기가 자신의 관심사나 활동을 방해할 때 짜증이 나서 화를 내며 아기에게 거부적인 행동을 나타냄으로써 애정표현을 제대로 하지 못한다.

② 양육자의 특성

두 가지 양육유형을 보인다. 한 가지는 영아의 신호에 둔감하거나 무반응적이고, 신체적인 접촉을 거의 하지 않으며 영아와 상호작용할 때 화가 나거나 성가신 듯이 부정적인 감정을 표현하며 자기중심적인 유형이다. 또 한 가지는 영아가 원하지 않을 때에도 끊임없이 자극을 주고 이야기하는 등 지나친 열정을 보이는 유형이다.

(3) 저항 애착

① 영아의 특성

이 유형의 아기는 엄마가 곁에 있어도 새로운 것을 별로 탐색하지 않고, 엄마 곁에만 있으려 하고 낯선 방에 낯선 사람이 들어오면 울음을 터뜨려 격리 전에도 불안을 나타낸다. 엄마가 떠나면 심하게 울어 높은 불안을 보인다. 엄마가 돌아오면 더 오랜 시간 울며 엄마에게 안기고 싶기도 하고 피하고 싶기도 한 양가감정을 나타낸다. 이들은 지나친 애착행동 때문에 탐색활동을 하기 어렵다. 이 유형의 어머니는 아기의 요구에 무감각하고, 아기의 요구에 일관성이 없이 반응하며, 아기를 다루는 방식이 어색하다. 그러나 아기에게 화를 내거나 거부하는 느낌은 없다.

② 양육자의 특성

영아의 요구에 때로는 반응하고 때로는 반응하지 않는 등 양육이 비일관적이다. 기분에 따라 애정 어리게 또는 무관심하게 반응하며, 대체로 둔감하다.

(4) 혼란애착

① **영아의 특성**

낯선 상황에 대해 큰 스트레스를 받아 혼란스러워 하고 불안해서 어쩔 줄 몰라 한다. 어머니에게 접근할지 피할지 갈등하는데 어머니가 있을 때에도 극심한 두려움을 보인다. 어머니와 다시 만났을 때에는 멍하고 얼어붙은 듯이 행동하거나 어머니 가까이로 가다가도 어머니가 다가오면 갑자기 피한다. 무시되거나 신체적으로 학대받았던 과거의 경험 때문에 어머니에게 끌리면서도 공포를 느끼는 것일 수 있다.

② **양육자의 특성**

영아를 방임 또는 신체적으로 학대하거나 심한 우울증을 가지는 경향이 있다.

5) 애착발달에 영향을 미치는 요인

(1) 양육행동

에인스워드는 애착발달에서 가장 중요한 요인은 생후 첫 1년간 영아가 부모와 함께하는 상호작용의 질이라고 보고했다. 특히 애착대상의 반응성과 민감성이 중요한 의미를 지닌다. 애착대상이 영아가 보내는 신호에 민감하고 바람직하게 반응했을 때 세상에 대한 신뢰감을 갖게 해 준다. 이 때문에 비록 기질적으로 까다로운 영아라 할지라도 영아의 신호에 민감한 양육자에 의해 양육되었을 때, 대부분의 아기들이 안정애착을 형성하였다. 물론 이러한 결과가 기질이 전혀 중요하지 않음을 의미하는 것은 아니다. 오히려 영아의 기질 자체보다는 기질과 어머니와의 조화, 즉 조화의 적합성이 더 중요함을 의미한다.

조화의 적합성 모델은 Thomas와 Chess가 제시한 개념으로, 이들은 영아의 반응양식인 기질이 물리적·사회적 주변 환경이 서로 적절한 조화와 균형을 이룰 때를 '조화의 적합성'이라고 하였다. 그 반대의 경우는 '조화의 부적합성'이라고 하였다. 이러한 조화의 적합성 혹은 부적합성 모델은 기질 그 자체보다는 양육환경인 어머니의 성격과 영아의 기질 간의 조화가 성공적인 애착발달에 영향을 미침을 설명한 것이다.

〈표 12-3〉 기질유형(Thomas & Chess, 1977)과 애착유형(Ainswoth et al., 1978)의 분포비교

기질유형	기질분포	애착유형	애착분포
순한 기질	40%	안정애착	66%
까다로운 기질	10%	저항애착	12%
느린 기질	15%	회피애착	20%

(2) 아동의 기질

일반적으로 아동의 적응성은 안정애착과 정적상관이 있고, 아동의 활동성은 불안정애착과 정적상관이 있는 것으로 나타났다. 애착에 미치는 기질의 영향력을 살펴본 연구들에 의하면, 영아의 까다로운 기질은 어머니에게 자녀양육의 어려움을 가중시켜 불안정애착을 형성하는 원인으로 작용하였다. Kagan은 기질적으로 '순한', '까다로운', '느린'으로 분류된 영아들의 분포가 '안정애착', '저항애착', '회피애착'으로 분류된 영아의 백분율이 상당이 유사하다는 통계자료를 제시했다. 이와 같은 통계로 미루어보면, 양육자의 민감성과 같은 양육방법보다는 영아의 기질이 애착발달에 가장 큰 영향을 미친다는 것이 그의 주장이다. 그러나 '조화의 적합성'으로 설명되는 것처럼, 영아의 기질 외적인 요인들이 있기 때문에 아동의 기질과 애착유형은 큰 상관은 없는 것으로 나타나기도 한다.

(3) 부모의 특성

생태학적 맥락 속에서 애착의 발달을 설명하기도 한다. 부모에게 자신의 애착형성 과정을 회고하게 하여 진단하고, 현재 자신과 영아 간의 애착유형을 비교한 결과 높은 상관관계를 보였다. 이 같은 사실로 미루어 볼 때, 애착유형이 세대 간 전달된다는 것을 알 수 있다. 이 외에도 애착발달은 부모의 성격 특성과 결혼생활, 사회적 지지도 등과도 관련 있다.

7. 자아인식발달

1) 자아개념의 의미

자아개념(self-concept)이란 용어는 자기(self), 자아(ego), 자아상(self-image), 자아지식(self-knowledge), 자기이해(self-understanding)등과 혼용되며, 그 정의는 학자에 따라 차이가 있다. 김성희 등(1998)은 자아개념이란 자기 전체에 대해 갖게 되는 상세하고 개인적인 평가라고 보았다. 김경중 등(1998)은 자아개념은 성격형성에 가장 핵심적인 요소로 작용하고 있는 특성의 하나로서, 외적 환경과의 상호작용을 통해 형성된 자기 자신에 대한 지각이라고 하였다. 결국 자아개념이란 자기 자신을 총체적으로 지각하고 느낀 결과로서의 자기라고 할 수 있다.

자아개념의 가장 기본적인 개념인 자아인식은 자신과 타인이 별개의 존재임을 아는 것이다. 이는 18개월경에 자신을 인지할 수 있게 되며, 이러한 능력은 자기 모습에 대한 정신적 표상화가 가능해짐으로써 일어난다. 영아기에 자신이 다른 사람과 다르다는 것을 이해하게 되면서 범주적 자아(categorical self)를 발달시킨다. 범주적 자아는 유아가 자신을 정의할 때 전체 범주 속에 넣는 형태를 의미한다. 이 시기에 주로 사용하는 범주는 연령(나이가 많다/어리다), 성(여자/남자), 크기(크다/작다)이다. 유아는 자기 자신을 이런 범주에 따라 넣는데, 예를 들어 남자아이의 경우 자신은 '어리고, 남자이고, 작다'라고 생각하는 것이다.

3~5세 유아에게 자신에 대해 말해보라고 하면, 다음과 같이 말한다.

"나는 철수에요. 나는 빨간 티셔츠를 입었어요. 나는 4살이에요. 나는 이도 닦을 수 있고 머리도 감을 수 있어요. 혼자 할 수 있어요. 나는 레고 장난감이 있어요. 나는 그걸로 아주 큰 탑을 만들었어요."

이 예에서 유아의 자아개념은 사고의 양상과 같이 매우 구체적임을 알 수 있다. 유아들은 관찰 가능한 특징들, 즉 이름, 신체적 생김새, 소유물, 일상행동 등 관찰할 수 있는 특징을 언급한다. 그리고 자기 자신을 묘사하는 것보다 훨씬 쉬운 과제인 자기 자신에 대해서 다음 말이 사실인지 아닌지를 구분하라고 할 때, 세 살 반의 유아들은 자주 일관되게 대답한다. 예를 들어, 자기는 줄에 서 있는 다른 사람

앞으로 끼어들지 않는다고 대답했던 아이는 자기는 화가 났을 때 조용히 있고 싶다고 대답하고, 보통 엄마나 선생님이 하라고 하는 것은 한다고 대답하는 경우가 많다. 마치 아이가 자신은 자기 조절에 있어서 높은 단계에 있다는 것을 깨닫고 있는 듯한 대답을 한다.

이는 유아들이 자기 자신의 독특한 성격에 대해 이해하기 시작했다는 것을 의미한다. 그러나 유아들은 아직 "나는 도움이 되는 사람이에요.", "나는 친절해요." 또는 "나는 보통 정직해요." 같은 심리적인 특성에 대한 언급은 하지 않는다. 더군다나 그들은 아직 사람이 반대되는 성격들, 예를 들어 친절하기도 하면서 비열하고, 또는 착하기도 하면서 못된 것처럼 반대되는 성격들을 가질 수 있다는 것을 알지 못한다. 이러한 것을 이해하기 위해서는 인지적으로 보다 성숙되는 아동기까지 기다려야 한다. 유아의 자기 정의가 강해질수록, "내 거야!"라고 주장하면서 사물에 대해 더 소유욕이 강해지는 경향이 있다(Levine, 1983). 이는 이기심의 증거라기보다는 사물에 대한 초기 투쟁은 자신과 타인 사이의 경계를 명백히 하기 위한 노력으로서, 자아를 발달시키는 긍정적인 표시로 볼 수 있다.

2) 자아개념의 발달

자신이 타인과 다르다는 것을 알게 되면서 유아는 자신이 타인과 분리된 독립된 존재임을 인식하고 자아개념(self-concept)이 발달한다. 자신에 대해 갖는 자아상(self-image), 태도, 감정들의 독립적인 형태를 의미한다. 긍정적인 자아개념을 가진 사람은 자신이 설정한 목표를 성취할 수 있다고 믿고, 자신이 하고 싶은 일을 선택하고 수행하며, 자신에 대한 비평도 화내지 않고 들을 수 있고, 장애물도 극복할 수 있다고 느끼며 도전하기 때문에 성공할 확률이 높다. 반면에 부정적인 자아개념을 가진 사람은 자신이 성공할 수 있다는 확신을 갖지 못하기 때문에 열심히 노력하지 않는다. 노력부족은 모든 일을 실패로 이끌고, 결국 스스로에 대한 신뢰감과 성공에 대한 자신감을 위축시킨다.

(1) 영아기

영아의 자아개념이란 자아인식(self-recognition)이 성립되는 것이라고 볼 수 있다. 출생 초기에는 자신과 타인을 구별하지 못하다가 이러한 분리를 의식하게 되는 것은, 대상개념의 발달과 함께 생후 6~8개월 사이에 발달한다. 영아가 자신을 다른 사람과 분리되고 독립된 존재임을 일단 깨달은 뒤에는 자신이 지속적으로 존재한다는 사실을 알 수 있어야 하는데, 자신을 지속적인 존재로서 이해했다는 것은 자신의 이름을 사용할 수 있다는 데에서 알 수 있다. 15~18개월경에는 자기 자신에 대한 관념이 비교적 명확해지며 21~24개월경에는 신체적 자아상이 형성됨으로써 자기의 관념이 거의 확립되는 시기이다.

(2) 유아기

유아기에는 범주적 자아(categorical self)를 발달시킨다. 즉 주요한 범주를 토대로 키가 큰지 작은지, 또는 여자인지 남자인지, 아이인지 어른인지 등에 초점을 맞추어 구분하고 자신을 한 범주에 포함시킨다.

3~4세 유아는 '나'를 중심으로 한 물건이나 대상, 사람에 초점을 맞춘다. 예를 들면, "나는 키가 커요.", "내 자동차", "나는 공을 좋아해요.", "내 모자" 등 전체적인 범주 안에서 구체적으로 자신을 설명한다.

4~5세가 되면 아동들의 자아는 성숙한 수준으로 발달된다. 아동은 자신을 여러 가지 다양한 차원에서 설명할 수 있고, 같은 차원 안에서 자신과 타인을 비교할 수도 있다. 이처럼 아동기에 들어오면서 점점 복잡한 개념이 발달됨에 따라 자아개념도 점점 복잡해진다.

(3) 아동기

유아기를 지나면서 아동의 자아개념은 더 복잡하고 더 정교하게 되며, 외적인 특성보다 내적인 특성에 더 집중하게 된다(Harter, 1983, 1985). 또한 아동은 자신과 타인의 내적 특성은 비교적 안정되어 있다고 생각한다. 이러한 변화에 대하여 Montemayor와 Eisen(1977)은 9~18세 아동의 자아개념 연구에서 잘 밝히고 있다. 그들은 각 아동에게 "나는 누구일까요?"의 질문에 대하여 20개의 다른 답을 쓰도록 요구했다.

그 결과, 보다 어린 아동은 자신을 설명하기 위하여 주로 외적인 속성을 사용한 반면, 연령이 높은 아동들은 자신의 외적인 특성뿐 아니라 자신의 신념, 다른 사람과의 관계, 그리고 자신의 성격적 특성까지도 강조하였다. 따라서 아동이 학령기를 지남에 따라 자아에 대한 정의는 더욱 복잡해지고, 외모와는 관계가 적으며 감정 및 생각에 더 초점을 맞춘다.

6~12세 사이의 아동은 자신을 '영리하다'거나 '멍청하다'로 보지 않고 '대부분의 다른 아이들보다 영리하다.' 또는 '내 친구들만큼 야구를 잘하지 못한다.'는 식으로 본다.

이상에서 살펴본 바와 같이, 자아개념은 영아기에 형성되어 일생 동안 인간행동에 지속적으로 영향을 미치고 있다. 인생 초기에 어떠한 사회적 경험을 하느냐가 자아개념 형성에 지속적인 영향을 주므로, 긍정적인 자아개념 및 자아존중감을 갖도록 도와주어야 할 것이다.

3) 의도의 이해

유아들이 자기 자신의 행동이나 자기 자신에 대해서 보다 많이 알아감에 따라, 유아들은 고의적이고 의도적인 행동과 비의도적인 우연한 행동을 구별하기 시작한다. 2세까지의 유아들은 하고자 하는 행동을 알리기 위해서 "할 거야.", "해야 돼.", "하고 싶어." 같은 말들을 일상생활의 대화에서 사용한다. 유아들은 자기 자신을 방어하기 위해서 의도가 가득 찬 단어들을 이용한다. 친구를 넘어뜨린 것이나 우유를 쏟은 것에 대해 꾸지람을 들은 후에, 유아들은 "그건 실수였어요!" 또는 "내가 일부러 그런 거 아니에요!"라고 말한다.

2살 반에서 3살까지, 이러한 이해는 타인에게까지 확장된다. 유아들은 어떤 사람의 행동이 의도적인 것인지 아닌지를 구별하는 데 도움을 주는 단서들에 대해서 주의를 기울인다. 우선 유아들은 어떤 사람의 바람이 이뤄졌는지에 초점을 맞춘다. 만약 어떤 사람이 이제 어떤 것을 할 것이라고 말한 다음에 그 행동을 하면, 3세 유아는 그 행동을 의도적인 것으로 판단한다. 만약 말한 것과 행동이 일치하지 않으면 그 때는 그 행동이 의도적인 것이 아니라고 판단한다. 그러나 유아들은 아직 한 사람의 의도가 실현되지 않은 채로 남아 있을 수도 있고, 바라던 결과가 우연히 일어날 수도 있다는 것을 이해하지 못한다.

유아기가 끝나갈 때쯤, 유아들은 의도성을 판단하기 위해서 훨씬 광범위한 정보를 이용한다. 예를 들어, 5세 유아는 어떤 사람이 그가 하고 있는 것에 집중하고 있는지, 그 사람의 행동이 긍정적인 결과를 가져 오는지 혹은 부정적인 결과를 가져 오는지, 그리고 몇몇 외부적인 원인이 그러한 행동을 하게 하는지에 주의를 기울인다(Smith, 1978). 유아들은 이러한 지식을 어떻게 얻을까? 어른들이 의도적인 것과 그렇지 않은 것에 대해서 다르게 반응하는 것이 중요한 역할을 한다. 그리고 긴 시간에 걸쳐서 유아들 역시 그들 자신의 사고나 감정이 어떤 것을 일부러 할 때와 그렇지 않을 때가 아주 다르다는 것을 발견하게 된다.

행동의 의도를 이해하는 능력이 발달하면서 유아는 타인의 행동을 해석하고 적절히 반응할 수 있게 된다. 또래들과 잘 지내는 유아들은 의도적인지 비의도적인지를 정확하게 해석하고 반응한다. 즉, 놀이친구가 블록으로 만든 집을 의도적으로 망가뜨렸을 때, 화를 내고 보복한다. 그러나 그 행동이 우연한 실수였다면 그러한 행동을 하지 않는다.

4) 자아존중감

자아개념의 또 다른 측면인 자아존중감(self-esteem)은 유아기 초기에 나타난다. 즉, 자아존중감은 우리가 우리 자신의 가치에 대해서 판단하거나 그러한 판단과 관련된 감정들, 우리 자신의 능력에 대한 평가가 우리의 감정적 경험, 미래 행동, 장기 심리 조정에 영향을 미치기 때문에 자아발달의 가장 중요한 측면 가운데 하나이다.

자아개념이 자아에 대한 인지적 측면이라면, 자아존중감은 감정적 측면이라고 할 수 있다. 즉 자신의 존재에 대해 인지적으로 형성된 것이 자아개념이고, 자기 존재에 대한 느낌이 자아존중감이다. 결국 자아존중감은 자아에 대한 전반적인 가치의 판단을 의미하는 것으로 긍정적이거나 부정적인 태도로 표현될 수 있으며, 자신의 능력, 중요성, 성공, 가치 등에 대해 스스로 어느 정도 믿고 있는지를 나타낸다.

유아들의 자아존중감은 보다 나이가 많은 아동이나 성인처럼 명확하지는 않다. 어린 유아들은 사람들이 그들을 얼마나 좋아하는지(사회적 수용)와 그들이 어떤 것을 얼마나 잘 하는지(유능성)를 구분한다. 그러나 7세 이전의 유아는 다양한 활동에서의 능력을 잘 구별하지 못한다. 유아들에게 뭔가를 얼마나 잘 하는지 물어보면, 유아는 보통 자신의 능력을 극도로 높게 평가하거나, 아니면 그 과제의 난이도를 과소평가한다(Harter, 1998). 유아의 높은 자아존중감은 많은 새로운 기술들을 습득해야 하는 이 기간 동안 아주 바람직하고, 유아의 주도성 발달에도 크게 기여한다.

어린 유아의 자기능력에 대한 평가는 어른들의 인내력과 격려에 의해서 지지를 받는다. 대부분의 부모들은 유아기 자녀가 급속도로 발달하고 있다는 것, 세발자전거를 타거나 가위질이 어렵지만, 유아기 자녀들이 곧 그것들을 할 수 있게 될 것이라는 것을 알고, 참고 기다려주며 격려하여야 한다. 유아들 역시 자기 자신들이 커지고 힘이 강해지고 있다는 것을 알고, 그들이 어떤 것을 못 할 때, 보통 유아들은 그것을 굉장히 하고 싶어 하고 나중에 다시 시도해 보려고 한다. 유아기에는 일반적으로 자아존중감이 매우 높은 편이다. 자아존중감이 높은 유아는 자신의 판단에 자신감을 갖고 사회적 상호작용에서 긍정적으로 자기주장을 하며, 또래관계도 원만하다. 그럼에도 불구하고 4세의 몇몇 유아들은 퍼즐이나 높은 탑 쌓기 같은 어려운 과제를 만나면 쉽게 포기해 버린다. 이 유아들은 과제를 할 수 없다고 생각하고, 실패를 한 다음에는 기가 죽게 된다(Cain & Dweck, 1995).

이러한 유아들에게 실패했을 때 어른들의 반응을 인형을 상대로 연기해 보라고 하면, "퍼즐을 잘 못해서 벌을 받았다." 또는 "아빠는 아주 화가 나서 때렸다."라고 반응한다(Burhans & Dweck, 1995). 또한 작은 실수만 해도 부모들이 자신들을 몹시 꾸짖는다고 보고하였다(Heyman, Dweck, & Cain, 1992). 부모는 유아의 사회적 거울이라고 할 수 있는데, 부모가 애정과 신뢰와 존경으로 대해주면 유아는 자신이 존경받고 신뢰받을 만한 가치 있는 존재로 인식하게 된다. 즉, 부모는 유아의 자아존중감 발달에 많은 영향을 준다는 것을 인식해야 한다.

5) 자기통제

자기통제(self-control)란 기억된 정보에 근거하여, 아동이 사회적으로 용납되는 행위에 맞추기 위해 보살펴 주는 사람이 없을 때에도 그들의 행위를 바꾸거나 지연시키는 것을 의미한다. 만약 충동을 통제하는 것을 배우지 않는다면 다른 사람의 권리를 침해하거나 규칙을 어김으로써 다른 사람과 마찰을 일으키게 되고, 장기적인 목표도달에 필요한 인내심과 자기희생적 특성을 갖지 못할 것이다. 유아는 새로운 상황에 적응하는 능력이 상당히 제한되어 있어, 강한 자극이나 욕망이 있을 경우에는 규칙을 쉽게 잊어버린다. 만약 공이 거리로 굴러갔다면 유아들은 공을 뒤따라 달려간다. 유아들은 장기적 지연이나 막연한 지연을 받아들이기 어렵다. 즉 외출하기 위해, 어머니가 화장을 끝낼 때까지 기다리는 것을 거의 참지 못한다.

생의 초기에 자제력의 부족은 이후의 발달에서 매우 부정적인 특성으로 될 수 있다. 학령 전기에 긴 시간 동안 만족지연을 하지 못했던 아동들은 청소년이 되어서도 충동적이고 참을성이 없었다. 반면에 긴 시간 동안 만족지연을 보였던 아동들은 학업에서 유능하고 사회적 관계에서도 원만했으며, 자신감이 있는 것으로 나타났다.

3세 중반쯤 되면 유아들이 자기의 충동을 통제하는 능력이 뚜렷이 나타난다. 18~30개월된 유아에게 가까이에 있는 장난감 전화를 만지지 못하게 하거나, 컵 밑에 넣어 둔 건포도를 먹으라는 허락이 있을 때까지는 먹지 못하도록 하거나, 실험자가 일을 마칠 때까지 선물을 풀어보지 못하도록 하였을 때 만족을 지연시켰다. 지시에 따라 기다리는 능력은 연령이 증가하면서 급격하게 증가하였다(Vaughn, Kopp & Krakow, 1984).

여러 연구에서 유아기에 어머니가 자녀들에게 정서적으로 반응이 없거나 강압적이고 비판적일 때, 그리고 자녀가 이러한 어머니의 요구에 비교적 불응해 온 경우, 이 자녀들은 반항적이 될 가능성이 높다. 또 이들 유아들은 학령 전기부터 초기 청소년기에 이르기까지 공격적이고 파괴적인 행동을 계속하는 것으로 나타났다. 따라서 자기통제력은 안정적이고 지속적인 특성일 뿐만 아니라 인지적 능력, 사회적 기술 및 자신감 등 청소년의 자아존중감을 예고해 주고(Haiter, 1990), 또 자기통제력은 성인기의 직업적 성공과 전반적 생의 만족과도 관련이 있다(Hunter & Hunter, 1984).

8. 성 정체성과 역할

인간은 태어나면서 예외 없이 생물학적인 성을 가지게 된다. 그러나 이것이 항상 심리적 성 정체성과 일치하는 것은 아니다. 또한 남성이든 여성이든 정도의 차이는 있을 뿐, 자신의 성과 반대되는 성이 갖는 성향을 가지고 있는 것이 사실이다. 이러한 정도의 차이는 부모의 역할을 비롯해 다양한 주변 요인들에 의해 달라진다. 특히 유아기에 형성된 성 정체성은 평생에 걸쳐 영향을 미칠 만큼 결정적인 역할을 하게 된다. 따라서 본론에서는 유아기 성 정체성 발달과정과 유아가 성역할을 습득하는 데 작용하는 요인에 대해 서술한다.

1) 유아의 성 정체성 발달과정

성 정체성(gender identity)은 자신의 성이 남성인지 여성인지 구분하는 동시에, 타인의 성을 남성 혹은 여성으로 정확하게 동일시하는 능력을 의미한다. 영아는 생후 16~17개월 즈음에는 자신과 다른 성의 신체적 특징을 일부 구분하는 능력을 보인다. 그리고 2세 이후에는 유아의 성정체성이 본격적으로 형성되기 시작하면서, 자신의 성에 대한 호기심을 갖게 되는데, 이 시기 유아는 사진 속 타인의 성도 정확하게 분류하고, 성별에 대한 사회의 부정적 생각을 조금씩 느끼게 된다.

이에 따라 3세가 지나면 여아는 인형을 좋아하고 남아는 총을 좋아하는 등 선호하는 장난감이 달라지고, 자신의 성에 맞는 행동이 있음을 알게 된다. 그리고 4세가 되면 유아들은 부모의 도움이 없어도 사회적으로 받아들여지는 자신의 성에 적합한 행동을 하게 된다. 이러한 성 정체성 형성과정에 호르몬이나 태아의 뇌 발달과 연관이 있다는 연구 결과가 있지만, 아직은 정확한 생물학적 원인은 알려지지 않았다.

유아의 성 정체성 발달과정을 명확히 이해하기 위해서는, 성 안정성(gender stability) 단계와 성 항상성(gender constancy) 단계를 이해할 필요가 있다. 성안정성이란 자신의 성이 평생 동안 동일한 성으로 유지될 것이라는 사실을 이해하는 능력을 의미한다. 유아는 4세가 되면 성 안정성을 인식하게 되어, 자신이 여아면 미래에도 여성으로, 남아면 남성으로 자라게 될 것임을 인식하게 된다. 이 시기 유아는 자신과 동일한 성을 선호하며, 좋은 것은 자신의 성으로 돌리고 나쁜 것은 다른 성에게 돌리는 경향이 강해지는 모습을 보인다.

또한 유아는 사회가 원하는 성역할에 어긋나는 행동은 나쁜 것이며, 그런 행동을 하게 되면 자신이 비난이나 벌을 받을 수 있다고 생각하게 된다. 성 항상성은 사람의 겉모습을 바꾸어도 다른 성으로 바뀌지 않는다는 사실을 이해하는 능력이다. 5~6세가 되면 성 항상성을 획득하게 됨으로써, 자신이나 타인이 다른 옷을 입거나 머리를 길러도 역시 같은 성이라는 것을 인식하게 된다.

2) 유아가 성역할을 습득하는 데 작용하는 요인

성역할이란 각 성에 따른 사회적 역할 또는 행위에 대한 사회의 문화적 기대로, 성역할은 사회화 과정에서 학습되고, 성 정체성, 성 안정성, 성 항상성이 이해될 때 비로소 가능한 것이다. 그런데 성역할의 사회화 과정은 유아기라는 특정 시기에만 존재하는 것이 아니라, 평생 지속되는 과정으로 이해되어야 한다. 성역할을 통해 자아정체감, 사회에서의 위치, 그리고 타인과의 관계를 성에 따라 각기 다르게 정해 주게 되는 것이다.

유아는 성역할의 사회화 과정을 통해, 남아는 공격적, 능동적, 독립적, 경쟁적인 모습이 기대되고, 여아는 수동적, 소극적, 의존적, 순종적 모습이 기대된다는 사실을 배우면서, 조금씩 그에 부합하는 성역할을 습득하고 이를 행동으로 옮게 되는 것이다. 유아는 이러한 성역할을 여러 요인들 속에서 발달시키는데, 이에 대한 구체적 내용은 다음과 같다.

유아의 성역할 습득에 작용하는 요인은 다양하다. 먼저 부모는 자녀의 역할 모델로서 바람직하다고 판단되는 성 유형이나 성역할을 가르치면서 유아의 성역할 형성에 큰 영향을 미친다. 그 과정에서 보상과 처벌을 통해 학습시킴으로써 유아의 성역할은 더 발달한다. 아이가 태어나서 최초로 상호작용을 하게 되는 부모는, 유아가 행동을 모방하고 가치관을 내면화키는 대상이 되는 만큼, 부모의 양육태도는 유아의 성역할 형성에 큰 영향을 미치게 되는 것이다.

또한 어머니의 직업 유무에 따라서도 그 영향이 달라진다. 즉, 직장을 가진 어머니의 아이는 남성과 여성 간의 심리적 차이점을 거의 지각하지 못하고, 직업이 없는 어머니의 아이보다 더 양성적인 경향이 강하며, 성 고정 관념이 약한 모습을 보이게 된다. 아버지의 경우에는 딸에 대한 민감성과 강력한 지지가 딸이 사회생활이나 대인관계에서 리더십이나 포용력을 발휘하게 만드는 요인이 된다.

성역할은 형제나 자매의 수나 출생순위, 형제들과의 관계에 따라서도 달라진다. 남자 형제가 많은 아이는 남성적 경향이 강하고, 특히 여아는 야심적, 공격적이며, 지적 발달이 빠른 것으로 알려져 있다. 또한 TV나 책 등의 매체를 통해서도 성역할이 형성된다. 즉, TV의 각종 영상물이나 책에는 성역할이 담겨 있는 내용들이 있고, 이를 통해 성역할이 학습되는 것이다. 대체로 이들 매체에는 보수적인 성역할을 가르치려는 내용들이 많은 편이다.

유치원이나 학교 같은 교육기관의 역할도 빼놓을 수 없다. 다양한 교육 프로그램을 통해 성역할에 대한 관념이 생기게 된다. 또한 교사에 의해 유아는 성역할에 부합하는 놀이나 행동을 하게 되고, 같은 성의 또래와의 놀이를 통해 성역할이 학습되기도 한다. Fagot의 연구에 의하면 유아는 친구가 성에 적합한 행동을 하면 강화를 주고, 부적합한 행동을 하면 의도적인 망신을 주는 것으로 나타났다. 따라서 유아의 바람직한 성역할을 심어주기 위해서는 이들 교육기관의 역할이 중요한 것이다. 다만, 어느 하나의 성에 편향된 교육보다는 양성적인 성역할을 강화함으로써, 특정한 성에 대한 부정적 인식을 갖지 않도록 해주는 교육방향이 바람직할 것이다.

이밖에도 사회문화적 영향이나 생물학적 요인에 의해서도 성역할이 습득된다. 특히 생물학적으로 보면 남성이 여자보다 강하고, 남성의 X염색체에 이상이 생겨 유전적 결함이 생기거나, 성 호르몬이 변화하면 성역할의 차이가 생기게 되는 것이다.

CHAPTER 13

가족과 대중매체 및 영유아발달

가족은 사회의 기본 단위로서 한 사회를 존속시키고 유지하는 기능을 가지고 있다. 인간이 세상에 태어나서 사회구성원으로 성장할 수 있는 터전이 바로 가족이다. 가족은 인간의 성장발달에서 매우 중요한 역할을 한다. 우리는 누구나 가족의 사랑과 보호를 받으면서 성장하고, 가정에서 여러 가지 생활규범을 배우고 익히며 사회생활에 적응할 수 있는 능력을 기른다. 부모는 아동이 이 세상에 태어나 최초로 관계를 형성하는 대상이다. 부모의 역할을 제대로 수행하기 위해서는 부모가 되기 위한 마음의 준비와 자녀양육에 대한 기본적인 지식의 습득 및 가치관의 확립이 필요하다. 부모의 양육행동은 개인의 성격형성에 가장 큰 영향을 미치는 요인이라 할 수 있다. 아래에서는 위와 같은 가족이 영유아발달에 미치는 영향에 대해 살펴보고자 한다.

1. 부모

영유아 발달과정에서 자녀를 양육하는 부모의 역할은 매우 중요하다. 그러나 부모의 역할에 대한 정의가 명확하지 않을 뿐만 아니라, 대부분의 부모들은 체계적인 부모교육을 받은 경험이 없기 때문에 자녀를 양육하는 과정에서 심한 좌절감을 경험하기도 한다. Parsons 등은 전통적인 가족에서 아버지 역할을 도구적 역할로, 어머니의 역할을 표현적 역할로 구분하였다. 바꾸어 말하면 아버지는 가정의 대표자, 생계유지자로서 도구적인 역할을 수행하는 한편, 어머니는 정서적 욕구를 충족시키는 표현적인 역할을 담당하여 영유아에게 영향을 미친다는 것이다. 부모가 영유아발달에 미치는 영향을 구체적으로 살펴보면 다음과 같다.

1) 어머니의 역할

어머니는 출산을 하는 생물학적 과정에서부터 시작하여 자녀에 대한 통제와 책임을 맡는다. 이렇게 어머니와 자녀관계는 배타적인 특성이 존재한다. 프로이드는 먹고, 빨고, 삼키고, 씹는 구강 부위의 만족을 충족시켜 주는 사람이 어머니이므로 어머니는 아동의 성장에 가장 중요한 영향을 미치는 인물이며, 이후의 사회적 관계형성에도 중요한 영향을 미친다고 하였다. 보울비도 유아들의 사회적·정서적 행동을 적절하게 발달시키지 못하는 고아원이나 보호시설 등에 관한 연구를 기초로 하여 어머니의 결손이 아동의 성장에 큰 영향을 미친다고 하였다. 그 외에도 많은 학자들이 동물연구 등을 토대로 아동발달에서의 어머니의 생물학적 절대성을 강조하고 있다. 이렇게 어머니는 아동의 전반적 발달, 특히 초기의 발달에서 중요한 의미를 갖는다. 다시 말하면, 아동의 최적의 발달과 능력의 강화에 도움이 되는 특정한 어머니의 행동인 태도라든가 환경적 조건이 있다는 것이다.

2) 아버지의 역할

전통적으로 아버지의 존재에 대해서는 인간이라는 유기체를 형성하는 생물학적 기여자로서의 역할이 강조되었다. Mead는 이러한 아버지의 존재를 생물학적으로는 필연적이지만, 아동의 사회화 과정에서는 우발적인 인물로 묘사하고 있다. 또한 아버지를 어머니와 대비시켜 이차적인 영향을 미치는 존재라고 하였다. 이는 자녀양육에 있어 아버지가 어머니에 비해 상당히 미비하며 최소한의 역할만을 수행한다는 사실을 의미한다. '어미 잃은 날이 아비 정 떼는 날'이라는 우리의 옛 속담이나, 계모와 자녀 간의 갈등에 적극적으로 개입해서 중재하는 모습을 보이지 않는 전래동화 '콩쥐팥쥐'나 '장화홍련전'에서의 아버지의 모습은 이러한 아버지의 영향적 특성을 잘 반영해 주고 있다. 하지만 다른 연구에서는 자녀양육에서 아버지의 영향이 어머니의 영향에 종속된다는 사실을 반박하고 있다. 비교문화적 관점에서 보면 아버지의 영향의 정도는 문화에 따라 차이가 있음이 분명하다. 일부일처제의 핵가족, 비부거제 문화, 어머니의 생계부담률이 높은 사회일수록 아버지가 영아와 친밀한 관계를 형성하는 것으로 나타났다. 정신분석이론에서도 아동의 동일시 대상으로 아버지의 중요성을 강조하고 있으며, 어린 시절 아버지의 양육태도는 이후에 자신이 아버지가 되었을 때의 양육태도에 영향을 미친다고 한다. Pleck

는 20세기의 아버지의 역할을 경제적 의무를 다하는 사람으로서의 아버지, 성역할 모델로서의 아버지, 양육적인 아버지의 세 가지 형태로 개념화하고 있다. 생계유지자로서의 아버지의 역할은 아직도 맞벌이 가정에서조차 중요한 역할이 되고 있다. 비록 같이 놀아 주지 않아도 갖고 싶은 것을 모두 제공해 줄 수 있는 경제적 능력을 가진 아버지가 아동에게는 가장 유능한 아버지로 부각되고 있다는 것이다. 그러나 사회변화로 인해 아버지는 더 이상 가정에 물질적인 도움만을 제공해 주는 존재가 아니며, 자녀의 건강한 발달을 위해 어머니 못지않게 중요한 영향을 미치는 역할을 담당하는 것으로 인식되고 있다. 여성 취업률과 이혼률의 증가로 인해 자녀에 대한 아버지의 영향은 점차 커지고 있으며, 더 이상 이차적인 역할로 머물러 있을 수 없게 되었다. 아버지는 자녀와의 직접적인 상호작용을 통해 어머니 못지않게 자녀의 성장과 발달에 큰 영향을 미치는 존재로 부각되고 있다.

〈표 13-1〉 부모의 유형이 자녀의 특성에 미치는 영향

부모의 유형	부모의 특성	자녀의 특성
자애롭기만 한 부모	• 자녀의 모든 요구를 다 들어준다. • 단호하게 자녀들을 압도하기보다는 양보한다. • 말은 엄격하나 행동으로 보여주지 못한다. • 벌주는 것 자체를 잘못이라고 생각한다.	• 책임회피 • 쉽게 좌절하고 그 좌절을 극복하지 못함 • 버릇없고 의존적이며 유아적인 특성을 보임 • 인정이 많고 따뜻함
엄격하기만 한 부모	• 칭찬을 하지 않는다. • 부모의 권위에 의문을 제기하는 것을 허락하지 않는다. • 자녀가 잘못한 점을 곧바로 지적한다.	• 걱정이 많고 항상 긴장하고 불안해함 • 우울하고 때로 자살을 생각하기도 함 • 책임감이 강하고 예절이 바름
엄격하면서 자애로운 부모	• 자녀가 일으키는 문제를 정상적인 삶의 한 부분이라고 생각한다. • 자녀에게 적절하게 좌절을 경험케 하여 자기훈련의 기회를 제공한다. • 자녀를 장점과 단점을 아울러 지닌 한 인간으로 간주한다.	• 자신감 있고 성취동기가 높음 • 사리분별력이 있음 • 원만한 인간관계를 유지함
엄격하지도 자애롭지도 못한 부모	• 무관심하고 무기력한 부모 • 칭찬도 벌도 주지 않고 비난만 한다.	• 반사회적 성격으로 무질서하고 적대감이 많음 • 혼란스러워하고 좌절감을 많이 느낌

2. 형제자매

대부분의 가정에서 형제자매는 영유아 발달에서 부모와는 또 다른 영향을 미치는 중요한 인물이다. 출생 후 6개월이 되면 영아는 손위 형제와 더 많은 상호작용을 하려는 시도를 한다. 1년경에는 어머니와 보내는 정도의 시간을 손위 형제와 보내게 되며, 유아기에는 어머니와 보내는 시간보다도 많은 시간을 형제와 보내게 된다. 형제관계는 대인관계 가운데 가장 오래 지속되는 관계이며, 부모가 사망한 훨씬 이후까지 지속된다. 또한 단순히 상호작용의 양뿐만 아니라 다른 관계에서 나타나지 않는 강도와 독특성이 있다. 출생순위도 성격형성에 영향을 미친다. 자녀는 부모를 중심으로 하여 일종의 경쟁관계를 형성하고 있으며, 출생순위는 이들의 심리적 위치를 이해하는 데 중요하다.

1) 형제자매관계

형제자매관계는 부모–자녀관계에 비해 상호적이며 보다 평등한 관계이다. 형제 간의 상호작용은 또래집단 간의 상호작용과 상당히 유사하여 빈번한 상호작용이 이루어지고 솔직한 정서표현, 상호 간의 관심과 애착의 증거를 볼 수 있다. 형제관계에서는 상호작용을 통해 서로를 모방하려는 경향이 강하게 나타나며 특히 동생이 형을 모방하려는 정도가 더욱 심하다. 동생에게 있어 손위 형제와의 상호작용은 지적·사회적으로 자극적이다. 동생은 자신의 생각이나 상상하는 것에 대해 손위 형제에게 이야기하고 질문을 하게 된다. 형제관계는 터울간격에 따라 다소 상이하게 나타난다. 터울간격이 가까운 경우, 아동은 이유 없이 자신을 질투하는 삶과 많은 시간을 보내야 한다는 어려움이 있다. 이러한 경우 손위 형제로부터의 적대감이나 공격성이 발달에 손상을 입힐 수 있다. 반면, 가까운 터울로 인한 친밀감이나 동료의식의 어려움을 보완하여 또래 간의 경쟁에 대처하는 방법을 가르쳐 준다는 이점이 있다.

2) 출생순위

일반적으로 맏이는 부모로부터 많은 기대와 관심 속에 성장하게 되며, 지적 자극이나 경제적인 투자도 가장 많다. 그 결과, 맏이는 이후에 태어나는 아이에 비해 성취 지향적이며 인지발달이나 창의성이 뛰어나고 친구들 간에 인기를 끄는 편이다. 하지만 부모의 양육경험 부족으로 불안하고 과보호적인 태도를 보이게 되어 다소 의존적이고 불안한 특성을 보이기도 한다. 둘째는 출생 후 손위 형제의 존재로 무력감과 좌절감을 느끼게 된다. 막내는 독자적으로 무엇을 할 수 있는 기회가 적어 미성숙한 성격특성을 보이는 경향이 있다.

3. 조부모의 역할

조부모와 함께 사는 가정에서는 손자녀가 핵가족의 경우와는 다른 경험을 하게 된다. 조부모는 부모보다 자녀양육에 관한 경험이 많으므로 손자녀에게 정서적 안정감을 제공해 줄 수 있고, 손자녀에 대한 직접적인 의무감이나 책임감이 없기 때문에 순수하게 애정적인 관계에서 유대감을 형성할 수 있다. 오늘날 한 자녀만 있는 핵가족 형태 가정의 아이들은 낯가림이 심한데, 이것은 친척이나 이웃과의 접촉이 과거처럼 빈번하지 않아 오직 부모하고만 애착이 형성되기 때문이다. 그러나 조부모와 함께 사는 아이들은 보다 폭넓은 인간관계로 인하여 애착형성이 다양하게 이루어지고 사회성도 발달한다. 조부모는 부모보다 자녀양육에 관한 경험이 많아, 실제 양육에 있어서도 부모보다 능숙하고 바쁜 부모 대신 손자녀에게 정서적인 안정감을 제공해 줄 수 있으며 놀이친구로서의 역할을 한다. 이와 같이, 조부모와 함께 사는 아동들은 조부모와의 관계를 통해 여러 가지 긍정적인 도움을 받을 수 있다.

4. 애착이 영유아발달에 미치는 영향

영유아기에 형성된 애착은 사회·정서발달에 영향을 미치며 성인이 된 후까지 영향을 미친다. 영유아기 시절의 양육자와 맺은 애착의 안정성과 유아기 자녀에 대한 양육의 민감성은 영유아의 두뇌개발, 정서발달, 사회성 발달 등 전반적인 발달에 영향을 미친다.

영유아가 양육자인 부모와 맺은 애착의 안전성은 부모의 민감한 반응에 따라 좌우된다. 영유아기 동안 부모가 민감하고 반응적이면, 영유아의 정서상태를 보다 적절하게 조정할 수 있고, 영유아의 정서상태에 대해 의사소통을 할 수 있게 된다.

민감한 부모의 반응에 따라 형성된 영유아의 애착은 특별히 사회·정서발달에 긴밀한 관련이 있음이 여러 연구를 통해 밝혀지고 있다. 사회・정서발달은 자아개념으로부터 출발하기 때문에 애착은 자아개념과 연관성을 살펴볼 필요성이 있다. 안정애착을 형성한 유아들은 자아존중감이 높고 성인의 관심을 끌기 위해 긍정적인 방법을 사용한 반면, 불안전애착을 형성한 어린이들은 부정적인 방법을 사용하고 자신을 통제, 관리하고 사회적 도움이 필요한 맥락에서 교사에게 더 많은 의존성을 보였다. 뿐만 아니라 안정애착을 형성한 어린이들은 불안정한 애착을 형성한 어린이들보다 또래와의 관계에서 더 유능하고 보다 긍정적이며, 감정이입을 더 잘하고 우정을 잘 발달시켜 또래집단에서 인기가 있는 것으로 밝혀졌다.

영유아의 초기 애착은 영유아의 뇌 발달에도 큰 영향을 미친다. 영유아가 양육자를 생각할 때 위로와 따뜻한 감각적 접촉을 연상하는 것은 영유아 뇌의 뉴런 생성 및 상호연계를 활성화 시켜 훗날 학습에 도움이 된다는 것이다. 또한 영유아기 애착형성은 인지과제 수행에도 차이가 나타나는데, 영아기에 안정적 애착을 형성한 아동은 3세에 이르렀을 때 불안정 애착을 형성한 아동보다 애착, 관련 정보에 대해 더 우수한 주의집중 능력을 보였다. 이 외에도 많은 연구들이 생애초기에 양육자와 맺은 애착의 안정성은 인지, 자아정체감, 정서, 사회성의 발달에 긴밀한 관계가 있으며 이는 아동을 거쳐 성년에 이르기까지 영향을 미친다는 것을 보여준다.

5. 대중매체

영아기는 대중매체의 영향력이 유아기나 청소년기에 비해 적은 것으로 여겨져 왔다. 왜냐하면 영아기는 스스로 대중매체를 선택하거나 빠져들기에는 아직 이른 시기로 여겨졌기 때문이다. 그러나 최근 들어 영아를 겨냥하여 다양한 멀티미디어 매체들이 쏟아져 나오고, 좀 더 이른 시기부터 효과적으로 영아를 교육하고자 하는 부모의 욕구와 맞물리면서 대중매체를 통한 멀티미디어 프로그램이 각광을 받기도 한다.

1) 스마트폰

최근에는 어린 시기부터 스마트폰에 노출된 영아가 청소년이 되어서 '팝콘 브레인' 증후군을 나타내기도 한다는 보고가 있다. 영아기 때부터 강한 자극에 노출되게 되면 그 이하의 자극은 영아를 그다지 즐겁게 하지 못한다. 그것이 충족되지 않을 때 짜증을 내거나 구르거나 소리를 지르는 등 공격적 성향을 보이기도 한다.

영아기는 본인이 스스로 스마트폰을 선택할 수 없는 시기라는 점에서 부모의 역할이 지대하다. 아무리 교육적인 프로그램이라 하더라도 영아에게 해롭다는 사실을 명심해야 한다. 영아기는 부모와의 신체적 접촉, 정서적 교감, 오감각을 통한 직접적 놀이를 통해 세상을 알아가는 시기라는 점을 명심하여 영아들을 따뜻한 시선으로 바라보고 긍정적으로 신체접촉을 많이 하며, 다양한 놀잇감을 주고 함께 놀이라는 시간을 일정하게 갖는 것이 매우 중요하다.

※ 팝콘 브레인 증후군 ※

스마트폰이나 게임에 중독된 아이들의 경우 팝콘처럼 즉각적으로 튀어 오르는 것과 같은 빠른 자극에 익숙해져서 일상적인 현실의 자극에는 무감각해진다는 것이다.

2) TV시청

텔레비전의 보급은 지난 반세기 동안 우리 사회에서 일어난 변화 가운데 우리 생활에 막대한 영향을 끼치고 있는 것 중의 하나이다. 1961년 텔레비전이 처음 도입된 이후, 그 보급이 대중화되어 지금은 거의 모든 가정에서 텔레비전 수상기를 보유하고 있다. 텔레비전은 가족의 생활형태를 바꾸어 놓았고, 유아들의 강력한 사회화 습득의 역할을 하고 있는 주요 환경이 되었다. 텔레비전은 과연 유아에게 어떤 영향을 미치는 것이며, 이러한 매체를 효과적으로 활용할 수 있는 방법은 무엇일까?

텔레비전 시청이 유아의 발달에 미치는 긍정적인 영향으로는 먼저 많은 지식과 정보를 제공해 준다는 점을 들 수 있다. 유아들은 단순한 즐거움으로 텔레비전을 시청하지만, 텔레비전을 통해 유아들은 가정이나 유치원에서 얻는 정보와는 다른 종류의 정보를 얻을 수 있게 된다. 특히 유아가 경험해보지 못했거나 할 수 없는 다양하고 새로운 문화에 대해 알려주고, 생활에 필요한 많은 정보를 제공해 준다. 또한 텔레비전은 유아의 어휘력을 높여주고 이해력이나 학습준비도 형성에 도움이 된다. 유아는 텔레비전 시청을 통해 그동안 접해보지 못했던 새로운 단어나 문장을 접함으로써 어휘력이 높아지고 이해력이 증가되기도 한다. 또한 그 속에서 듣게 되는 많은 이야기들은 교사가 읽어주는 이야기보다 이해 정도가 더 높다는 연구들이 많이 발표되고 있다. 또한 유아들도 텔레비전 속의 이야기를 더 선호한다고 한다.

텔레비전은 모델로써의 역할을 한다. 유아는 텔레비전 시청을 통하여 친사회적 행동이나 사회나 단체 속에서 개인이 수행해야 할 역할을 학습한다. 교육적 프로그램을 통해 친사회적 행동을 모방학습하기도 하며, 그것은 유아의 평화적 갈등해결 기술 형성에도 도움이 된다. 이렇게 친사회적 행동을 익힘으로써 유아는 바람직한 대인관계 기술을 학습하게 되는 것이고, 나아가서 바람직한 대인관계를 이루게 되는 것이다.

그러나 텔레비전 시청이 유아들에게 좋은 영향만을 미치지는 못한다. 텔레비전 시청은 유아들의 연령이나 성별, 지능, 성격, 사회경제적 지위, 혹은 학업성적에 따라 다르며, 가정의 어른들이 텔레비전을 보는 정도나 텔레비전을 보게 하는 부모들의 허용정도에 의해서도 영향을 받으나, 텔레비전 시청은 하루일과 중에서 자는 활동을 제외하고는 유아가 가장 많은 시간을 보내는 활동이다. 이렇게 많은 시간을 유아가 텔레비전 앞에서 소비하게 되자, 텔레비전이 유아들에게 미치는 부정적인 영향이 지적되었다.

텔레비전 시청은 유아가 신체를 활발히 움직이는 활동이 감소되어 유아의 신체발달 및 운동발달을 저해하는 요인이 된다. 또 텔레비전 시청 시 유아의 자세도 많은 문제가 되고 있는데, 좋지 않은 자세로 오랫동안 텔레비전을 보게 되면 시력과 자세가 나빠진다. 또 실외 활동량이 줄어들어서 운동능력의 발달이 저해되기도 한다.

뿐만 아니라, 텔레비전 시청은 뇌세포 발달을 저해하는 악영향을 미치기도 한다. 유아의 뇌세포가 발달되기 위해서는 다른 사람들과의 활발한 상호작용이 필요한데, 텔레비전의 시청시간이 많으면 뇌 발달에 필수적인 적절한 자극을 받지 못함으로서 뇌 세포 발달이 저해된다.

그밖에도 텔레비전 시청은 필요 없는 정보를 제공하기도 하고, 유아는 텔레비전을 시청함으로써 책에 대한 관심을 잃게 되어 읽기능력이나 언어이해력이 떨어지는 등 유아의 학업성취도가 낮아지는 영향을 받기도 한다. 또 텔레비전에서 보여주는 폭력적인 장면은 유아의 공격적 행동에 직접적인 영향을 준다. 그리고 텔레비전은 가족이 함께 모였을 때, 대화를 하기보단 텔레비전 시청시간이 많아짐으로써 가족들이 대화나 능동적으로 참여할 수 있는 형태의 상호작용이 줄어들게 된다. 이러한 현상은 유아의 인지적·정서적 발달에 좋지 않은 영향을 미친다.

위에서 언급한 내용들을 종합하여, 텔레비전 시청이 유아에게 미치는 장·단점을 고려하면 텔레비전을 효과적으로 활용할 수 있을 것이다. 이상에서 살펴본 바와 같이, 텔레비전 시청이 유아의 발달에 미치는 영향은 분명하게 긍정적 또는 부정적인 것으로 단정지을 수는 없다. 중요한 것은 텔레비전 시청 자체보다도 유아의 개인적 요인이나 환경적 요인에 의해 그 영향은 달라질 수 있다는 것이다. 따라서 부모나 교사는 유아의 텔레비전 시청을 적절히 통제하고 개입함으로써 유아의 학습을 위한 기회로 활용해야 하겠다. 우리가 텔레비전을 제대로 활용만 한다면 최소한의 비용으로 폭넓은 교육기회를 제공할 수 있을 것이다.

3) 컴퓨터

21세기 사회는 정보화 사회이며, 초고속 사회이다. 또한 최근 인터넷 사용자가 급격히 증가하고, 기존의 매체인 신문이나 책에서 정보를 얻는 것보다 인터넷을 통해 정보를 얻는 것이 더 쉬울 정도로 우리 사회는 컴퓨터가 활성화되어 있다. 초고속 사회의 발달로 인해서 지식, 정보, 기술이 더욱 빠른 속도로 변화하고 있다. 이러한 변화에 발맞추어 유아를 위한 컴퓨터 교육은 필수적이라고 할 수 있다. 하지만 유아기의 컴퓨터 사용이 발달적으로나 사회적으로 의미가 있느냐 하는 문제는 지금도 많이 거론되고 있고 부정적인 시각이 많은 것도 사실이다. 과연 컴퓨터는 유아의 발달에 어떠한 영향을 미치는 것일까?

유아기는 또래와 또래, 유아와 성인 간의 접촉이 매우 중요하다. 이러한 과정을 통해 유아는 사회성의 발달 및 사회성 기능을 익혀 나간다. 그런데 컴퓨터가 지니고 있는 쌍방향성, 흥미성, 몰입성 등의 특성 때문에 대인간의 접촉기회를 제한하며 사회적 고립을 증가시킬 우려가 있다는 지적이 나오고 있다. 즉, 컴퓨터로 인한 인간 소외현상이 발생한다는 주장이다. 하지만 많은 연구발표에 따르면, 유아는 컴퓨터를 혼자 하기보다는 또래와 함께 하기를 선호한다고 한다. 유아들이 퍼즐 작업 시에 또래와 7% 정도의 시간을 같이 한다면, 컴퓨터 작업시엔 63% 정도의 시간을 함께 보낸다고 한다. 또한 유아의 협동놀이 활동을 증진시키고, 사회적 참여도를 높이는 등 컴퓨터는 유아의 사회성 발달에 긍정적인 영향을 주는 것으로 보고 되고 있다.

또 사회성 발달뿐만 아니라 컴퓨터를 잘 다룰 수 있는 것에 만족감을 느끼고, 학습에 대한 긍정적 태도, 동기유발, 독립성을 길러줌으로써 정서발달에도 좋은 영향을 미치고 문제해결력 및 비판적 사고능력을 길러 주며, 아동의 수학적 성취도 높혀 주는 등 인지발달에도 도움을 준다.

컴퓨터는 잘 활용하면 유아에게 좋은 교육기회를 제공해 줄 수 있다. 하지만 너무 많은 사용을 하도록 방치해 두거나, 교사나 어른의 지도가 없으면 유아들에게 악영향을 미칠 수도 있다. 먼저 오랜 시간 화면을 봄으로써 시력이 감퇴될 수 있고, 혼자서 다루기 어려운 나이에는 자신의 뜻대로 되지 않음으로써 좌절감을 맛볼 수도 있다. 그리고 주의할 점은 컴퓨터를 통한 교육의 기회는 성과 연령, 계층을 초월하여 모든 유아에게 동등하게 주어져야 한다는 점이다. 이 점은 저절로 해결되는 것이 아니라, 유아기나 아동기부터 계층을 초월한 여아와 남아가 멀티미디어에 접할 수 있는 기회가 어느 정도 동등하게 보장되고 격려되고 있는가에 좌우된다고 말할 수 있을 것이다. 이러한 점들을 고려하여서 컴퓨터를 잘 활용하면 유아들에게 좋은 교육환경을 제공하여 줄 수 있을 것이다.

CHAPTER 14

보육과 영유아발달

보육을 경험하는 영유아가 증가하면서 과연 보육이 영유아에게 미치는 영향이 어떠한지에 관심이 모아지게 되었다. 그러나 보육이 유아에게 미치는 영향에 대한 명확한 정답은 간단하지가 않다. 보육이 영유아발달에 미치는 영향은 보육의 질과 서비스에 따라 다를 수 있으며, 보육특성 이외에 보육의 경험이 영유아발달에 미치는 영향을 중재하는 다른 요인들을 함께 고려해야 보육이 영유아발달에 미치는 영향을 보다 정확하게 이해할 수 있다. 본문에서는 이러한 보육의 경험이 영유아에게 어떠한 영향을 미치는지에 대해 살펴보고자 한다.

1. 보육개념

1) 보육의 의미와 개념

보육(educare)이란 보호(care)와 교육(education)을 의미하는 것으로서 영유아기의 신체적 보호뿐만 아니라, 교육적 차원에서 영유아의 경험, 활동을 자극하는 발달상 적절한 환경을 제공하여야 한다는 것을 시사한다. 즉, 보육이란 보호와 교육이 동시에 수반되는 일련의 과정이라 할 수 있으며, 종래의 탁아 개념이 단순히 아동을 어느 장소에 맡긴다는 것을 초월하여 서로 상호작용하면서 아동의 전인적인 발달을 위한 포괄적 프로그램으로서, 보호와 교육이 통합적으로 이루어지는 것이라 할 수 있다.

1952년 후생요강시설에서 직장을 가진 부모의 자녀를 일시 또는 일정기간 동안 위탁 보호하는 시설로 '탁아소'라는 명칭을 사용한 이래, 1961년 「아동복지법」,

1981년에 개정된 「아동복지법」에 이르기까지 계속적으로 '탁아시설'이라는 명칭이 사용되어 왔다. 1991년 「영유아보육법」에서 탁아 대신 '보육'이라는 용어가 법적 용어로 대치되어 보호와 교육을 포함한 '보육'이라는 개념으로 전환되었으며, 단순 탁아(care)에서 보육(edu-care)의 개념으로 확장되었음을 알 수 있다.

우리나라는 1991년 「영유아보육법」 제정 이후 현재의 보육이라는 법적 용어로 사용하고 있다. 2004년 1월 29일 개정 공포된 「영유아보육법」 제1조에서는 '이 법은 영유아를 심신의 보호와 건전한 교육을 통하여 건강한 사회구성원으로 육성함과 아울러 보호자의 경제적, 사회적 활동을 원활하게 함으로써 가정 복지 증진에 기여함을 목적으로 한다.'고 되어 있으며 제2조에서는 '보육이라 함은 영유아를 건강하고 안전하게 보호, 양육하고 영유아의 발달특성에 적합한 교육을 제고하는 사회복지 서비스를 말한다.'라고 보육의 용어를 정의하고 있다.

따라서, 보육은 아동들의 보호, 교육받을 권리와 어머니들의 일한 권리를 보장해주기 위한 제도로서 아동의 사회적, 인지적, 신체적 발달을 도모하여 보호와 교육을 합리적으로 조화시키는 것이라고 볼 수 있다. 영유아보육은 보편적 아동을 위한 준비라는 개념이 확산되고 있으며, 아동의 발달수준에 맞추어 보호하며 교육하는 제도로, 보호자의 사회 참여기회를 제공하고, 사회 속에서 가족구성원이 보다 건강하고 만족할 수 있는 생활을 보호하기 위한 것으로, 가정과 사회 그리고 국가적 차원에서 교육적 경험을 제공하는 사회적 제도를 의미한다(최미현 외, 1996).

2) 보육의 목적

현대사회의 산업화, 도시화에 따른 여성의 사회참여 증가 및 가족구조의 변화로 급증하고 있는 보육수요에 능동적으로 대처하여, 영・유아에 대한 적절한 환경과 전문적인 보육서비스를 제공하여 영유아의 건전한 육성과 보호자의 경제적・사회적 활동의 지원을 통하여 가정 복지 증진을 도모하기 위함이다.

2. 아동보육의 중요성

1) 사회경제적 측면

'아동은 나라의 일꾼'이라고 흔히 말하듯이 건강하고, 건전하며, 정신적으로 안정될 뿐만 아니라, 사회적 역량을 갖춘 아동은 국가 번영의 지속적인 자원이다. 따라서 부모에 의한 양육지원에 결함이 생기지 않도록 사회적 책임을 다한다는 관점에서 실시되는 보육사업은 반드시 필요하다. 또한 보육사업은 인구의 절반을 차지하는 여성의 잠재적인 역량을 개발시킴으로써, 결혼과 자녀출산 후에도 지속적인 사회 및 경제활동을 할 수 있는 여건을 마련해 줄 수 있다. 특히 국가 간 경쟁력을 고려할 때, 여러 분야에서 사회적 기여를 할 수 있는 여성의 참여는 국가경쟁의 기반을 조성시키는 데 기여하고, 나아가 국가 간의 경쟁력을 확보할 수 있다.

2) 부모를 위한 지원의 측면

보육사업의 확대로 인해 여성의 노동력이 확보되고 사회참여를 통해 자아실현을 이룰 수 있으며, 경제적으로도 좀 더 안정적이고 윤택한 생활을 할 수 있어 생활의 안정과 기반을 가져오는 등 부부관계의 질적 향상을 도모함으로써 원만한 가정생활을 이룰 수 있는 등 가정 복지 증진을 촉진시킨다.

또한 부모-자녀 간의 관계에 장애가 있는 경우, 지속적인 스트레스를 완화시켜 줌으로써 궁극적인 방향으로 상호관계를 변화시킬 수 있으며, 나아가 부모의 양육능력을 지원해 주고 긴장이나 갈등을 감소시켜 줌으로써 가정에서 건전하게 양육될 수 있는 가능성을 제고시킬 수 있다.

3) 사회복지적 측면

우리나라는 지난 30년간 핵가족의 증가와 확대가족의 급격한 감소로 특징지어지는 가족형태상의 변화와 더불어 가족의 규모가 급격히 축소되는 현상을 보이고 있다. 이와 같은 가족의 변화는 동시에 양육문제를 비롯한 여러 가지 가족문제를 초래할 수 있다. 가족에 대한 가치관의 변화와 이혼율의 증가에 따라 이러한 다양한 유형의 가족은 앞으로 더욱 증가할 전망이므로, 자녀양육과 관련하여 이들을 위한 사회적 지원체계가 확립되어야 할 필요가 있다. 더욱이 전통적인 친족지원체계가 사라지고 취업모가 증가하는 시점에서, 이러한 다양한 가족의 증가는 자녀양육의 문제를 더 이상 가족에만 맡겨둘 수 없으며 보육에 대한 사회적 관심이 확대될 필요가 있음을 보여준다.

그리고 출산이 여성의 사회진출을 막는 고용환경을 비롯한 제반여건으로부터 개선해야 하며 전일제, 시간제 등 부모의 근무형태에 따른 보육환경을 갖추고 비용부담도 줄여야 할 것이다. 출산율 저하를 회복하는 것은 인구증가를 억제하는 것보다 훨씬 어려우므로, 출산율 저하의 근본원인에 대한 신중한 분석과 이에 따른 대책마련이 요구된다.

4) 아동발달적 측면

모든 아동은 특별한 보호와 교육과 발달에 필요한 제반조건의 보장을 받을 권리가 없다. 즉, 보육을 받을 권리란 부모가 취업, 질병 등 기타의 이유로 인해 더 이상 '부모로부터 양육 받을 권리'를 보장받을 수 없게 된 아동들의 생존권, 보호권, 발달권, 행복추구권 등을 보장하기 위해 새롭게 요구된 종속적인 권리이다. 보육사업은 아동의 생존권과 보호권뿐만 아니라, 아동의 발달권과 행복추구권 등을 동시에 만족시키기 위해 필요하며 중요성에서도 우선시되어야 한다.

즉 보육서비스를 받는 대상이 되는 아동의 입장에서 보면, 신체적 발달에 있어서 매우 중요한 시기이며 정서적, 사회적 발달의 측면에서도 보육의 경험이 궁극적인 영향, 또는 부정적인 영향을 줄 수 있으며 인지적인 발달측면에서도 영향을 줄 수 있다. 이 시기에 질적이고 포괄적인 보육서비스는 매우 중요하다.

3. 보육의 경험이 영유아발달에 미치는 영향

1) 보육의 경험이 영유아의 인지발달과 언어발달에 미치는 영향

질 높은 보육은 인지·언어발달을 향상시킨다는 연구결과가 일관성 있게 보고되어 왔다. 질 높은 보육은 유아의 언어, 읽기, 수학능력과 장기적인 학업성취도도 높이는 것으로 나타났다. 보육의 질이 특히 저소득층 영유아의 인지·언어발달과 관계가 깊다는 연구결과가 있으나, 많은 연구에서 어린이집의 질을 직접적으로 측정하지 않았으며, 기관어린이집이 가정어린이집보다 질이 높다는 가정 하에 기관

어린이집에서 보육되는 영유아와 가정어린이집에서 보육되는 영유아의 인지·언어발달을 비교했다는 방법론상의 문제점을 가지고 있다. 이러한 문제점을 극복하기 위해서 보육의 질을 직접 평가하고 많은 인원의 유아를 대상으로 하여 수행한 연구에서는, 보육의 질과 인지 및 언어발달 간의 정적 관계가 빈곤 유아와 빈곤하지 않은 유아에게서 유사하게 나타났다. 따라서 보육의 질이 나쁘지 않다면 장시간을 보육기관에서 보내는 것은 영유아의 인지·언어발달에 부정적인 영향을 미치지 않으며, 보육의 질적 차이에 의해 영유아의 언어나 인지발달 결과에 상당한 차이가 나타날 수 있다.

영유아가 어린이집에 다닌 기간도 인지 및 언어발달과 정적인 관계가 있는 것으로 나타나 어린이집에 오래 다닐수록 인지발달과 언어발달이 더욱 증진된다고 한다. 특히 이러한 결과는 만 1세 이전에 기관보육을 시작한 영유아를 대상으로 실시한 연구에서 얻은 것으로서, 영아기에 질이 높은 보육기관에서 보육되는 것은 가정에서 보육되는 경우보다 인지적, 언어적으로 더욱 풍부한 환경을 제공함으로써 영유아의 발달에 긍정적으로 작용한다는 것을 알 수 있다.

보육과 인지·언어발달 간의 관계를 논의할 때 보육의 질이나 보육기관에서의 경험과 더불어 간과할 수 없는 것은 영유아와 가족의 특성이다. 보육의 질은 인지적인 능력 수준이 낮았던 유아의 인지발달에 더 큰 영향을 미치는 것으로 나타났으며, 영아기의 보육경험은 여아보다는 남아의 학업성취와 인지적인 능력향상에 더 큰 영향을 미치는 것으로 나타났다. 가족의 특성으로는 가족이 영유아에게 제공하는 인지적 자극의 정도와 어머니의 교육수준을 들 수 있는데, 아동이 가족환경에서 인지적 자극을 충분히 받지 못하는 경우에는 만 1세 이전에 보육을 시작했을 때 5~6세에 평가한 읽기능력이 더 높은 것으로 나타났으며, 어머니의 교육수준이 낮아 아동의 인지발달관련 요구를 충족시켜 주지 못하는 경우에도 보육이 아동의 인지 및 언어발달에 더 큰 효과가 있는 것으로 나타났다.

이러한 결과를 종합해 볼 때, 보육의 질이 우수하다면 어린이집에 다니는 경험은 아동의 언어 및 인지발달을 촉진시키며 특히 아동의 개인적인 특성이나 가족환경이 불리할 때 보육의 긍정적 효과가 더 크다고 할 수 있다.

2) 보육의 경험이 영유아의 신체 및 건강발달에 미치는 영향

보육경험이 영유아의 신체 및 건강발달에 미치는 영향은 대체로 긍정적인 것으로 보고 있는데, 이는 영유아의 가족환경에 따라서 다르게 나타난다. 저소득층의 경우 어린이집에 다니는 것이 운동발달과 활동성을 증가시키며, 키와 몸무게 성장에 긍정적인 영향을 미치고 아동기에 흔한 질병에 걸릴 가능성을 감소시킨다고 한다. 이처럼 저소득층 아동의 경우에 보육경험이 가정에서의 양육보다 신체적으로 긍정적인 결과를 가져오는 것은 질적으로 우수한 어린이집이라면 가정에서보다 균형 잡힌 영양을 공급해 주며, 안전하고 위생적인 환경을 제공하기 때문이다. 가정에서 안전하고 위생적인 환경과 적절한 영양을 공급받는 영유아의 경우는 보육시설에 다니는지의 여부가 신체발달이나 운동능력발달에 영향을 미치지 않는 것으로 나타났다.

어린이집에 다니는 것은 영유아의 신체발달 및 건강과 관련하여 가정환경의 취약한 측면을 보완할 수 있는 장점이 있지만, 가정에서 양육되는 영유아에 비해 감기 등의 전염성 질환에 걸릴 가능성이 높아진다는 단점도 있다. 어린이집에서는 다수의 영유아가 집단생활을 하기 때문에 전염성 질환이 쉽게 퍼질 수 있는데, 이러한 경우에는 환자인 아동을 격리하고 충분히 휴식하도록 하여 확산을 방지하도록 조치해야 한다.

3) 보육의 경험이 영유아의 사회정서발달에 미치는 영향

보육경험이 영유아의 사회정서발달에 어떤 영향을 미치는지는 영유아가 경험한 보육의 특성에 따라 다르다. 즉, 영유아가 일찍부터 장시간의 보육을 영아기부터 유아기까지 계속적으로 받는 것은 사회정서적인 적응에 부정적 영향을 미칠 수 있다. 유아가 만 1세가 되기 이전에 보육을 시작했거나, 주당 20~30시간 이상 보육된 경우 3~8세 때 공격성이 높고 성인의 요구에 잘 따르지 않는 경향이 높은 것으로 나타났으며 만 1세 이전부터 어린이집에 다닌 아동은 3~4세 때 행동문제를 더 많이 보였는데, 특히 공격적인 행동을 많이 보인다고 하였다. 이 연구에서는 1세에서 만 2세 사이에 보육을 시작한 경우에도 공격적인 행동을 포함한 문제행동을 보이는 비율이 더 높은 것으로 나타났다.

유아가 경험한 총 보육기간이 유아의 사회적 유능성이나 문제행동에 영향을 미치는지를 알아본 연구(NICHD Early Child Care Research Network, 2003)에서도 보육을 오랜 기간 경험한 유아는 그렇지 않은 유아에 비해 사회적 유능성이 낮으며, 외재화 문제를 더 많이 보이고, 보육교사와의 갈등빈도가 높고, 부정적 놀이행동을 더 많이 하는 것으로 관찰되었다. 출생 후 어린 나이에 보육을 시작할수록 유아의 문제 행동 가능성이 높게 나타나는 현상은 부모의 연령, 가족 구조, 부모의 학력, 형제자매 수 등 다양한 변수를 통제해도 유지되는 것으로 나타났다. 그러나 이른 시기에 보육을 시작하는 것이 유아의 문제 행동을 증가시킨다는 연구결과와 상반된 결과도 있다.

보육이 영유아의 사회정서발달에 미치는 영향에 관해서는 이른 시기에 장시간의 보육을 지속적으로 경험하는 것이 아동의 사회정서발달에 부정적으로 작용한다고 보고한 연구와 오히려 긍정적인 영향을 미친다고 보고한 연구가 모두 존재하므로 일정한 결론을 내리기는 어려운 상황인데, 여기에서 보육의 질을 고려함으로써 보육이 영유아의 사회정서발달에 미치는 영향을 보다 명확히 이해할 수 있을 듯하다. 즉, 영아기의 이른 시기에 보육을 시작했어도 적정 수준의 유아 인원이 초과되지 않는 질 높은 환경에서 보육된 유아는 오랜 기간이 지나도 집단생활에서 협조적이며 성인의 지시에 잘 따르고, 사회적인 상호작용기술에서 앞서는 것으로 나타났다. 반면에 적정 수준보다 큰 집단에서 질이 낮은 보육을 장시간에 걸쳐 받은 경험은 유아가 공격성과 같은 문제행동을 보일 가능성을 높이는 것으로 나타났다.

부모자녀관계도 보육이 유아의 사회정서발달에 미치는 영향을 보다 명확히 이해하기 위해서 고려해야 할 요인이다. 장시간을 보육기관에서 보내며 부모와의 관계가 원만하지 못한 아동은 부모와 함께 있는 시간만큼은 친밀한 상호작용을 하는 유아에 비해 심한 공격성을 보이는 경향이 있는 것으로 나타났다.

보육기관에 다니는 것이 영유아의 사회정서발달에 미치는 영향은 보육의 질이나 아동과 부모와의 관계 등을 함께 고려해야 보다 명확히 이해할 수 있다. 보육의 질이 양호하며 부모가 영유아와 좋은 관계를 유지한다면, 어린이집에 다니는 것이 영유아의 사회정서발달에 긍정적인 영향을 미칠 수도 있다.

참고문헌

강고운(2015). 부모의 양육태도와 청소년 자녀의 자아탄력성 간의 관계 : 아버지 양육참여의 매개효과. 숙명여대학교 대학원 석사학위논문.

강란혜(2008). 아동발달. 서울 : 창지사.

강란혜(2016). 영유아발달. 서울 : 창지사.

강문희, 신현옥, 정옥환, 정정옥(2004). 아동발달. 교문사

강은주, 오태균, 최영해, 장은희, 이성복, 안혜진, 김선아, 김성원, 이효정(2016). (영유아 전인발달을 돕는)부모교육의 이론과 실제. 고양 : 공동체.

강혜원, 박지연(2011). 부모 역량강화를 위한 양육지원 프로그램이 장애유아 부모의 양육효능감과 부모-유아 상호작용에 미치는 영향. 특수교육저널:이론과 실천, 12(1), 1-25.

곽금주 외(2005). 한국영아발달연구. 학지사.

곽금주, 성현란, 장유경, 심희옥, 이지연, 김수정, 배기조(2005). 한국영아발달연구. 서울 : 학지사.

곽금주, 김수정, 김연수(2011). 영유아기 엄마와의 상호작용. 서울 : 학지사.

곽노의, 김경철, 김유미, 박대근(2010). 아동발달. 파주: 양서원.

곽노의, 김유미 역(2001). 유아의 두뇌발달. 파주 : 양서원

곽노의, 김경철, 김유미, 박대근(2007). 영유아발달. 파주 : 양서원.

곽승주(2008). 가정과 어린이집에서 나타나는 영아의 부정적 정서에 관한 문화기술적 탐구. 성신여자대학교 박사학위논문.

곽혜숙(2016). 모-아 집단치료놀이가 모의 양육효능감과 양육스트레스 및 모-아 상호작용에 미치는 효과. 명지대학교 대학원 석사학위논문.

권미은(2010). 상호작용적 그림책 읽기 전략을 통한 어머니훈련이 발달지체유아와 어머니의 의사소통에 미치는 효과. 단국대학교 대학원 박사학위논문.

권민균, 권희경, 문혁준, 성미영, 신유림, 안선희, 안효진, 이경옥, 친희형, 한유미, 한유진, 황혜신(2005). 아동발달. 창지사.

권석만(2015). 현대이상심리학. 학지사

권소영(2007). 발달지체 영유아 부모의 가족지원프로그램에 관한 인식. 단국대학교 대학원 석사학위논문.

김경신, 이영환(2013). 모-아 상호작용증진을 위한 치료놀이 효과: 저소득 가정을 중심으로. 한국보육지원학회지,9(1), 5-23.

김경화, 이주연(2013). 유아발달론. 고양 : 공동체.

김기룡, 이명희(2013). 모듈식 부모교육 프로그램이 장애유아 부모의 양육핵심역량에 미치는 효

과. 유아특수교육연구,13(1), 73-95.

김나영, 이경열, 정욱호, 홍계옥(2007). 영유아발달. 파주 : 양서원.

김다정(2010). 아버지의 놀이참여와 유아의 놀이성 및 또래 유능성의 관계. 명지대학교 사회교육대학원 석사학위논문.

김미영(2013). 영아발달. 파주 : 정민사.

김수연(2012). 부모의 영아자녀와의 놀이상호작용 경험에 대한 내러티브 탐구. 중앙대학교 대학원 박사학위논문.

김수정(2009). 어머니의 정서와 유아의 성격특성 및 유아의 사회적 유능감의 관계. 계명대학교 교육대학원 석사학위논문.

김수희, 김지현, 나용선, 전대성(2008). 아동발달. 파주 : 양서원.

김승희(2016). 영유아발달. 파주 : 정민사.

김영명, 이순형(1999). 애착대상과 보육시작 시기에 따른 유아의 애착안정성. 영유아보육학회지. 17. 419-451.

김영옥(2007). 부모교육. 서울 : 공동체.

김영옥(2010). 걸음마기 母-兒놀이에서의 부모교육 프로그램 개발 및 효과. 이화여자대학교 대학원 석사학위논문.

김영옥, 백혜리, 최미숙, 황윤세(2009). 아동발달론. 고양 : 공동체.

김원경, 전제아(2010). 국내 학술지에 나타난 조손 관련 연구동향:1991년부터 2010년까지를 중심으로, 한국여성심리학회, 15(4), 653-671.

김은아(2008). 영아 발달 평가에 기초한 교수 학습 활동 적용효과. 원광대학교 대학원 박사학위논문.

김의석, 이우언, 정석환(2007). 최신교육학개론. 양서원

김이영, 오성숙, 이시진, 이우언, 이은미, 채혜선(2016). 유아발달 : 파주 : 양성원.

김재영(2002). 영아기 발달과정에 대한 문헌 분석과 전문가 평가와의 차이점 분석. 서울대학 대학원 박사학위논문

김정미(2001). 부모-아동 반응성 상호작용 증진프로그램 개발 및 적용효과 : 발달장애아동을 대상으로. 중앙대학교 대학원 박사학위논문.

김정미, Mahoney, G.(2013). RT 부모교육 : 영유아 반응성 상호작용 중심. 서울 : 창지사.

김정미, Mahoney, G.(2013). 부모-아동 상호작용 행동평가:K-MBRS & K-CBRS. 서울 : 학지사 심리검사연구소.

김정미, 곽금주(2006). 취학 전 아동과 부모간의 상호작용 행동 평가를 위한 K-MBRS와 K-CBRS의 타당화 연구. 한국심리학회지,19(4), 21-37.

김정미, 성옥련(2002). 발달장애아동과 부모의 반응성 상호작용 증진 프로그램의 효과 검증. 한국심리학회지,21(2), 293-311.

김정미, 신희선(2010). K-CDI아동 발달검사. 서울: 학지사 심리검사연구소.

김정미, 임희선, 허성호(2014). 한국판 부모 양육효능감 검사(K-PSOC) 및 배우자 양육협력 검사(K-PAI)의 타당화 연구. 한국심리학회지,27(2), 1-24.

김정연, 이금진, 김은숙, 김주혜, 박지연(2005). 의사소통 장애아동을 둔 가족의 어려움과 지원 요구에 관한 질적 연구. Communication Sciences& Disorders,10(1), 58-81.

김정회, 김현주, 손은경, 송연숙, 정인숙(2003). 아동발달심리. 동문사.

김정희(2012). 아동발달. 동문사.

김주희(2001). 단기집단 모아놀이 프로그램이 전반적 발달장애아 어머니의 태도 및 부담감에 미치는 효과. 서울대학교 대학원 석사학위논문.

김지욱(2015). 어머니의 양육태도가 유아의 사회성, 정서표현, 언어발달지연에 미치는 영향. 인제대학교 대학원 석사학위논문.

김지현(2006). 어린이집에서 영아보육이 지니는 의미. 덕성여자대학교 대학원 박사학위논문.

김지현(2008). 강화된 환경중심 의사소통 중재 적용을 위한 어머니 교육이 어머니의 의사소통 중재 기술 및 발달지체유아와 어머니의 상호작용에 미치는 영향. 이화여자대학교 대학원 석사학위논문.

김진영, 김정원, 전선옥(2009). (영유아를 위한)부모 교육. 서울 : 창지사.

김태련(2004). 발달심리학. 서울 : 창지사.

김현미(2010). 유아교사의 교육신념에 따른 교수유형 및 유아 언어 발달. 덕성여자대학교 대학원 박사학위논문.

김현미, 도현심(2004). 어머니의 양육스트레스, 양육효능감 및 양육행동과 아동의 사회적 능력 간의 관계. 아동학회지,25(6), 297-298.

김혜경(2005). 장애유아 부모교육 프로그램 운영을 위한 부모의 지식 및 요구조사. 발달장애학회지,9(1), 105-116.

김혜경, 김희진(2001). 어머니-유아간 상호작용에서 나타난 전략과 질. 아동학회지, 22(2), 77-90.

김혜령(2010). 몬테소리 일상생활영역 활동이 유아의 사회성 기술 증진에 미치는 효과. 아주대학교 교육대학원 석사학위논문.

김혜연(2014). 아버지의 놀이신념 및 놀이참여도와 유아의 사회성 기술의 관계. 수원대학교 대학원 석사학위논문.

김혜자(2010). 자녀양육지원 프로그램 개발 및 효과. 배제대학교 대학원 박사학위논문.

도금혜(2008). 아버지의 양육참여도, 의사소통 유형 및 아동의 성취동기와 학교생활적응의 관계. 한국가정과교육학회지. 제20권 제4호 통권 제50호, 139-155.

문혁준 외(2013). 아동발달. 서울 : 창지사.

문혁준, 김경은, 서소정, 성미영, 안선희, 임정하, 하지영, 황혜정(2016). 영유아발달. 서울 : 창지사.

박낭자 외 역(2009). 아동발달. 파주 : 정민사.

박대근(2004). 유아기 대・소근육 운동발달의 과정적 특성. 중앙대학교 대학원 박사학위논문.

박성연 (2006). 아동발달. 파주 : 교문사.

박성연, 도현심(2003). 아동발달. 서울 : 동문사

박성혜, 곽금주, 성현란, 심희옥, 장유경, 김수정, 정윤경(2005). 영아기 사회성 증진 프로그램의 효과. 인간발달연구,12(3), 15-59.

박시주(2002). 균형적인 읽기, 쓰기. 프로그램이 유아의 언어 및 사고능력 발달에 미치는 효과. 대구가톨릭대학교 교육대학원 석사학위논문.

박영아(2013). 아동발달. 서울 : 창지사.

봉귀영(2013). 반응적 상호작용 전략 중심의 부모교육프로그램이 다문화 가정 내자폐범주성 장애유아와 어머니의 사회적 상호작용에 미치는 영향. 이화여자대학교 대학원 석사학위 논문.

서경신, 허유승, 이효신(2009). 구조화된 사회극 놀이가 발달지체유아의 사회적 기술 향상에 미치는 효과. 대구대학교 특수교육재활과학연구소,48(3), 127-150.

서영숙, 서혜진, 정영희, 양영아, 안소영, 이종현, 남미선(2013). 보육과정. 고양 : 공동체.

서주연(2009). 유아의기질, 어머니의 양육태도와 조화적합성이 유아의 시적능력에 미치는 영향. 서울대학교 대학원 박사학위 논문

송은혜(2008). 아버지의 놀이참여도 및 놀이성과 유아의 사회적 유능성과의 관계연구. 성균관대학교 대학원 석사학위논문.

송인섭, 김정원, 정미경, 김혜숙, 신은영, 박소영(2001) 아동 연구방법. 서울 : 학지사.

신미숙(2013). 어머니의 놀이성 및 놀이참여도와 유아의 친사회적 행동 및 또래놀이 상호작용과의 관계. 이화여자대학교 대학원 석사학위 논문.

신애선 (2012). 만 1-2세 영아들의 어린이집 조기 적응과 기질 및 놀이성과의 관계, 원광대학교 교육대학원 석사학위 논문.

신은영(2015). 유아발달. 서울 : 동문사.

신현옥(2014). (사회・정서 발달을 위한)유아문학의 실제. 파주 : 교문사.

신현정(2009). 유아교육기관의 가족지원 프로그램 개발연구. 덕성여자대학교 대학원박사학위논문.

심성경, 변길희, 박주희, 류경희, 박수경(2014). 유아발달. 서울 : 창지사.

안경숙, 유수정, 정영실, 신애선 · 유지은(2016). 영유아발달. 고양 : 공동체.

양옥승 외 (2003). 영유아 보육학개론. 서울 : 학지사.

양옥승, 나은숙, 신은미, 조유나, 황혜경(2015). 유아교육개론. 파주 : 정민사.

오성숙(2010). 다문화가정 환경변인과 유아언어능력의 관계. 한국특수교육학회학술대회. 109-124.

우수경 외(2013). 영아발달. 고양 : 공동체.

유효순(2007). 아동발달. 서울 : 창지사

유효순(2007). 어머니의 애착, 양육행동 및 유아의 기질과 유아 애착 구조모형분석. 유아교육학논집,16(3). 49-70.

유효순, 원혜경, 김정희, 문명희(2016). 영유아발달. 서울 : 창지사.

윤진희(2015). 긍정적 행동지원이 발달지체유아의 사회적 상호작용에 미치는 영향. 공주대학교 대학원 석사학위논문.

윤치현(2008). 한국 유아 사회성 기술검사 표준화 연구. 정서 · 행동장애연구, 24(2), 157-173.

윤형주, 조복희(2004). 영유아기 자녀를 둔 어머니의 양육지식과 가정의 양육환경 및 그 관계성에 관한 연구. 미래유아교육학회지, 11(2), 59-88.

이경숙(2015). 0~3세 영유아의 영상물 과몰입 실태조사 및 정신건강증진 프로그램 개발과 적용. 서울 : 집문당.

이경희(2010). 아동발달과 부모교육, 파주 : 교문사.

이경희, 이영희(2003). 아동발달과 양육. 서울 : 형설출판사.

이명희, 배경란(2012). 보육과정. 파주 : 공동체

이상수, 이효주(2015). 두뇌 발달을 결정하는 생후 1년 우리 아기 움직임. 서울 : 예지.

이소희, 강경자, 마미정(2010). 보육과정. 서울 : 도서출판 신정

이소희, 이경희(2000). 아동발달과 양육. 서울 : 형설출판사

이숙재, 김경란, 이방실, 강보라(2016). 영유아발달. 서울 : 창지사.

이영, 김온기, 조성연, 이혜경, 이선원, 이정림, 나유미, 김상림, 나종혜(2015). 유아발달. 서울 : 학지사.

이은미(2014). 유아발달 이해 : 진화 발달적 관점. 파주 : 양서원.

이인성, 이상희(2009). 어머니의 양육태도와 유아의 사회성 발달과의 관계. 아동교육18(3), 177-189.

이정순(2003). 유아 부모의 양육스트레스와 사회적 지지가 부부관계에 미치는 영향. 열린유아교육연구,8(2), 183-199.

이지민(2013). 영아의 정서조절능력과 어린이집 적응과의 관계: 월령과 성별에 따른 분석. 한양대학교 교육대학원 석사학위논문.

임명희(2009). 발달에 적합한 모아상호작용의 이론적 고찰. 한국보육학회,9(2), 17-48.

임성실, 이정미, 김영희(2010). 어머니의 양육태도와 유아의 정서조절이 사회성에 미치는 영향. 한국가족복지학,15(2), 143-157.

임승렬(2010). 영아보육과정 운영과 실제. 파주 : 교문사.

임혜경, 김송이, 이금진, 이현(2012). 인간관계론. 파주 : 양서원.

장휘숙(2013). 전 생애 발달심리학, 서울 : 박영사.

장휘숙(2000). 아동 연구방법. 서울 : 창지사.

전남련 외(2006). 보육과정. 파주 : 양서원.

전남련, 강은숙, 나현행, 성은숙, 임은임, 김기선, 이효수, 엄영숙, 엄은옥, 김연옥, 김호년(2012). 영아발달. 파주 : 양서원.

전남련, 김의석, 김혜금, 시옥진, 권경미(2008). 부모교육론. 파주 : 양서원.

전혜인(2006). 부모결연 프로그램이 발달장애아동 어머니의 양육스트레스와 가족능력 강화에 미치는 영향. 특수교육학 연구 40(1), 267-280.

정갑순 외(1998). 아동발달 심리. 서울 : 학지사.

정문자, 신숙재(1998). 어머니의 양육스트레스, 사회적 지원과, 부모효능감이 양육행동에 미치는 영향. 아동학회지,19(1), 27-42.

정미라, 이희선(2006). 자녀양육과 부모역할. 파주 : 양서원.

정보인, 윤현숙(2000). 0-5세 발달단계별 놀이 프로그램. 서울 : 교육과학사.

정옥분(2009). 아동발달의 이해. 서울 : 학지사.

정옥분(2012). 영아발달. 서울 : 학지사.

정옥분(2015). 영유아발달의 이해. 서울 : 학지사.

정윤주(2010). 유아의 지능, 기질, 어머니 양육태도가 유아의 사회성 발달에 미치는 영향. 강남대학교 교육대학원 석사학위논문.

조복희(2006). 아동발달. 서울 : 교육과학사.

조성제(2011). 유아의 뇌발달 훈련이 뇌기능과 사고력, 다중지능에 미치는 효과, 국제뇌교육종합대학원 대학교 대학원 박사학위논문.

주영희(2001). 유아언어발달과 교육. 서울 : 교문사.

진명희(2015). (영유아 발달을 위한)놀이지도. 고양 : 공동체.

채영란, 박유영, 박희숙, 신금호, 이은희, 조은정(2015). 유아교육개론. 파주 : 정민사.

채종옥, 이경화, 김소양, 김연진(2010). (영유아를 위한)놀이지도. 파주 : 양서원.

천은영(2015). 영유아발달. 서울 : 동문사.

최경숙(2007). 아동발달심리학. 파주 : 교문사.

최경숙, 박영아(2005). 아동발달. 서울 : 창지사.

최명희, 김경미, 강의선, 문효경, 정경진, 정현옥(2012). (걸음마기 영아를 위한 우리 가족 놀이책)아장아장 폴짝. 서울 : 믿음인쇄.

최선희(2012). 한국 유아 사회성 기술검사. 서울 : 테스피아.

최형성(2005). 양육효능감의 매개역할: 양육행동의 인과관계 모형. 한국아동학회, 26(6), 351-365.

한명숙(2013). 아동이 지각한 아버지의 양육참여도, 아버지-자녀 간 의사소통유형과 아동의 내외통제성과의 관계. 경인교육대학교 교육대학원 석사학위논문.

현정환(2016). 영유아발달. 서울 : 창지사.

홍은숙 (2013). 영아-교사간 상호작용에서 교사의 민감성과 민감성 인식 및 영아의 적응행동. 경기대학교 대학원 박사학위논문.

홍정선 (2008). 뇌발달 연구 모임을 통한 영아반 교사의 전문성 성장 과정, 한국교원대학교 대학원 박사학위논문.

황선영 (2012). 생태학적 변인에 따른 만 2세 영아의 사회・정서적 적응에 관한 연구. 광주여자대학교대학원 박사학위논문.

황정숙, 김옥분(2016). 영유아발달. 서울 : 창지사.

황해익(2012). 아동연구방법. 파주 : 정민사.

황현주(2016). 아이의 마음속으로 떠나는 여행. 서울 : 어가.

황희숙, 이희영, 이경화, 이정화, 신경숙, 윤경미, 강승희, 윤소정, 황순경(2008). 아동발달과 교육. 서울 : 학지사.

Adams, R. J. (1987). An evaluation of color Preference in early infancy. Infar Behavior and Developrnent. 10

Adams, R.J. (1989). Newborns' discrimination among mid-and long-wavelength stimuli. Journal of Experimental Child Psychology, 47,130-141.

Administration on Children, Youth, and Families (1994). Comprehensive child development program: A national family support demonstration, interim report to Congress. Washington, DC: U.S. Department of Health and Human Services.

Akai, C. E., Guttentag, C. L., Baggett, K. M., Noria, C. C., & Willard. (2008). Enhancing parenting practices of at-risk mothers. Journal of Primary Prevention, 29(3), 223-242.

Albrecht, K., & Miller, L.G. (2001). Innovation: Infant & toddler development. MD: Gryphon House, Inc.

Anderson, E. S. (1984). Acquisition of Japanese. In D. I. Slob in (Bd), The cross-linguistic study of language acquisition (Vol. I). Hillsdale, NJ: Erlbaum.

Anglin, J. M. (1933). Vocabulary development: A morphological analysis Monographs of the society for Research in Child Development, 58(10, Serial No238).

Ardelt, M., & Eccles, J. S. (2001). Effects of mother's parental efficacy beliefs and promotive parenting strategies on inner-city youth. Journal of Family Issues, 28(8), 944-972.

Arsenio, W.F., & Kramer, R.(1992). Victimizers and their victims : Children's conceptions of mixed emotional consequences of moral transgression. Child Development, 63,915-927

Ault, R.L.(1982). 아동의 인지발달. 곽금주 역(1989). 중앙적성출판사,

Ausabel, D. P. (1958). Theory and problems of child development. New York: Grane & Station

B. Bailey & M. Wolery. Assessing infants and preschoolers with handicaps. Columbus, Ohio : Merrill Pub. Co.

Bailey, D. B., & Simeonsson, R. J. (1998). Assessing need of families with handicapped infants. The Journal of Special Education, 22(1), 117-127.

Bailey, D. B., McWilliam, R. A., Darkes, L. A., Hebbeler, K., Simeonsson, R. J.,Spiker, D., & Wagner, M. (1998). Family outcomes in early intervention : A framework for program evaluation and efficacy 69 research. Exceptional Children, 64(3), 313-328.

Bailey, L. B. (2006). Interactive homework: A tool for fostering parent-child interactions and improving learning outcomes for at-risk young children. Early Childhood Education Journal, 34(2), 155-167.

Bandura A., Grusec, J. E., & Menlove, P. L.(1967). Some determinants of self - monitoring reinforcement systems Journal of Personality and Social Psychology, S.

Bandura, A (1997). Social learning theory. Englewood Cliffs NJ: Prentiee-hall.

Bar-tal, D. Raviv, A., & Goldberg, M.(1992). Helping behavior among preschool children: A observational study. Child Deuelopment, 53.

Baumrind, D.(1984). Child care practices anteceding three patters of preschool behavior. Genetic psychology Monographs, 75, 43-88.

Baumrind, D.(1991). Effective parenting during the carly adolescent transition. In P. A. Cowan & E. M. Hetherington(Eds). Advances in Family research(Vol 2). Hillsdale,

New Jersey: Erlbaum

Belsky, J(1996). Parent, infant, and social comextual antecedents of father - son attachment security. Developmental Psycholrgy, 32.

Bem, S. I.(1987). Masculinity and femininity exist only in the mind of the perceiver In J. M. Reinisch, L. A. Rosenblum, & S. A. Sanders(Eds). Masculinity/feminilty:Basic Perspectives. NY: Oxford.

Berger, K. S.(2003). Developing Person Through Childhood and Adolescence. NY: Worth publishers.

Berk, E.L. & Winsler, A.(1995). 어린이들의 학습에 비계설정(Scaffolding) : 비고스키와 유아교육. 홍용희 역. 창지사.

Berndt, T. J.(1999) Friends' inftuence on children's adjustment. In W. A. Collins & B. Laursen(Eds.). Relationships as developmental contexts Mahwah NJ: Erlbaum.

Be가, E. L. & Winsler, A.(1995). 어린이들의 학습에 비계설정(Scaffodling) : 비고스키와 유아교육. 홍용희 역. 창지사.

Be가, L.E. (2007). 아동발달[infants and children]. (박낭자 외 12인 공역). 정민사. (원전은 2005년에 출판).

Biller, H. B. (1974). Paternal depreoation: Family, school, sexuality and society. Lexington. MA: Heath.

Bjarklund. D. F.(1995). Children's thinking: Developmental funcinon and undraidual differences(2nded).PacifieGrove,CA:Books/Cole.

Bloom, B. S.(1964), Stability and nhange in human characeristics. New York: Jphn Willey & Sons.

Bobzien, J., Richels, C., Raver, S. A., Hester, P., Browning, E., & Morin, L(2012). An observational study of social communication skills in eight preschoolers with and without hearing loss during cooperative play. Childhood Education Journal, 41(5), 339-346.

Bodrova, E. & Leong, J. D.(1996). 정신의 도구: 비고스키 유아교육. 김억환. 박은혜 역. 이화여자대학교 출판부.

Bornstein, M. H., & Sigman, M. D.(1986). Continuity in mental develogment from in infancy Child Develoment, 57.

Bowlby, J.(1973). Attachinent and loss(Vol. 2). Separations, anxiety, and anger. New York: Basic Books.

Bowlby, J.(1988). A secure bass: Clinical application of attachment theary. London Tavistock.

Bowlby,J.(1958). The natureof the child' slieto mother. International Jowrnal of psychoanahysis, 41.

Bowlby,J.(1988). A secure base:Parent-child attachment and healthy luenan development New York: Basic Books .

Brazeltan, T. B & Nugent, J. K.(1995). Neonatal Behacioral Assessrment Scale(NBAS) Handbook. Boston. MA: The Brazelton Instiute.

Brazeltan, T. B.(1973). Neonatal behauioral assessment scale Philadelphia: Lippin-cot.

Bredekamp, S., & Copple, C. (1999). Developmentally appropriate practice in early childhood programs (Rev. ed.). Washington, DC: National Association for the Education of Young Children.

Bronfenbrenner, U. (1990). Discovering what families do. In D. Blankenhorn, S. Baume, & J. B. Elshtain (Eds.), Rebuilding the nest: A new commitment to the American family (pp. 27-38). Milwaukee, WI: Family Service America.

Bronson, M. B. (1998). 신생아부터8세아기까지 발달단계로 본 우리 아이들의 놀잇감 선택 방법[The Right Stuff for Children Birth to 8: Selecting Play Materials to Support Development]. (이기숙, 오은순 역). 양서원. (원전은 1995년에 출판).

Brown, W. H., & Odom, S. L. (1994). Strategies and tactics for promoting generalization and maintenance of young children's social behavior. Research in Developmental Disabilities, 15(2), 99-118.

Brown-Gorton, R., & Wolery, M. (1988). Teaching mothers to imitate their handicapped children: Effects on maternal mands. The Journal of Special Education, 22, 97-107.

Bullock, M. & Lutkentaus, P.(1990). Who am I? Self-understanding in toddlers. Merrill - Paimer Quartely, 36.

Campbell, S. B., Cohn, J. F., & Meyers, T. (1995). Depression in first-time mother: Mother-infant intervention and depression chronicity. Developmental Psychology, 60, 349-357.

Capian, M., Vespo. J. Pedersen, J., & Hay, D. F.(1991). Comflict and its resoluuion in small groups of one - and two - year - olds. Child Development, 62.

Carter, E. A. & McGoldrick, M.(1980). The Family Life Cycle: A Framework. For Family Therapy. New York: Gardner Press.

Cartwright, G. P. (1974) Developing observation skills , New York , McGraw?Hill Book Co.

Child psychology. New York: Harper.

Chomsky, N. (1972) Language and Mind (2nd ed.). New York : HarCourt Brace Jovanovich.

Chomsky, N.(1986). Language of language: Its nature. origin and use. Praeger Publishers.

Chou, Y. C., Tzou, P. Y., Pu, C. Y., Kröoger, T., & Lee, W. P. (2008). Respite care as a community care services: factors associated with the effects on family cares of adults with intellectual disability in Taiwan. Journal of Intellectual & Developmental Disability, 33(1), 12-21.

Clermont, C. M.(1990). Teletision and development. In R. M. Thomas(Ed). The encycolopedia of human development and education Theary, research, muddies. Oxford: Peramon Press.

Cohen, S., & Wills, T. A. (1985) Stress, social support and the buffering hypothesis. Psychol Bulletin, 98(2), 310-357.

Coleman, P. K., & Karraker, K. H. (1997). Self-efficacy and parenting quality : Findings and future applications. Developmental Review. 18, 47-85.

Coopecrstock, M. S., Bakewell, J., Herman. A., & Schramm W. F.(1998). Effeets of fetal sex and race on risk of very preterm birth in twins, American Journal of Obssetrics Gyusecolgy, Hall.

Crain, W. (2005). 발달의 이론[Theories of development: Concepts and application]. (송길연, 유봉현 공역). 시그마프레스. (원전은 2000년에 출판).

Cubertson. J. L., &Gyuke, J.(1990). Assessment of cognitive and motor development in infancy and childhood. In J. H. Johson & J. Goldman(Eds.). Developmental assessmeru in clinical child psychology: A handbook(pp. 100-131). New York: Pergmaon Press.

Damast, A. M., Tamis-LeMonda, C. S., & Bornstein, M. H. (1996). Mother -child play: Sequential interactions and the relation between maternal beliefs and behaviors. Child Development, 67(4), 1752-1766.

Danemiller, J. L. & Stephens, B. R.(1998). A. critical test of infant patten preference models. Child Development, 59.

Dempsey, I., & Dunst, C. J. (2004). Helpgiving styles and parent empowerment in families with a young child with a disability. Journal of Intellectual & Developmental Disability, 29(1), 40-51.

Denham, S, A. (1986). Social cognition, presocial behavior, and emotion in preschoolers : Contextual validation. Child Development, 57,194-201.

DesJardin, J. L., & Eisenberg, L. S. (2007). Maternal contributions: Supporting language development in young children with cochlear implants. Ear and Hearing, 28(4), 456-469.

Dianmind, M. & Hospom, J.(1998). Magic treses of the mind NY: Plume.

Donnna S. Wittmer & Sandra H. Petersen(2011) 영아발달과 반응적 교육-관계중심 접근법-.(이승연, 김은영, 강재희 공역). 학지사.

Dorsey, S., Klein, K., Forehand, R., & Family Health Project Research Group. (1999). Parenting self-efficacy of HIV-infected mothers: The role of social support. Journal of Marriage and the Family, 61(2), 295-305.

Dunst, C . J ., Trivette, C. M., & Johanson, C. (1994). Parent-professional collaboration and partnerships. In C. J. Dunst, C. M. Trivette, & A. G. Deal (Eds), Supporting and strengthening families (pp. 29-59). Cambridge, MA: Brookline Books.

Dunst, C. J., Trivette, C. M., & Tompson, R. (1991). New directions for family resource and support programs, In D. G. Unger & D. R. Powell. (Eds), Family as nurturing system: Support across the life span (pp. 19-43). New York: Haworth Press.

Eiseqberg, N. & Miller, P. A.(1987). The Relation of empathy to proeccial and retated bchmumqa Prychologial Bulletin, 101.

Erikson, E. H(1989). 아동기와 인간발달 8단계 이론[Childhood and society]. (윤신, 김인경 공역). 중앙적성출판사. (원전은 1964년에 출판).

Families and Work Institute (2001). 유아의 두뇌발달. (곽노의, 김유미 공역). 양서원. (원전은 2000년에 출판).

Farmer, E. M. Z., Burns, B. J., Wagner, H. R., Murray, M., & Southerland, D.G. (2010). Enhancing “usual practice” treatment foster care: findings from a randomized trial on improving youths’ outcomes. Psychiatric Services 61(6), 555-561.

Feedman, H.G.(1982). Thinking without language : psychological implication of deafness. New York : The Free Prss.

Feng, J. (1987). Play and its role in the social development of young children. (ED 320 686, 1-17). Retrieved from Memphis State University.

Fenson, L. & Schell, R. E.(1986). The origins of expioratory play, In P. K. smith(E4.).Childen’s play Rescarch devclopment and practical applications. New York: Gordon and Breach.

Fergus P. Hughes(2010). children, play, and development. 4th ed. Sage publications, Inc. 놀이

와 아동 발달 유미숙, 박영애, 유가효, 방은령, 장현숙 역, 시그마 프레스.

Fiavell, J. H., Miller. P. H. & Miller. S. A.(1933). Cognitive development(3rded.). Englewood Cliffs, NJ : Prentice-Hall.

Field, T. (1979). Games parents play with normal and high-risk infants. Child Psychiatry and Human Development, 10, 41-48.

Field, T., Roseman, S., DeSteFano, L., & Koewlerek, J. H., (1981). Play behaviors of handicapped preschool children in the presence and absence of non handicapped peers. Journal of Applied Developmental Psychology, 2, 49-58.

Flavell , J. H.(1985). 인지발달론, 서봉연 · 송명자 역(1990). 중앙 적성 출판사.

Fowler, A. E. (1988). Determinants or rate of language growth in children with Down Syndrome. In L. Nadel (Ed.), The psychology of Down Syndrome. Cambridge, MA: The MIT Press.

Fredrick Leboyer, M. D. (2012). 폭력 없는 탄생[Pour une naissance sans violence].(하윤기 역). 예영커뮤니케이션. (원전은 1975년에 출판).

Galambos,S.J.. & Goldin - Meadow,S. (1990), The effects of learning two languages on level of metalinguistic awareness , Cogniton , 34 , 1-56.

Garder, H.(1933). Multiple intelligence. New York: Books.

Genesee,F., Paradise , J. , & Cargo , B. M , (2004). Dual language development and disorders : A handbook on bilingualism and second language learning . Balimore . Paul H. Brookes.

Gesell, A. L.(1946). The ontogenesis of in infant behavior in L. Carmichael(Ed). mannal of

Goleman, D.(1995). Emotional intellingence. NY: Bantam Books.

Graves, S., Gargiulo, R., & Sluder, L. (1996). Young children: An introduction to early childhood education. St. Paul, MN: West.

Gray, K. M., & Tonge, B. J. (2001). Are there early features of autism in infants and preschool children? Journal of Paediatrics & Child Health, 37(3), 221-22.

Gresham, F. M., Sugai, G., & Honer, R. (2001). Interpreting outcomes of social skills training for students with high-incidence disabilities. Exceptional Children, 67(3), 331-344.

Griggs, R. A. (2012). 심리학과의 만남. [Psychology: a concise introduction]. (3re ed). (신성만, 박권생, 박승호 공역). 시그마 프레스.

Guralnick, M. J., & Weinhouse, E. M. (1984). Peer-related social interactions of developmentally delayed children: Development and characteristics. Developmental

Psychology, 20, 815-827.

Hamilton, M., & Litterick-Biggs, A. (2007). The Incredible Years Parent Training Programme in Tauranga, New Zealand: A research summary.

Harlow, H. F. & Zimmerman, R. R.(1959). Affectional responacs in the infant monkey. Scicnce, 1, 30.

Harter, S.(1994). Devlopmental changes in self-understanding across the 5 to 7shift In A. Sameroff & M. M. Haith(Eds.). Reason and responsivility: The passage through childhood. Chicago: University of Chicago Press.

Held, R.(1995). Binocular vision. In P. D. Gluckman & M. A.

hmberlain, D. B (2006). 갓난아기 심리학[The mind of your newborn baby]. (김채옥, 이성우, 김은진 공역). 도서출판 바람. (원전은 1998년에 출판).

Hoffman, M. L.(1998). Moral development. In M. H. Bomstien & M. E. Lamb(Eds.). Deoelopmental psychology: An adoanced textbook(2nded.). Hillsdale, NewJesesy LErlbaum.

Hoodecheck, J., & Kearns, E. (1990). PAT program description. parent-child programs. district 742 community education's early childhood family education project [revised]. st. Cloud Independent School District 742.

Hundert, J., & Houghton, A. (1992). Promoting social interaction of children with disabilities in integrated preschools: A failure to generalize. Exceptional Children, 58(4), 311-320.

Izard , C.E (1971). The face of emotion . New York : Appletion - century - crofts Izard , C.E (1977). Human emotion . New York : Plenum .

Johnson , H.K. & Smith , J. A. (1981). A comparison of the effects of pure and modified whole language instruction on the decoding skill of kindergartners , Eric Document No. 372-367.

Johom. M. H.(1998). The netral basis of cohnitfive thevelogment In D Kugn & R. S.Siegler(Ed). Handbook of child Psyckotogy: Vol 2. Cohnirion Perceprfin and langange(5thed.).NewYork.Wfley.

Kail, R. V. (2008). 아동과 발달[Children and their development]. (권민균, 김정민, 최형성 공역). 시그마프레스. (원전은 2007년에 출판).

Kail, R. V.(2002.). Children. Upper Saddle River. NJ: Prenolice Hall.

Kaiser, A. P., Hemmeter, M. L., Ostrosky, M. M., Fischer, R., Yoder, P., & Keefer, M. (1996). The effects of teaching parents to use responsive interaction strategies. Topic in

Early Childhood Special Education, 16(3), 375-406.

Kaminski, J. W., Valle, L. A., Filene, J. H., & Boyle, C. L. (2008). A etaanalytic review of components associated with parent training program effectiveness. Journal of Abnormal Child Psychology, 36(4), 567-589.

Kelly, J. F., & Barnard, K. E. (1999). Parent education in a relationship-focused early intervention model. Topics in Early Childhood Special Education, 19(3), 151-156.

Kohlberg. L. A(1969). Stage and sequence: The cognitiue-developmcntal approach to of socfation theory and resrarch Chicaho: Rand McNally.

Kohlberg. L. A.(1976). Moral stages and moralization: The cogruitine development approach. In T. Likona(Ed). Moral deuelpment and becavior: Theory, research, and social issnes New York: Holt, Rinchart & Winston.

Kohn .M.L. (1977) Class and conformity : A study in value. Chicago : Chicago University Press

Kopp, C. B (1989). Regulation of distress and negative emotions : A development view

Kopp, C. B.(1987). The growth of selg regulation Caregivers and childen In N. Eisenberg(Ed.). Contemparay topics in developmeutal Psychology. NY: Wiley.

Kopp, C. B., Baker, B. L., & Brown, K. W. (1992). Social skills and their correlates: Preschoolers with developmental delays. American Journal on Mental Retardation, 96(4), 357-366.

Krauss. R, M. & Glucksberg. S.(1969.).The development of connunication: Competence as a function of age Child Development.

lamb, M.E. (2000). The history of research on father involvement: An overview. Marriage and Family Review, 29, 23-42.

Lefancois, G. R.(1986.). Of children(5thed.)Calif:WadswarthPublishingCompany.

Letarte, M., Normandeau, S., & Allard, J. (2010). Effectiveness of a parent training program "Incredible Years" in a child protection service. Child Abuse & Neglect: The International Journal, 34(4), 253-261.

Lewis, M. & Brooks-Gunn. J.(1978.). Self-knonledge and emotional developrnent. In M. Lewis & L. Rosenbhan(Eds.). The development of affect Cambridge UK: Cambridge University Press.

Lorenz, K. Z.(1965). Rcolution and the modification of behauior Chicago: University of Chicago Press.

Lorenz. K. Z.(1965). Eoolution and the modifcarion of behasior Chicago: University of Chicago Press.

Low, S. M. (2003). Self-regulation in children with and without developmental delays: Roles of cognition, temperament and parenting. Unpublished doctoral Dissertation. The Pennsylvania State University

Lowell, D. I., Carter, A. S., Godoy, L., Paulicin, B., & Briggs-Gowan, M. J. (2011). A randomized controlled trial of child FIRST: A comprehensive home-based intervention translating research into early childhood practice. Child Development, 82(1), 193-208.

Maag, J. M. (2006). Social skills training for students with emotional and behavioral disorders: A review of reviews. Behavioral Disorders, 32(1), 5-17.

Mahoney, G. & Perales, F. (2003). Using relationship-focused intervention to enhance the social-emotional functioning of young children with autism spectrum disrders. Topics in Early Childhood Special Education, 23(3), 77-89.

Mahoney, G. (1999). Family/Child Curriculum: A relationship focused approach to parent education/early intervention. Akron, OH: Family Child Learning Center.

Marrin, C. L. & Halversom. C. F. Jr.(1987). The roles of cognition in sex-roles and sex-typing In D. B. Carter(Ed.). Conceptions of sex-roles and sex-typing: Theory and research NY: Pracger.

Maslow, A. H.(1965). A theory of human motiuation In D. E. Hamachek(Ed). The self in growth, tcaking learning New Jersey: Prentice-Hall.

McGilloway, S., Ni Mhaille, G., Bywater, T., Furlong, M., Leckey, Y., Kelly, P.,et al. (2012). A parenting intervention for childhood behavioral problems: A randomized controlled trial in disadvantaged community-based settings. Journal of Consulting and Clinical Psychology, 80, 116-127.

McIntyre, L. L. (2008). Adapting webster-stratton's incredible years parent training for children with developmental delay: Findings from a treatment group only study. Journal of Intellectual Disability Research, 52(12), 1176-1192.

Montigny, C., & Lacharite, C. (2005). Perceived parental efficacy: Concept analysis. Journal of Advanced Nursing, 49(4), 387-396.

Newsweek. (2001). 귀여운 우리아기 II: 태어나서 3세까지 부모가 알아야할 모든 것. [You child: birth to three]. 중앙일보 미디어 인터내셔널(뉴스위크 한국판).

Norris, J. A. (1991). Providing developmentally appropriate intervention to infants and young children with handicaps. Topics in Early Childhood Special Education, 11, 21-35.

Odom, S. L., & Brown, W. H. (1994). Social interaction skills interventions for young children with disabilities in integrated settings. In C. Peck. S. Odom, & D. Bricker(Eds.), Integrating young children with disabilities into community programs (pp. 39-64). Baltimore, MD: Paul Brookes.

Odom, S. L., & McEvoy, M. A. (1988). Integration of young children with handicaps and normally developing children. In S. Odom and M. Karnes (Eds.), Early intervention for infants and children with handicaps : An empirical base (pp. 89-108) Baltimore : Paul Brooks.

Olson . D.(1977) From utterance to text : The bias of language in speech writing . Hanard Education Review , 47 (3) , 257-258

Owens , R E. (1995). Language disorders Needham Heger , MA : Simon & Schu ster Company.

Papalia, D. E., Olds, S. W., & Feldman, R. D. (1993). 인간발달 I: 아동발달[Human development]. (박성연 역). 교육과학사. (원전은 1987년에 출판).

Parke, R. D.. Omstein. P. A., Riser, j. j., & Zahn-Waxler, C. (2004). 발달심리학 거장들의 핵심이론 연구[A Century of developmental psychology]. (이민희, 정태연 공역). 학지사. (원전은 1995년에 출판).

Paul Holinger & Kalia Doner(2003). 말하기 전 아이가 하는 말- 아이가 보내는 아홉가지 감정 신호[what babies say before they can talk]. (이경아 역). 도서출판 우리가.

Peterson, P., Carta, J., & Greenwood, C. (2005). Teaching Enhanced Milieu Language teaching skills to Parents in multiple risk families. Journal of Early Intervention, 27(2), 94-109.

Phillips, D, McCartney,K , & Scarr . S. (1987). Child care - quality and children 's social development Developmental Psychology , 25 , 537-543.

Robert D. Nue(1999). 프로이드 · 스키너 · 로저스 이영만, 유병관 역. 중앙적성출판사.

Robinson, P. W., Robinson, M. P., & Dunn, T. W. (2003). STEP parenting: A review of the research. Canadian Journal of Counselling, 37(4), 270-278.

Rosenberg, S., & Robinson, C. (1988). Interactions of parents with their young handicapped children. In S. Odom & Karnes(Eds). Early intervention for infants and children with handicaps: An empirical base (pp. 241-248) Baltimore: Brookes.

Rubin.K H & Asendorpf J. B (Eds.) (1993), Social withdrawal, inhibition , and slyness in

Childhood . H. Hillsdale , NJ : Erlbaum.

Russell, A., & Saebel, J. (1997). Individual differences in parent-child play styles: Their nature and possible consequences. Baltimore, MD: National Information Services Corporation.

Santrock, J. W. (2006). 아동발달심리학[Child Development]. (곽금주 외 4인 공역). 박학사. (원전은 2004년에 출판).

Santrock, J. W.(2001). Child Development. Seoul.

Shaffer, D. R. (2005). Social and Personality Development, 5/e.(송길연, 이지연 역). 시그마 프레스.

Shaffer, D. R. (2005). 발달심리학[Childhood & adolescence]. (송길연 외 3인 공역). 시그마프레스 (원전은 2002년에 출판).

Siegler, R. S. & Alibali, M. W. (2005). 아동사고의 발달[Children's thinking]. (박영신 외 3인 공역). 아카데미프레스. (원전은 2004년에 출판).

Siller, M., & Sigman, M. (2002). The Behaviors of parents of children with autism predict the subsequent development of their children's communication. Journal of Autism and Developmental Disorders, 32(2), 77-89.

Smilansky, S., & Shefatya, L. (1990). Facilitating Play: A medium for promoting cognitive, social-emotional, academic development in young children. Gathers burg. MD: Psychosocial and Educational Publications.

Stephenson, J. R. & Dowrick, M. (2000). Parent priorities in communication intervention for young students with severe disabilities, Education and Training in Mental Retardation and Developmental Disabilities, 35(1), 25-35.

Susan Fisher(2009). '사이언스' 에 발표한 연구보고서.

Teti, D. M., & Gelfand D. M. (1991). Behavioral competence among mothers of infants in the first year: The mediational role of maternal self-efficacy. Child Development, 62, 918-929.

Theresa, L. E. & Linnea, F. G.(2000). Valuing families: Social work practice with families from a strengths perspective. Social Work, 45(2), 118-138.

Thomas.A. & Chess, S. (1986). The New York Logitudinal Study . From infancy to early adult life . In R Plomin & J. Dunn (Eds.). Tbe study temperament : Changes , continuities and challenges . Hillscale, NJ, Erlbaum.

Vygotsky, L. S.(1962). Thought and language. Cambridge, MA: MTT Press.

Vygotsky, L.(1978). Mind of aociety: The developnebt of psychological Processes. Cambridge, MA : Havard University press.

Vygotsky, L.(1987). Thinking and speech In The collected Works of L. S. Vygotsky. Vol. 1. Problems of general Psychology(pp.37-285). New York : Pienum.

Webster-Stratton, C. (2000). The incredible years training series: parents, teachers, and children's training series. Seattle WA: Incredible years, Inc.

Wertsch, J.V.(1985). 비고츠키 : 마음의 사회적 형성. 한양대 사회인지발달연구모임 역. 정민사.

White, S.H.(1992). G. Stanly Hall: From Philosophy to developmental psychology. Developmetal Psycology, 28, 25-34.

Wittimer, D. S. & Peterson, S. H. (2011). 영아발달과 반응적 교육: 관계중심접근법 [Infant and toddler development and responsive program planning: a relationship-based approach]. (이승연 외 역). 학지사.

Wortham, S. C. (2001). Assessment in early Childhood education (3rd ed.). Colombus. OH: Merrill Prentice Hall.

Yoder, P. J., Kaiser, A. P., Goldstein, H., Alpert, C., Mousetis, L., Kaczmark, L., & Fischer, R. (1995). A comparison of milieu teaching and responsive interaction in classroom applications. Journal of Behavioral Education, 19(3), 151-171.

Zeanah, C. H., Mannen, O., & Lieberman, A (1993). Disorders of attachment. In C. H. Zeanah, Jr. (Ed.), Handbook of infant mental health (pp.332-349). New York: Guilford Press.

Zigler, E., & Berman, W. (1983). Discerning the future of early childhood intervention. American Psychologist, 38, 894-906.

Zins.J.,.Bloodworth M,. Weissberg , R., & Wallberg , H(2004). The scientific base linking social and emotional to school In J. Zins. R. Wenberg,M., Wang,& H.J. Wallberg(Eds.), Building academic success on social and emotional learning: What does the research say?, New York : Teachers emotional learning What don the College Press , Columbia University .

저 / 자 / 소 / 개

■ **김운삼**
홍익대학교 대학원 교육심리 전공 교육학박사
현, 강동대학교 유아교육과 교수
〈저서〉 정신건강론 외 다수

■ **구서연**
원광대학교 대학원 유아교육 전공 교육학박사
현, 국제대학교 아동보육과 외래교수
〈저서〉 정신건강론 외 다수

■ **김재현**
고려대학교 대학원 교육학박사
현, 호산대학교 간호학과 교수
〈저서〉 보육학개론, 보육과정 외 다수

■ **남궁선혜**
이화여자대학교 대학원 유아교육 전공 문학박사
현, 대전보건대학교 유아교육학과 교수
〈저서〉 유아교과교육론 외 다수

■ **시옥진**
대구가톨릭대학교 대학원 철학박사
현, 구미대학교 사회복지과 교수
〈저서〉 교육학개론 외 다수

■ **유도경**
원광대학교 대학원 교육학박사
두뇌계발심리상담연구소장
현, 국제대학교 아동보육과 외래교수

■ **이치균**
현, 대경대학교 유아교육과 교수
〈저서〉 인성과 직업윤리 외 다수

영유아발달

1판 1쇄 인쇄 — 2017년 2월 20일
1판 1쇄 발행 — 2017년 2월 25일

저 자 - 김운삼 · 구서연 · 김재현 · 남궁선혜
시옥진 · 유도경 · 이치균

발 행 인 - 강 철 원
발 행 처 - 양 성 원
주 소 - 경기도 파주시 월롱산로 71(야동동)
전 화 - 031-946-3861(代)
팩 스 - 031-946-3864
이 메 일 - tnwpub@naver.com
홈페이지 - tnwpub.co.kr
출판등록 - 2015년 8월 31일 제 2015-000211 호

ISBN 979-11-6126-028-0

정가 18,000원